Florian Klug

Konzepte zur Fertigungssegmentplanung unter der besonderen Berücksichtigung von Kostenaspekten

2., unveränderte Auflage

Herbert Utz Verlag · München

Münchner Wirtschaftswissenschaftliche Beiträge

Band 4

Zugl.: Diss., 2000

Bibliografische Information der Deutschen Nationalbibliothek:
Die Deutsche Nationalbibliothek verzeichnet diese Publikation in der Deutschen Nationalbibliografie; detaillierte bibliografische Daten sind im Internet über http://dnb.d-nb.de abrufbar.

frühere Ausgabe: ISBN 978-3-89675-677-0

ISBN 978-3-8316-8207-2

Printed in EU
Herbert Utz Verlag GmbH, München
www.utzverlag.de

Vorwort

Ein Unternehmen, das heute schnell handeln muß, braucht kleine transparente Organisationseinheiten, die auf die Bedürfnisse der Kunden ausgerichtet sind. Modularität ist das Zauberwort zur Bekämpfung von Komplexität und somit zur Schaffung schneller Organisationen. Fertigungssegmente bilden hierzu den zentralen Baustein für die Fertigung.
Um eine effiziente Umsetzung dieses modularen Gedankens zu erreichen, ist es nötig über neue Konzepte zur Fertigungssegmentplanung unter der besonderen Berücksichtigung von Kostenaspekten zu diskutieren. Die nachfolgende Arbeit beschäftigt sich mit der Entwicklung eines neuen simulationsgestützten Planungs- und Bewertungsansatzes für Fertigungssegmente. Grundlage hierzu bilden einerseits simulationsgestützte Verfahren, die eine verbesserte Abbildung und somit Bewertbarkeit von Segmentprozessen ermöglichen sowie andererseits neuere prozeßorientierte Kostenrechnungsverfahren zur Bewertung von Reorganisationsmaßnahmen in der Fertigung. Der in dieser Arbeit entwickelte Ansatz erhöht die Kostentransparenz und somit die Qualität der Segmentplanung, was in einer Einsatzstudie nachgewiesen werden konnte.

An dieser Stelle möchte ich mich bei meinem Doktorvater, Herrn Prof. Dr. Günther Zäpfel, für die Betreuung und Förderung dieser Arbeit bedanken. Darüberhinaus danke ich Herrn Dipl.-Ing. Heinz Pschick (BMW AG Dingolfing), Herrn Prof. Dr. Bernd Schmidt (Universität Passau) sowie Herrn Dr. Peter Greischel (Credo Consulting GmbH München). Sie alle haben in unterschiedlichster Weise zum Gelingen dieses Buches beigetragen.
Für die wissenschaftlichen Anregungen zum Thema „Kostenintegrierte Fertigungssimulation“ gilt mein besonderer Dank Herrn Dipl.-Ing. Christian Fortmann, dessen Diskussionsbeiträge wesentlich zur Entstehung dieser Arbeit beigetragen haben.

Dieses Buch widme ich zum Dank für die liebevolle und stete Förderung meines bisherigen Weges meiner Mutter Helga Klug.

Ingolstadt, im Oktober 1999 Florian Klug

Inhaltsverzeichnis

Abbildungsverzeichnis

Abkürzungsverzeichnis

Abb.	Abbildung
ASIM	Arbeitskreis für Simulation
AV	Arbeitsvorbereitung
AWF	Ausschuß für wirtschaftliche Fertigung
BFuP	Betriebswirtschaftliche Forschung und Praxis
CAD	Computer Aided Design
CAM	Computer Aided Manufacturing
CIM	Computer Integrated Manufacturing
CNC	Computerized Numerical Control
DV	Datenverarbeitung
EDL	Experiment Description Language
EDV	Elektronische Datenverarbeitung
EE	Entfernungseinheiten
FB/IE	Fortschrittliche Betriebsführung/ Industrial Engineering
FFS	Flexibles Fertigungssystem
GE	Geldeinheiten
HWProd	Handwörterbuch der Produktionswirtschaft
JIT	Just in Time
krp	Kostenrechnungspraxis
MDL	Model Description Language
NC	Numerical Control
PPS	Produktions-Planung und -Steuerung
PKW	Personenkraftwagen
REFA	(ehemals: Reichsausschuß, jetzt:) Verband für Arbeitsstudien e.V.
Sp.	Spalte
SPS	Speicherprogrammierbare Steuerung
VDI-Z	Verein Deutscher Ingenieure - Zeitschrift
VDMA	Verband Deutscher Maschinen- und Anlagenbau e.V.
WBW	Wiederbeschaffungswert
ZfB	Zeitschrift für Betriebswirtschaft
ZfbF	Zeitschrift für betriebswirtschaftliche Forschung
ZfL	Zeitschrift für Logistik
ZwF	Zeitschrift für wirtschaftliche Fertigung und Automatisierung

1. Einleitung

1.1 Problemstellung

Das Konzept der Fertigungssegmentierung wurde bisher in der betriebswirtschaftlichen Literatur vorwiegend hinsichtlich seiner Gestaltungsprinzipien behandelt. Bei der Beschreibung konkreter Umsetzungen jedoch, durch den fertigungsplanerischen Prozeß, können Defizite festgestellt werden, was Melo zu folgender Aussage veranlaßt: „Im Hinblick auf die spezifisch mit der Verwirklichung einer Fertigungssegmentierung verbundenen Entscheidungssituation wurde wenig geschrieben.“[1]

Der Fertigungsplaner, welcher als Hauptverantwortlicher den Zyklus eines Segmentierungsprojektes begleitet, konnte bisher auf kein durchgängiges Verfahren zurückgreifen, das es ihm erlaubt, seine Entscheidungen anhand betriebswirtschaftlicher Bewertungsgrößen zu fundieren. Eine praktische Folge ist daher das Vorhandensein einer Vielzahl unterschiedlichster Planungskonzepte, die jeweils nur eine sehr begrenzte Phase des Segmentplanungszyklus unterstützen. Die fehlende Durchgängigkeit dieser Verfahren sowie das Nichtvorhandensein geeigneter betriebswirtschaftlicher Bewertungsansätze läßt die Forderung nach Entwicklung neuer Konzepte zur Fertigungssegmentplanung unter der besonderen Berücksichtigung von Kostenaspekten laut werden. Ziel dieser Arbeit ist es, diese Lücke zu schließen. Grundlage hierzu bilden einerseits simulative Verfahren, die eine verbesserte Abbildung und somit Bewertbarkeit von Segmentprozessen ermöglichen sowie andererseits neuere prozeßorientierte Kostenrechnungsverfahren zur Bewertung von Reorganisationsmaßnahmen in der Fertigung.

Hauptteil dieser Arbeit ist die Entwicklung eines simulationsgestützten Planungs- und Bewertungsansatzes zur Fertigungssegmentplanung sowie dessen anschließende Implementierung in die fertigungswirtschaftliche Modellbank OSIRIS. Dieser Ansatz erhöht die Kostentransparenz und somit die Qualität der Segmentplanung. Zusätzlich wird die Durchgängigkeit der Planung gesteigert indem simultan betriebsmittel-, material-, personal- sowie organisationsbezogene Gestaltungsmaßnahmen Eingang in den Ansatz finden.[2] Der Segmentplaner wird durch den Einsatz des simulationsgestützten Planungs- und Bewertungsansatzes befähigt, die optimale technisch-organisatorische Auslegung des Fertigungssegments zu bestimmen, indem eine betriebswirtschaftliche Bewertung der Lösungsmöglichkeiten erfolgt.[3]

---

1. Melo, D.A. (1995), S.26
2. vgl. Horn, V./ Hein, J. (1990), S.301
3. vgl. Dilling, U. (1992), S.20

1.2 Aufbau der Arbeit

Nach der hier durchgeführten Erläuterung des Aufbaus dieser Arbeit werden im folgenden Kapitel grundsätzliche Überlegungen zur Fertigungssegmentierung angestellt (vgl. Abb. 1). Hierbei gilt es, Fragestellungen über die Anlässe und Ziele der Fertigungssegmentierung sowie die Definitionsmerkmale eines Fertigungssegments zu klären. Anschließend wird anhand der Gestaltungsaspekte Autonomie, Modularität und Flexibilität auf organisatorische Veränderungen bei der Durchführung von Segmentierungsprojekten im Unternehmen eingegangen. Das zweite Kapitel schließt mit einer Abgrenzung zu verwandten Konzepten, wie der Fraktalen Fabrik, der Fertigungsinsel sowie den Formen flexibel automatisierter Fertigungskonzepte ab. Hierdurch wird eine bessere Einordnung und Abgrenzung der Fertigungssegmente, innerhalb der Vielzahl neuer Organisationsformen im Fertigungsbereich, ermöglicht.

Kapitel 3 dient der Beschreibung des planerischen Prozesses für Fertigungssegmente. Nach der Aufgabenbeschreibung des Segmentplaners werden anhand einer empirischen Analyse von 40 Segmentierungsprojekten die in der Praxis eingesetzten Gestaltungsmaßnahmen bei der Segmentplanung analysiert und klassifiziert. Je nach Planungsfokus können organisatorische, betriebsmittel-, material- und mitarbeiterbezogene Maßnahmen unterschieden werden. Abschließend werden drei Haupteinflußgrößen der Segmentbildung - das zu fertigende Produkt, die eingesetzte Technologie und das zu bedienende Marktsegment - behandelt.

Im anschließenden Kapitel 4 werden praktische Planungsmethoden der Segmentplanung behandelt. Dabei wird auf die empirische Untersuchung zur Fertigungssegmentplanung zurückgegriffen und eine zu den Gestaltungsmaßnahmen analoge Gliederung in organisations-, betriebsmittel-, material- und mitarbeiterbezogene Planungsmethoden gewählt. Ein Vergleich der dargestellten Methoden mit Bewertung schließt das Kapitel.

Kapitel 5 beschäftigt sich mit den theoretisch orientierten Methoden der Segmentplanung. Hierzu zählen die Gruppentechnologie, die Warteschlangentheorie sowie der Bereich der simulationsgestützten Planungsmethoden. Ein anschließender Vergleich mit Bewertung schließt erneut das Kapitel.

Kapitel 6 beschreibt, aufbauend auf einer Gegenüberstellung praktischer sowie theoretischer Planungsmethoden der Segmentplanung, Defizite der derzeit in Praxis und Theorie vorzufindenden Ansätze. Dazu wird verstärkt auf die betriebswirtschaftliche Bewertungsproblematik unter Kostengesichtspunkten eingegangen.

Auf Basis dieser Schwachstellenanalyse, besonders unter dem Aspekt der mangelnden Verfügbarkeit von Bewertungsansätzen bei der Segmentplanung sowie der fehlenden Ausschöpfung der Bewertungspotentiale durch Verwendung simulativer Verfahren, wird in Kapitel 7 ein simulationsgestützter Planungs- und Bewertungsansatz zur Fertigungssegmentplanung entwikkelt. Das hierzu benötigte Konzept basiert auf der systemtheoretisch fundierten Simulationssprache Simplex II. Diese dient als Ausgangsbasis zum Aufbau eines Struktur- und Prozeßmodells für Fertigungssegmente, das mittels eines dynamischen Kostenmodells auf Aktivitätsbasis bewertet wird. Dieser Ansatz wird anschließend in die fertigungswirtschaftliche Modellbank OSIRIS integriert. Das neu geschaffene simulationsgestützte Planungstool wird anhand dreier Fallstudien im Bereich der Struktur-/ Prozeßplanung, der Auslegungs- sowie der Investitionsplanung eines Fertigungssegmentes hinsichtlich seiner Funktionsweise und Praktikabilität überprüft.

Die Arbeit schließt mit einer Zusammenfassung der Untersuchungsergebnisse sowie einem kurzen Ausblick zukünftiger Entwicklungsmöglichkeiten in Kapitel 8.

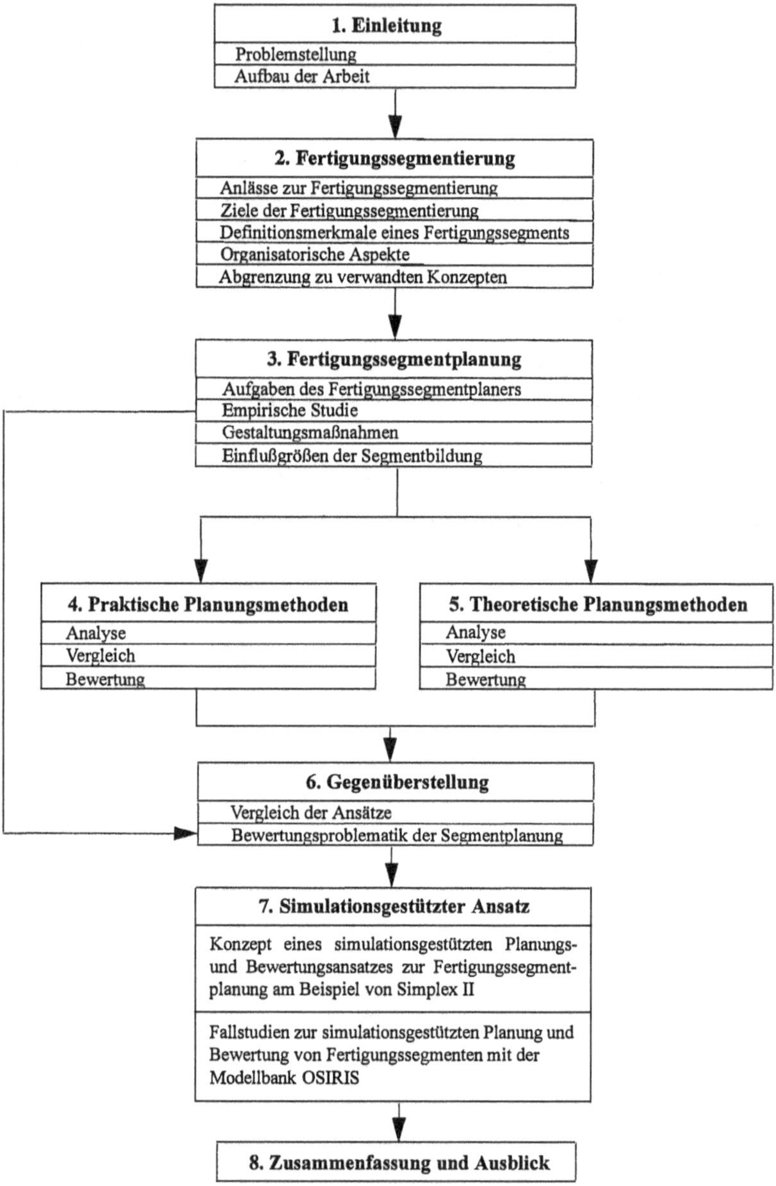

Abb. 1: Aufbau der Arbeit

2. Grundlagen der Fertigungssegmentierung

2.1 Anlässe zur Fertigungssegmentierung

Unternehmerische Einflußgrößen aus Markt, Technologie und Gesellschaft sind heute einem schnellen und stetigen Wandel unterlegen.[1] Die sich hieraus ergebende verschärfte Wettbewerbssituation für Produktionsunternehmen hat zu erweiterten Anforderungen an den Einsatz flexibler Produktionskonzepte geführt. Konventionelle Fertigungskonzepte weisen deshalb nicht mehr die notwendige Leistungsfähigkeit auf.[2] Starren Organisationsstrukturen fehlt die erforderliche Flexibilität einer wachsenden Marktorientierung gerecht zu werden.[3] Die dadurch unternehmensseitig implizierten Änderungen der Aufbau- und Ablauforganisationen haben in Verbindung mit neuen Technologien zu komplexen und schwer beherrschbaren Strukturen geführt.[4] Verstärkt wurde diese Entwicklung durch die tayloristischen Methoden zur Aufteilung von Arbeitsvorgängen in kleinste Einheiten und der Verwendung hochspezialisierter Arbeitssysteme. Dabei entstanden einfache, leicht automatisierbare Teilprozesse, deren konsequente Weiterentwicklung zu hochproduktiven Produktionssystemen führte. Produktivitätssteigerungen durch Spezialisierung wurden allerdings in zunehmendem Maße durch einen erhöhten Steuerungs- und Informationsaufwand zwischen den sich aus der Arbeitsteilung ergebenden Teilsystemen kompensiert, was eine zunehmende Inflexibilität zur Folge hatte.[5]
All diese Entwicklungen führten in ihrer Tendenz zu einer drastischen Komplexitätssteigerung im Produkt-, Produktions- und Organisationsbereich. Komplexität bedeutet hierbei hochvernetzte Ablaufstrukturen, die Intransparenz und folglich Reibungsverluste im Unternehmen schaffen. Um den Effizienzverlust, der sich durch die Beibehaltung gewachsener Strukturen trotz gestiegener Anforderungen an das Produktionssystem ergab, zu reduzieren, bedarf es einer grundlegenden Umstrukturierung aller Aktivitäten im Produktions- und Logistikbereich. Ziel hierbei ist die Suche nach neuen, effizienten Strukturen und globalen, möglichst einfachen Steuerungsmechanismen im Unternehmen, bei gleichzeitiger optimaler Verwendung der eingesetzten Ressourcen durch ein systematisches Komplexitätsmanagement.
Prinzipiell lassen sich zwei Zielrichtungen des Komplexitätsmanagements in der Produktion erkennen. Einerseits muß versucht werden, die Komplexität der Produkte, der eingesetzten

1. vgl. Lauermann, A. (1995), S.786
2. vgl. Wiendahl, H.P./ Scholtissek, P./ Mittwollen, N. (1995), S.48
3. vgl. Wildemann, H. (1991), S.41
4. vgl. Wildemann, H. (1995 b), S.21
5. vgl. Milberg, J./ Koch, M.R. (1993), S.63

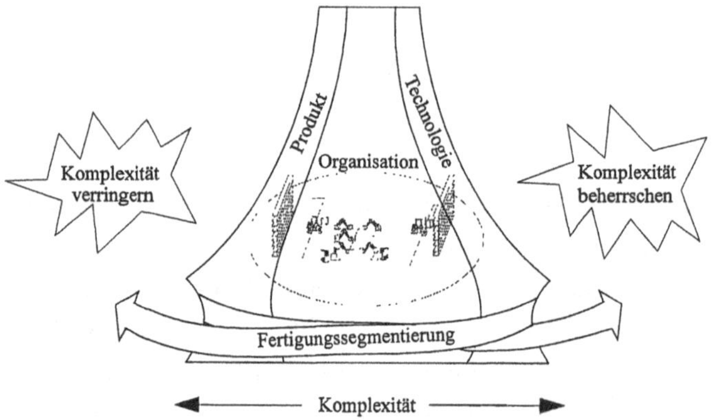

Abb. 2: Fertigungssegmentierung als Komplexitätsmanagementmethode

Technologien sowie der Fertigungsorganisation zu verringern. Andererseits müssen neue Ansätze gefunden werden, wie Restkomplexitäten optimal beherrscht werden können (vgl. Abb. 2).[6] Dies ist deshalb besonders wichtig, da auch in Zukunft komplexe Produkte mit hoher Variantenzahl herzustellen sein werden. „Hierzu ist eine Restrukturierung notwendig, die zum einen die Wettbewerbsstrategie mit der Fertigungsstrategie durch die Ausrichtung der Wertschöpfungs- und Innovationskette entsprechend den relevanten Erfolgsfaktoren verbindet, Komplexität auf ein der menschlichen Problemlösungskapazität entsprechendes Maß reduziert sowie zum anderen das Kreativitäts- und Innovationsklima als auch unternehmerisches Denken und Handeln durch Erhöhung von Autonomie und Verantwortung fördert.“[7]

Der umfassendste Ansatz zur Komplexitätsbewältigung durch strukturelle, modulare Gestaltung der Produktion ist das Konzept der Fertigungssegmentierung.[8] Hierdurch wird es möglich, gezielt Flexibilität für ein begrenztes Produktspektrum vorzuhalten, wodurch die Steigerung variantenabhängiger Kosten bei zunehmender Variantenvielfalt weniger stark als in herkömmlichen Fabriken ausfällt. Ziel des Konzepts der Fertigungssegmentierung ist der Versuch, die Kosten- und Produktivitätsvorteile der Fließfertigung mit der hohen Flexibilität der Werkstattfertigung zu vereinigen.[9] Diese Forderung wird durch neue Technologieentwicklungen in der Automatisierung von Informationsflüssen unterstützt, wodurch gleichzeitige Pro-

6. vgl. Milberg, J. (1993), S.4
7. Lauermann, A. (1995), S.786
8. vgl. Wildemann, H. (1993), S.78
9. vgl. Wildemarm, H. (1993), S.27

duktivitäts- und Flexibilitätssteigerungen möglich werden.[10]

Als Anlaß für die Entwicklung neuer Fertigungskonzepte kann neben der Komplexitätsentwicklung auch eine Verhaltensänderung des Managements konstatiert werden, was sich anhand der sogenannten Lokomotivtheorie veranschaulichen läßt.[11] Ein wichtiger Erfolgsfaktor im Unternehmen war bisher eine starke Lokomotive, d.h. ein exzellentes Produkt, das alle Wagen, wie Produktion, Einkauf, Logistik, Organisation hinter sich herzieht. Weltweit wird nun die Erfahrung gemacht, daß auch schwächere Lokomotiven (Produkte) mit leichtgängigeren Wagen starke Lokomotiven mit schwergängigen Wagen überholen können.[12] Die organisatorische Herausforderung besteht heute darin, die Effizienz eines Kleinunternehmens im Großunternehmen zu realisieren.[13] Viele Unternehmen versuchen zuviele Aufgaben mit einer einzigen Fabrik und einer einzigen Organisation zu erledigen. Um möglichst geringe Investitionskosten zu erreichen, werden zusätzliche Produkte, neue Märkte, neue Prozeßtechnologien, neue Qualitätsansprüche und Unterstützungstätigkeiten den bestehenden Produktionssystemen zugeordnet. Dabei entsteht durch steigende Intransparenz und Overhead ein zusätzlicher Personalbedarf. Die sich daraus ergebenden zusätzlichen Kosten kompensieren jegliche economies of scale, so daß große Fabriken mit den entsprechenden Logistikeinheiten kleineren kostenmäßig sogar unterlegen sind.

2.2 Ziele der Fertigungssegmentierung

Zur Definition der Ziele der Fertigungssegmentierung wird auf eine empirische Studie von Wildemann verwiesen, bei der Führungskräfte von 32 Unternehmen hinsichtlich ihrer Ziele bei Durchführung eines Fertigungssegmentierungsprojektes explizit befragt wurden.[14] Das Ergebnis dieser Befragung ist in Abb. 3 dargestellt.[15] Wildemann unterscheidet hierbei zwischen produkt- und preisorientierten Unternehmen. Grundlage hierfür ist eine clusteranalytische Untersuchung der Wettbewerbsstrategie der untersuchten Unternehmen, wobei sich ein signifikanter Unterschied zwischen den Unternehmen ergab, die eindeutig die Erfolgsfaktoren Qualität, Flexibilität und Liefertreue präferierten sowie einer zweiten Gruppe bei der der Preis

10. vgl. Wildemann, H. (1989), S.19
11. vgl. Wildemann, H. (1988 c), S.18
12. vgl. Wildemann, H. (1988 c), S.18
13. vgl. Wildemann, H. (1993), S.27
14. vgl. Wildemann, H. (1988 c), S.65
15. vgl. Wildemann, H. (1988 c), S.99ff

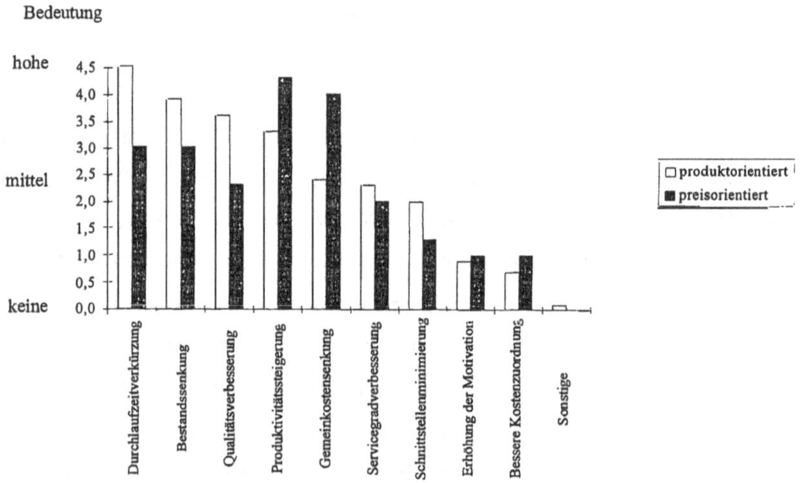

Abb. 3: Ziele der Fertigungssegmentierung

dominierte.[16]

Während bei den produktorientierten Unternehmen eindeutig die Durchlaufzeitverkürzung und das komplementäre Ziel der Bestandssenkung im Vordergrund steht, zielen preisorientierte Unternehmen auf eine Produktivitätssteigerung bzw. auf eine Senkung der Gemeinkosten ab. Hieraus läßt sich eine wettbewerbsstrategieabhängige Zieldefinition erkennen, was eine generelle Aussage über die Ziele der Fertigungssegmentierung verhindert.

2.3 Definitionsmerkmale eines Fertigungssegments

„Unter Fertigungssegmenten werden produktorientierte Organisationseinheiten der Produktion zusammengefaßt, die mehrere Stufen der logistischen Kette eines Produktes umfassen und mit denen eine spezifische Wettbewerbsstrategie verfolgt wird. Darüber hinaus zeichnen sich Fertigungssegmente auch durch die Integration planender und indirekter Funktionen aus und sind in der Regel als Cost-Center organisiert.“[17] Fertigungssegmente lassen sich somit durch folgende Definitionsmerkmale kennzeichnen:[18]

16. vgl. Wildemann, H. (1988 c), S.99
17. Wildemann, H. (1988 c), S.54
18. vgl. Wildemann, H. (1988 c), S.54ff

- Markt- und Zielausrichtung
- Produktorientierung
- Mehrere Stufen der logistischen Kette eines Produktes
- Übertragung indirekter Funktionen
- Kostenverantwortung

Unterschiedliche Marktsegmente erfordern unterschiedliche Produkte, welche nicht durch ein einheitliches homogenes Produktionssystem befriedigt werden können. Ziel ist die Separation einzelner produktionswirtschaftlicher Bereiche durch die Bildung von Produkt-Markt-Produktion-Kombinationen, um eine bessere Fokussierung auf die produktspezifische Wettbewerbsstrategie zu erreichen. Um eine optimale Marktausrichtung zu gewährleisten sind die jeweiligen Produktionsbereiche in Form von Fertigungssegmenten individuell hinsichtlich der strategischen Erfolgsfaktoren Qualität, Durchlaufzeit, Flexibilität sowie der Kostenposition auszurichten.[19] Hierbei zeigt sich, daß die klassische Kostenführerschaftsposition durch Mengenwachstum, aufgrund der steigenden Variantenvielfalt, immer weniger realisiert wird, was vermehrt Differenzierungsstrategien zum Einsatz kommen läßt, deren Voraussetzung flexible Produktionsstrukturen mit kurzen Durchlaufzeiten sind.

Die produktorientierte Strukturierung eines Fertigungssegmentes geht von kundenspezifischen Endprodukten aus und faßt all diese Produkte betreffenden Funktionen in einem Fertigungsbereich zusammen. Ziel ist eine maximale Transparenz der entsprechenden Unternehmensbereiche.[20] Die Ausrichtung der Fertigungssegmente auf spezifische Produkte führt somit zu einer Reduktion der Fertigungsbreite des zu bearbeitenden Teilespektrums bei gleichzeitiger Steigerung der Fertigungstiefe aufgrund einer angestrebten Komplettbearbeitung von Teilen (vgl. Kapitel 3.3.1.2). Spezialisierungsvorteile werden nicht wie bei traditionellen Fertigungsstrukturen durch Produktionsmengen erreicht, sondern durch eine Konzentration, auf das dem jeweiligen Segment zugeordnete Leistungsspektrum.

Ein weiteres Definitionsmerkmal für Fertigungssegmente ist die Integration mehrerer Stufen der logistischen Kette eines Produktes. Maximalziel ist die vollständige Integration aller zur Herstellung eines Produktes benötigten Wertschöpfungsstufen. Eine Erhöhung des Integrationsgrades führt gleichzeitig zu einer Reduktion der Schnittstellen zwischen den organisatorischen Einheiten, was eine Durchgängigkeit der Aufgabenerledigung bei reduzierten

---

19. vgl. Wildemann, H. (1988 c), S.15
20. vgl. Glöckner, M. (1993), S.52

Durchlaufzeiten ermöglicht. Ein weiterer Effekt zunehmender Materialflußintegration liegt in der Möglichkeit des verstärkten unternehmerischen Handelns der Segmentmitarbeiter. „Dabei korrespondiert der Integrationsgrad mit dem Grad der Beeinflußbarkeit von Gesamtleistung und -ergebnis, wobei mit zunehmendem Integrationsgrad der Grad der Beeinflußbarkeit zunimmt."[21]

Unterstützt wird diese Entwicklung durch die Rückübertragung indirekter Funktionen in das Fertigungssegment, da ein konsequent angewandter Taylorismus, wie er in den letzten Jahrzehnten praktiziert wurde, zu langen Durchlaufzeiten, hohen Gemeinkosten sowie mangelnder Akzeptanz von Planungszielen führte. Belegt wird diese Entwicklung durch das Mitarbeiterverhältnis indirekte/direkte Beschäftigte, das 1960 etwa 1:2 betrug und heute eine beinahe Umkehrung erfahren hat.[22] Der Verselbständigung planender, steuernder, kontrollierender und ausführender Funktionen soll durch eine Rückführung indirekter Tätigkeiten in den operativen Bereich entgegengewirkt werden.[23] Eine vollständige Reintegration aller indirekten Tätigkeiten wird es in der Praxis allerdings nicht geben, da immer segmentübergreifende Koordinierungsaufgaben nötig bleiben.[24]

Die Reintegration unterschiedlicher Funktionen innerhalb der organisatorischen Einheit des Fertigungssegments sowie die Berücksichtigung vieler logistischer Stufen führen gleichzeitig zu einer Erhöhung der Kostenverantwortlichkeit innerhalb dieser Bereiche, wodurch der Aufbau eines zielorientierten Kostenmanagements in Form von Cost Centern erfolgen kann. Diese Cost Center Funktion bedarf neben der adäquaten Zurechnung entscheidungsrelevanter Kosten einem Kostencontrollingsystem, welches Soll-Ist Regelabweichungen erkennt. Zusätzlich sollten Fertigungssegmente als Investment Center betrachtet werden, um eine Optimierung der Kapitalverwendung zu erreichen.

2.4 Organisatorische Aspekte der Fertigungssegmentierung

Die Realisation von Fertigungssegmenten nach den dargestellten Definitionsmerkmalen führt zu einer Veränderung der Organisationsstruktur im Unternehmen.[25] Im folgenden wird auf die allgemeinen Auswirkungen einer Fertigungssegmentierung aus organisatorischer Sicht eingegangen, wobei die sich gegenseitig beeinflussenden Gestaltungsaspekte Autonomie, Modulari-

---

21. Lauermann, A. (1994), S.68
22. vgl. Wildemann, H. (1992 a), S.147
23. vgl. Lauermann, A. (1994), S.70
24. vgl. Frese, E. (1990), S.95
25. vgl. Wildemann, H. (1988 c), S.51

tät und Flexibilität diskutiert werden.

2.4.1 Autonomie

Als eine wesentliche Anforderung an zukünftige Fertigungssysteme bezeichnet Milberg deren Unabhängigkeit von einer übergeordneten Intelligenz.[26] Ziel ist es, autonome Einheiten zu schaffen und diese möglichst voneinander zu entkoppeln. Die hierzu benötigte Dezentralisierung von Funktionen führt zu einem hohen Maß an Selbständigkeit (Aufgabenorientierung) und Zuverlässigkeit (Störungstoleranz).[27] „Autonomie wird in Zusammenhang mit der Fertigungssegmentierung im Sinne von Unabhängigkeit und Selbständigkeit von Unternehmensteilbereichen sowie deren Fähigkeit zur Selbstorganisation gebraucht."[28] Autonomie kann ein Fertigungssegment erlangen durch die Übertragung ganzheitlicher, abgeschlossener Aufgabenkomplexe, durch fachlich qualifizierte Mitarbeiter, durch das Vorhalten der zur Aufgabendurchführung notwendigen Ressourcen sowie durch einen erweiterten Verantwortungsspielraum für die Planung und Steuerung der übertragenen Aufgaben.[29]
Für die Determinanten des jeweiligen Autonomiegrades eines Fertigungssegments gilt nach Lauermann der:[30]

- Integrationsgrad der logistischen Kette (Materialflußintegration)
- Grad der Funktionsintegration, d.h. Umfang und Ausgestaltung (räumlich-funktionale, räumlich-disziplinarische Integration, vertragliche Gestaltung, Leistungsabrechnung, Service Bereiche) der übertragenen indirekten Funktionen
- Grad der Informationsintegration, d.h. Gestaltung der Kommunikations- und Informationsstrukturen im Sinne durchgängiger prozeßorientierter Abwicklungsketten

Die Integration der logistischen Kette durch die Fertigungssegmentierung erfolgt sowohl auf organisatorischer als auch auf technologischer Basis.[31] Der organisatorische Ansatz basiert auf einer Ausschöpfung von Synergiepotentialen durch eine Spezialisierung auf der Produktebene, so daß die logistische Kette vom Wareneingang bis zum Versand innerhalb eines Segmentes

26. vgl. Milberg, J./ Koch, M.R. (1993), S.66
27. vgl. Milberg, J./ Koch, M.R. (1993), S.69
28. Lauermann, A. (1995), S.790
29. vgl. Lauermann, A. (1995), S.790
30. vgl. Lauermann, A. (1995), S.791
31. vgl. Lauermann, A. (1994), S.65

möglichst vollständig integriert werden kann. Die technologischen Überlegungen hingegen versuchen, Leistungsverflechtungen zwischen Fertigungssegmenten sowie die Inanspruchnahme einer nur einmal vorhandenen Ressource durch mehrere Segmente zu vermeiden.[32]

Die Übertragung von indirekten Funktionen in die Segmente ermöglicht neben einer verstärkten Kostenbeeinflußbarkeit auch die Bildung prozeßorientierter, ganzheitlicher Aufgabeninhalte für die Segmentmitarbeiter.[33] Die Autonomie der Segmente ist hierbei umso größer, je mehr Handlungsspielraum die Mitarbeiter bei dezentralen Verhandlungen erhalten.[34]

Die mit der Integration von indirekten Funktionen verbundene Verlagerung von Aufgaben, Kompetenzen und Verantwortungen in das Fertigungssegment erfordert gleichzeitig die Bereitstellung von situations- und entscheidungsrelevanten Informationen.[35] Information wird somit zum Katalysator für schnelle Entscheidungen und stellt die Voraussetzung für eine auf hohem Autonomiegrad basierende Organisation dar.

Um die Anforderung der Autonomie zu erfüllen, bedarf es einer konsequenten Modularisierung der Fertigungssysteme sowohl nach technischen als auch nach organisatorischen Gesichtspunkten.[36]

2.4.2 Modularität

„Die Modularisierung der Organisation zielt ab auf eine Differenzierung der einzelnen Organisationseinheiten hinsichtlich der Fertigungsstrategie und Marktausrichtung."[37] Für die Fertigungsorganisation bedeutet dies die Bildung von selbst-regulierenden Subsystemen, die untereinander eine reduzierte Anzahl von Verknüpfungen aufweisen und die eine gute Verfolgbarkeit aller internen Aktivitäten ermöglichen.[38] Die dabei gebildeten Module beinhalten insofern Potentiale für Wettbewerbsvorteile, als sie ihre Ressourcen auf die spezifische Produktionsaufgabe konzentrieren, entsprechend dem strategischen Gesamtkonzept des Unternehmens und dessen Marketingziele.[39]

Abb. 4 zeigt die hierauf basierende, organisatorische Vorgehensweise bei der Bildung von Fertigungssegmenten. Grundlage einer Reorganisationsmaßnahme ist häufig das unstrukturiert

32. vgl. Frese, E. (1988), S.237
33. vgl. Lauermann, A. (1994), S.70
34. vgl. Lauermann, A. (1995), S.799
35. vgl. Lauermann, A. (1994), S.74
36. vgl. Milberg, J./ Koch, M.R. (1993), S.66
37. Wildemann, H. (1995 c), S.38
38. vgl. Kottkamp, E. (1987), S.41
39. vgl. Skinner, W. (1985), S.10

vernetzte System der Werkstattfertigung, mit intransparenten und häufig chaotischen Strukturen und Abläufen.[40] Zunächst bedarf es einer Überführung dieser Organisationsform in ein System der strukturierten Vernetzung, durch Bildung von Teilsystemen mit einer übergeordneten Struktur.[41] Die Definitionsmerkmale wie sie in Kapitel 2.3 beschrieben wurden dienen als Basis. Die Umsetzung dieser ablaufbezogenen Teilsysteme bei gleichzeitiger Beseitigung

Abb. 4: Organisatorische Vorgehensweise bei der Fertigungssegmentierung

überflüssiger Hierarchieschnittstellen erfolgt nun anschließend durch die noch darzustellenden fertigungsplanerischen Gestaltungsmaßnahmen (vgl. Kapitel 3.3).[42] Endergebnis sind modulare Organisationseinheiten in Form von Fertigungssegmenten, die jeweils an den Standort mit den günstigsten Bedingungen verlagert werden.[43] Vernetzte Strukturen werden anschließend durch die Definition geeigneter Schnittstellen zwischen den einzelnen Modulen aufgebaut. Die Bildung von modularen Fertigungssegmenten bedeutet Kleinräumigkeit statt Gigantomanie, eine Vielfalt von Untersystemen statt Monotonie und die Schaffung von Teilsystemen, die ihre Probleme durch Selbststeuerung meistern können, ohne andere Systeme zu beeinträchtigen.[44]

2.4.3 Flexibilität

Ein weiterer organisatorischer Aspekt der Fertigungssegmentierung ist die Bildung flexibler Fertigungsstrukturen. Nach REFA wird diese Flexibilität definiert als „die Fähigkeit eines Produktionssystems, innerhalb einer bestimmten Zeit für verschiedene Aufgaben einsatzfähig zu sein (definiert). Je größer die Verschiedenartigkeit dieser Aufgabe und je geringer der Umstellungsaufwand (Zeit und Kosten) bei Aufgabenwechsel sind, um so höher ist die Flexibilität.“[45] Das Erreichen einer erhöhten Produktionsflexibilität gilt als eine zentrale Zielsetzung der Fertigungssegmentierung.[46] Hierbei kann zwischen einer quantitativen, qualitativen und zeitli-

40. vgl. Wildemann, H. (1988 c), S.147
41. vgl. Vester, F. (1991), S.68
42. vgl. Pawellek, G./ Best, D. (1992), S.90
43. vgl. Wildemann, H. (1988 c), S.62
44. vgl. Vester, F. (1991), S.68
45. REFA (1987), S.45
46. vgl. Wildemann, H. (1988 c), S.112

chen Flexibilität unterschieden werden. Während die quantitative Anpassung auf die Mengenstruktur eines bestehenden Produktionsprogramms abzielt, bezieht sich die qualitative Anpassung auf dessen Zusammensetzung, die sich bei Änderung neuer Fertigungsaufgaben ergibt. Zeitliche Flexibilität zielt hingegen auf den Zeitraum ab, der benötigt wird, um nach einem Wechsel der Fertigungsaufgabe das Fertigungssegment in seinen betriebsbereiten Zustand rückzuversetzen.[47]

Entscheidend bei der Realisierung von Flexibilitätspotentialen durch die Fertigungssegmentierung ist die Zeit und der Aufwand, der benötigt wird, um das Segment auf eine andere Arbeitsaufgabe umzustellen (vgl. hierzu die Flexibilitätsarten in Abb. 5).[48]

Betrachtungs-horizont		Bezeichnung	Quantitative Beschreibung
kurzfristig	langfristig		
O		Produktflexibilität	Anzahl der unterschiedlichen Werkstücke, Grad der Freizügigkeit bei der Maschinenbelegung
O	O	Fertigungsredundanz	Anzahl alternativ einsetzbarer Betriebsmittel
O	O	Mengenflexibilität	Wirtschaftliche Grenzen für zusätzliche Schichten oder Kurzarbeit
	O	Anpassungsflexibilität	Umbauaufwand
	O	Erweiterungsflexibilität	Aufwand für nachträgliche Erweiterung

Abb. 5: Unterschiedliche Arten von Flexibilität

Flexibilität wird beim Konzept der Fertigungssegmentierung nicht durch das Vorhalten von Beständen, sondern durch Investition in segmentspezifische Ressourcen und in Organisation erreicht.[49] Da die Nachfrageschwankungen bei erhöhter Variantenvielfalt immer größer werden, kann hierauf nicht durch die Bevorratung sondern nur durch die Schaffung geeigneter Fertigungsstrukturen reagiert werden, mit denen zum Zeitpunkt des Bedarfs die jeweilige Produktvariante produziert und gleichzeitig die Verzögerung zwischen auftretender Nachfrage und Reaktion verringert wird. Dies wird insbesondere durch die Zusammenfassung von mehreren Stufen des Wertschöpfungsprozesses zu einer organisatorischen Einheit angestrebt.[50] Dazu ist es nötig Neuinvestitionen in flexible Betriebsmittel zu tätigen, was eine Revision der Investitionsstrategie erforderlich macht. Neuinvestitionen im Segment dienen hierbei sowohl

47. vgl. Wildemann, H. (1988 c), S.113
48. vgl. REFA (1987), S.46f
49. vgl. Wildemann, H. (1988 a), S.14
50. vgl. Wildemann, H. (1988 c), S.38

zur Deckung des Kapazitäts- als auch des Flexibilitätsbedarfes.[51]

Klassische Anpassungsmaßnahmen im Fertigungsbereich auf Basis intensitätsmäßiger, zeitlicher und quantitativer Maßnahmen bekommen durch das Konzept der Fertigungssegmentierung eine neue Bedeutungsdimension.[52] Der von Gutenberg angezweifelte Zusammenhang zwischen Beschäftigungslage und Änderung der produktionstechnischen und arbeitsorganisatorischen Bedingungen der Produktion, erfährt durch die veränderte Marktlage und deren Implikation für die fertigungsorganisatorische Gestaltung einen neuen Stellenwert.[53]

2.5 Abgrenzung zu verwandten Konzepten

2.5.1 Fraktale Fabrik

Ein organisatorisches Konzept, das in den letzten Jahren zusehends an Bedeutung im Fertigungs- und Logistikbereich gewonnen hat und zum Modell der Fertigungssegmentierung Parallelen aufweist, stellt das Konzept der Fraktalen Fabrik dar.

Fraktale bilden ebenso wie die Fertigungssegmente eine Anwort auf eine hochdynamische und multikausale Umwelt, die es durch geeignete Fertigungs- und Logistikkonzepte zu bewältigen gilt. Der Begriff der Fraktale wurde aus dem Bereich der Chaosforschung übernommen.[54] Er kennzeichnet eine Einheit, die sich aus sich selbst heraus, unter Einbeziehung der Außenkräfte, weiterentwickelt, optimiert und steuert - also dynamisch ist. Jedes Fraktal handelt quasi wie eine eigenständige Organisation, die in ein Netzwerk eingebunden ist.[55] Fraktale werden laut Warnecke folgendermaßen definiert:

„Ein Fraktal ist eine selbständig agierende Unternehmenseinheit, deren Ziel und Leistung eindeutig beschreibbar sind.“[56] Fraktale sind durch Selbstähnlichkeit und Selbstorganisation gekennzeichnet, was sich im operativen Bereich durch eine optimale Organisation der Abläufe mittels angepaßter Methoden bzw. auf einer taktisch-strategischen Ebene im Erkennen und Formulieren sowohl eigener Ziele als auch externer Beziehungen äußert.[57] Jedes Fraktal besitzt ein widerspruchsfreies Zielsystem, welches in seiner Gesamtheit zum Erreichen des Unternehmensziels führt. Desweiteren weisen Fraktale eine hohe Dynamik auf und werden

51. vgl. Wildemann, H. (1988 c), S.105
52. vgl. Altrogge, G. (1984), Sp.605f
53. vgl. Gutenberg, E. (1983), S.357
54. vgl. Mandelbrot, B. (1991), S.27f
55. vgl. Bracht, U./ Janisch, H. (1996), S.64
56. Warnecke, H.J. (1992), S.142
57. vgl. Warnecke, H.J. (1992), S.143

unterstützt durch die Implementierung leistungsfähiger Informations- und Kommunikationssysteme sowie durch ein integriertes Controllingsystem.
Jedes Fraktal wird wiederum zu einer kleinen fraktalen Fabrik. Um dieses Ziel zu realisieren, müssen jedem Arbeitsplatz die benötigten Informationen bereitgestellt werden, die Leistungen komplett erbracht und die Aufgaben möglichst eigenständig gelöst werden.[58] Den Mitarbeitern wird die Möglichkeit gegeben, eigene Ideen und Verantwortung, wie etwa für den Bereich der Arbeitsorganisation, der Produktionsmethoden, der Selbstverwaltung zu übernehmen.[59] Auch im taktischen und strategischen Bereich sollen Fraktale von den Mitarbeitern dynamisch strukturiert werden, indem erforderliche Umstrukturierungsprozesse von ihnen selbst ausgelöst werden und somit ohne zeitliche Verzögerungen auf Marktveränderungen reagiert werden kann.
Die hohe Dynamik und Vitalität eines Fraktals sind die entscheidenden Unterscheidungsmerkmale zum Konzept der Fertigungssegmentierung. Es wird ein Vergleich zu biologischen Systemen gesucht, bei denen die Anpassungsfähigkeit des Organismuses die Lebensfähigkeit eines Lebewesens bestimmt.[60] Diese Vitalität wird auch bei den Fraktalen ermöglicht, um durch kontinuierliche Anpassung an die Markterfordernisse konkurrenzfähig zu bleiben. Desweiteren zeigt sich, daß Fraktale einen höheren Autonomiegrad aufweisen als Fertigungssegmente, was sich in ihrer selbstoptimierten Strukturierung bis hin zur selbständigen Auflösung des Fraktals äußern kann. Während Fertigungssegmente bisher nur Einsatz im Bereich der Fertigung fanden, kann das Fraktal auch als Dienstleistungssegment im weitesten Sinne verstanden werden, was dessen Einsatz im gesamten Unternehmensbereich ermöglicht.
Weitere Unterscheidungsmerkmale zum Konzept der Fertigungssegmentierung wurden in Abb. 6 zusammengefaßt.[61]

2.5.2 Fertigungsinsel

Ein der Fertigungssegmentierung ebenfalls verwandtes Konzept ist die Fertigungsinsel. Die Fertigungsinsel hat die Aufgabe, aus gegebenem Ausgangsmaterial Produktteile oder Endprodukte möglichst vollständig zu fertigen. Die hierzu notwendigen Betriebsmittel sind räumlich und organisatorisch in der Fertigungsinsel zusammengefaßt. Das Tätigkeitsfeld der dort

---

58. vgl. Warnecke, H.J. (1992), S.146
59. vgl. Warnecke, H.J. (1992), S.148
60. vgl. Warnecke, H.J. (1992), S.151
61. vgl. Warnecke, H.J. (1992), S.159f

Fertigungssegment	Fraktal
• produzieren • werden einmalig, zeitpunktbezogen strukturiert (Antrieb von außen) • sind geeignet für stabile Umwelt • sind selbstverantwortlich • werden ergebnisbezogen bewertet	• leisten (im weitesten Sinn) Dienste • unterliegen einem ständigen Wandlungsprozeß (dynamische Strukturierung) • sind geeignet für turbulente Umwelt • sind in den Zielfindungsprozeß integriert • organisieren und verwalten sich selbst • navigieren

Abb. 6: Vergleich zwischen Fertigungssegment und Fraktal

beschäftigten Gruppe trägt folgende Kennzeichen:

- Weitgehende Selbststeuerung der Arbeits- und Kooperationsprozesse, verbunden mit Planungs-, Entscheidungs- und Kontrollfunktionen innerhalb vorgegebener Rahmenbedingungen
- Verzicht auf eine zu starre Arbeitsteilung und demzufolge eine Erweiterung des Dispositionsspielraumes für den einzelnen[62]

Bei der praktischen Anwendung von Fertigungsinseln findet sich ein großes Spektrum verschiedenster Inseltypen.[63] Eine übereinstimmende Entwicklung zeigt allerdings die auf Reorganisationsmaßnahmen beruhende, mitarbeiterorientierte Fertigungsstruktur.[64]
Während die Fertigungssegmentierung ausschließlich die produktorientierte Strukturierung der Fertigung favorisiert, werden beim Konzept der Fertigungsinsel auch verstärkt technologieorientierte Aspekte berücksichtigt. Da allerdings die Struktur des Produktspektrums zumeist transparenter ist als die des Werkstückspektrums in technologischer Hinsicht wird oftmals die produktorientierte Strukturierung favorisiert.[65] „Trotz dieser Vorteile ist die produktorientierte Strukturierung nicht als das bessere Konzept anzusehen. Beide

62. vgl. AWF (1984), S.5
63. vgl. Ludwig, J. (1989), S.231
64. vgl. Martin, J. (1989), S.139
65. vgl. Glöckner, M. (1993), S.52

Strukturierungsmethoden sind komplementär, jede ist für bestimmte Unternehmenssituationen optimal.“[66]

Ein weiteres Abgrenzungsmerkmal zum Fertigungssegment ist der geringere Integrationsgrad einer Fertigungsinsel im Vergleich zu einem Fertigungssegment (vgl. Abb. 7). „Um die Vorteile der überschaubaren Gruppenorganisation nicht wieder zu schmälern, sollte eine Insel nicht mehr als zehn Maschinen enthalten.“[67] Auch bei der Anzahl der Mitarbeiter wird eine optimale Planbesetzung von 8 bis maximal 15 Mitarbeiter je Gruppe und Schicht genannt.[68] Im Gegensatz hierzu zeigt Wildemann in einer empirischen Studie, daß jeweils ein Drittel der Fertigungssegmente bis zu 30 bzw. zwischen 101 und 500 Mitarbeitern aufweisen. 25% der Segmente beschäftigen 31 bis 100 Mitarbeiter und der Restanteil mehr als 500 Mitarbeiter.[69]

2.5.3 Flexibel automatisierte Fertigungskonzepte

Hierunter sollen folgende Konzepte verstanden werden:

•Flexible Fertigungszelle
•Flexibles Fertigungssystem
•Flexible Fertigungslinie

„Eine flexible Fertigungszelle ist eine einstufige Produktionsanlage, bestehend aus den drei Teilsystemen Bearbeitungsstation, Materialflußsystem (für Werkstücke und ggf. Werkzeuge) und Informationssystem. Die Integration der Teilsysteme ermöglicht eine automatische Durchführung von mindestens einer Arbeitsoperation an in der Regel mehreren unterschiedlichen Werkstücken.“[70]

„Ein flexibles Fertigungssystem ist eine mehrstufige komplexe Produktionsanlage mit folgendem Systemaufbau: Mehrere Bearbeitungssysteme sind über ein automatisches Materialflußsystem miteinander verbunden, so daß eine möglichst vollständige Bearbeitung von unterschiedlichen Werkstücken möglich ist. Damit wird eine automatisierte mehrstufige Mehrproduktfertigung realisiert, wobei die Werkstücke unterschiedliche Systempfade durchlaufen

66. Glöckner, M. (1993), S.52
67. Amann, W./ Zipper, B. (1994), S.40
68. vgl. Ludwig, J. (1989), S.237
69. vgl. Wildemann, H. (1988 c), S.87
70. Warnecke, H.J. (1993), S.19

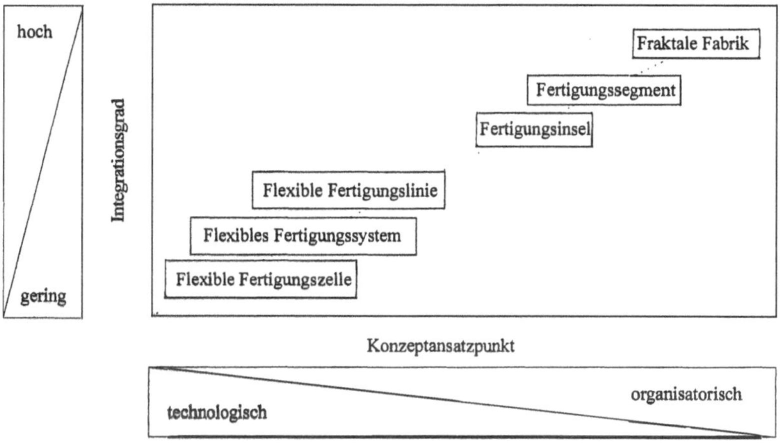

Abb. 7: Abgrenzung der Fertigungssegmentierung zu verwandten Konzepten

können."[71] Die Steuerung des flexiblen Fertigungssystems erfolgt mittels eines zentralen Rechners, wodurch Werkstücke eines bestimmten Werkstückspektrums in wahlfreier Reihenfolge ohne nennenswerte Verzögerung durch Umrüstvorgänge bearbeitet werden können.[72]
Bei einer flexiblen Fertigungslinie hingegen „handelt es sich um mehrstufige, komplexe Produktionssysteme, in denen mehrere Bearbeitungsstationen und/oder flexible Fertigungszellen durch ein automatisches Materialflußsystem nach dem Linienprinzip miteinander verbunden sind. Eine flexible Fertigungslinie ermöglicht somit eine automatische Bearbeitung mehrerer unterschiedlicher Werkstücke, die das System auf dem gleichen Pfad durchlaufen."[73]
Alle drei Konzepte haben gemeinsam, daß sie nur die logistische Stufe der Teilefertigung abdecken.[74] Ihr Integrationsgrad hinsichtlich indirekter Funktionen bzw. mehrerer Stufen der logistischen Kette steht im krassen Verhältnis zur hohen Integrationsstufe, welche bei der Fertigungssegmentierung angestrebt wird (vgl. Abb. 7).
Ferner erfolgt eine weitere Abgrenzung anhand der mehr technisch orientierten Ausrichtung dieser Konzepte, die ihren Ansatzpunkt im Gegensatz zum organisatorisch geprägten Konzept der Fertigungssegmentierung im produktionstechnischen Bereich suchen.
Abb. 7 zeigt die Differenzierung eines Fertigungssegmentes von den bisher aufgeführten Kon-

---

71. Warnecke, H.J. (1993), S.20
72. vgl. Tempelmeier, H./ Kuhn, H. (1992), S.1
73. Warnecke, H.J. (1993), S.21
74. vgl. Wildemann, H. (1988 c), S.62

zepten im Überblick. Abgrenzungskriterien sind unterschiedliche Integrationsgrade der logistischen Stufen bei der Leistungserstellung sowie die Frage nach einem eher technologisch bzw. organisatorisch geprägten Konzeptansatzpunkt.

3. Fertigungssegmentplanung

3.1 Aufgaben des Fertigungssegmentplaners

Als Planungsschritte bei der Fertigungssegmentplanung können die Betriebsmittel-, die Material- und die Mitarbeiterplanung - entsprechend des jeweiligen Planungsfokus - genannt werden.[1] Jede Planungsphase wird hierbei durch die übergreifende Organisationsplanung unterstützt und bildet gleichzeitig einen Teilbereich der umfassenderen Fabrikplanung (vgl. Abb. 8). Die Betriebsmittelplanung beschäftigt sich in enger Abstimmung mit der Arbeits- und Methodenplanung mit der Festlegung der Anzahl und Dimension von Werkzeugen, Vorrichtungen und Maschinen.[2] Im Vordergrund stehen hierbei fertigungstechnische Fragestellungen. Die Materialplanung entwickelt geeignete Logistikkonzepte mit dem Ziel einer bestandsarmen, durchlaufzeitminimalen und reaktionsschnellen Fertigung.[3] Zur Erreichung dieses Ziels bedarf es einer Betrachtung der gesamten logistischen Kette vom Lieferanten, über die Fertigung im Segment bis hin zur Güterverteilung und -bereitstellung am Verbrauchsort. Fragen der Personalbedarfs- und Personaleinsatzplanung werden mittels der Mitarbeiterplanung geklärt, bei der arbeitswissenschaftliche und arbeitsorganisatorische Fragestellungen im Vordergrund stehen. Betriebs-, material- und mitarbeiterorientierte Fragestellungen werden gemeinsam in der Organisationsplanung behandelt, mit dem Ziel der Entwicklung eines geeigneten Lösungsansatzes des Segmentplanungsproblems, der anschließend stufenweise verfeinert wird. In den einzelnen Planungsphasen müssen starke Wechselwirkungen zwischen technischen, organisatorischen und personellen Aspekten berücksichtigt werden, was die laufende Analyse, Korrektur und Bewertung unterschiedlichster Realisationsalternativen erforderlich macht.[4]

Aufgrund des einmaligen Charakters der Segmentplanung, wird diese Aufgabe meist in Form von Projekten durch ein Planungsteam mit Methoden des Projektmanagements abgewickelt.[5] Zentrales Projektmitglied ist der Fertigungsplaner, der in der Regel für die Umsetzung der im Planungsteam getroffenen Entscheidungen verantwortlich ist. Das Projektteam wird durch unterschiedlichste Unternehmensbereiche und Bereichsinteressen in seinen Planungsentscheidungen beeinflußt,[6] wie beispielsweise:

---

1. vgl. Zülch, G./ Heel, J./ Krüger, J. (1996), S.42
2. vgl. Warnecke, H.J. (1996), S.9-4; Milberg, J./ Reinhart, G. (1996), S.10-1
3. vgl. Warnecke, H.J. (1996), S.9-5
4. vgl. Reinhart, G./ Decker, F./ Lorenzen, J. (1995), S.611; Horn, V./ Hein, J. (1990), S.300
5. vgl. Martin, J. (1989), S.37; Warnecke, H.J. (1996), S.9-1
6. vgl. Horn, V./ Hein, J. (1990), S.301

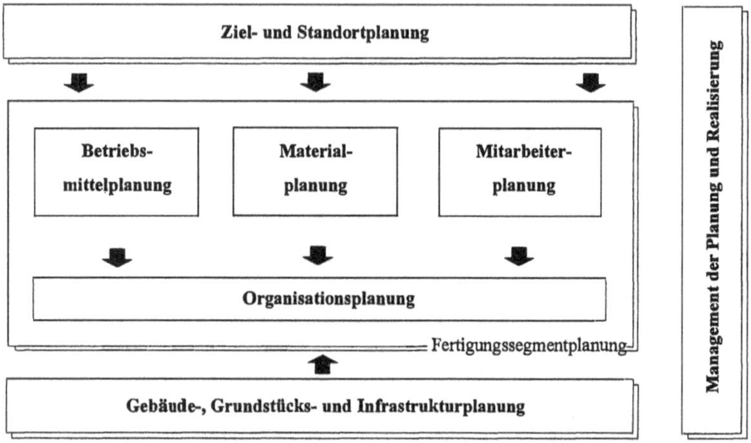

Abb. 8: Einordnung der Fertigungssegmentplanung in die Fabrikplanung

- Stückzahlenforderungen vom Vertrieb,
- Anlagenfertigstellungszeitpunkte von der Produktion,
- Optimierung des Materialflusses von der Logistik,
- technische Verfügbarkeiten von der Instandhaltung,
- maximal verfügbare Flächen,[7]
- maximales Investitionsvolumen/Mindestrendite,
- minimale bzw. maximale Kapazität/Taktzeit/Losgröße,
- vorhandene Betriebsmittel,
- notwendige Flexibilität/Produktspektrum/Anzahl der Varianten.

All diese Restriktionen müssen simultan in den Entscheidungsprozeß des Planers miteinfließen, dessen Zielkriterium die Maximierung der Wirtschaftlichkeit des zu planenden Fertigungssegments ist. Hierbei gilt es, im Fertigungssegment Teile, Baugruppen und Erzeugnisse unter Vermeidung jeglicher nichtwertschöpfender Tätigkeiten in möglichst kurzer Zeit und mit möglichst niedrigen Beständen herzustellen.[8] Das daraus resultierende Entscheidungsproblem erweist sich als sehr komplex, dynamisch, intransparent und unsicher, aufgrund des oft sehr langen Planungshorizonts technischer Anlagen. Die Fertigungssegmentplanung erfordert des-

7. vgl. Jäger, A. (1991), S.35
8. vgl. Warnecke, H.J. (1996), S.9-1

halb vom Fertigungsplaner aufgrund der vielschichtigen strategischen, taktischen und operativen Einflüsse und Bedeutungen ein vernetztes Denken, was bei Nichterfüllung zu Fehlentscheidungen und folglich zu Fehlplanungen führen kann.[9]

Da es sich beim Planungsobjekt der Segmentplanung selbst um ein komplexes System handelt, wird auch die Planung zum komplexen Vorhaben, was sich durch folgende Faktoren charakterisieren läßt:[10]

- Berücksichtigung einer Vielzahl von Randbedingungen
- steigende Anzahl der an der Planung Beteiligten
- großer Organisationsaufwand an Personal, Maschinen, Hard- und Software für die Realisierung
- erhebliche technologische und technische Probleme beim Einsatz neuartiger Verfahren und Techniken
- zunehmende Planungsverantwortung infolge wechselseitiger Abhängigkeiten der Planungsaufgaben
- zunehmende Planungsverantwortung gemessen an der Höhe der Investition, der Langfristigkeit der Planungsauswirkung und der Gefahr der Fehlplanung
- Abstimmungsprobleme wegen vielfältiger gegenseitiger Abhängigkeiten und Wechselbeziehungen

Zur besseren Strukturierung dieses komplexen Planungsproblems wird daher jede Phase der Segmentplanung durch einen Zyklus systematisch aufeinander aufbauender Schritte unterstützt, die sich wie folgt beschreiben lassen:[11]

1. Zustandsanalyse: Sichtung der Grundlagen und Analyse des Segmentplanungsproblems
2. Problemdefinition: Definition der Ziele einer Fertigungssegmentierung, Erkennen der grundsätzlichen Schwierigkeiten
3. Konzeptentwurf: Festlegung des Lösungsraums, in dem alle grundsätzlich möglichen und erfolgversprechenden Segmentalternativen enthalten sind
4. Konzeptanalyse: Vergleich der verschiedenen Segmentalternativen entsprechend den

9. vgl. Dörner, D. (1989), S.58
10. vgl. Hartberger, H. (1991), S.32
11. vgl. Grochla, E. (1982), S.44; Jäger, A. (1991), S.15f

	Planungszielen
5. Bewertung:	Bewertung der Alternativen unter den Gesichtspunkten, die für die jeweiligen Planungsphasen besonders relevant sind
6. Auswahlentscheidung:	Auswahl derjenigen Segmentalternative welche die größten Erfolgsaussichten verspricht

Durch diese Vorgehensweise ergeben sich eine Vielzahl von Realisationsalternativen. Um eine Auswahlentscheidung treffen zu können, bedarf es daher eines geeigneten Bewertungsansatzes, der eine schnelle betriebswirtschaftliche Bewertung einzelner Lösungsvarianten ermöglicht. Die traditionelle Vorgehensweise erlaubt aus Zeit- und Effektivitätsgründen meist keine vollständige Bewertung aller Varianten, so daß in jeder Planungsebene und Planungsphase diejenigen Varianten herausgesucht werden, die bei weiterer Detaillierung größte Erfolgsaussichten versprechen.[12] Persönliche Erfahrungen des Fertigungsplaners stehen hierbei im Vordergrund. Häufig wird versucht, diese unsystematische Vorgehensweise durch ein breites Erfahrungswissen zu kompensieren, was die Gefahr in sich birgt, daß erfolgversprechende Lösungsvarianten zu frühzeitig verworfen werden. Auch die heute noch weite Verbreitung manueller Planungsverfahren, die oft bei Weitergabe von Informationen über Abteilungsgrenzen hinaus eine erneute, manuelle Bearbeitung notwendig machen, führt zu langandauernden Planungszyklen.[13] Zusätzlich bereitet die bei Planungsbeginn fehlende Leistungs- und Kostenabschätzung in der Praxis häufig Probleme. „Vor- und Nachteile der verschiedenen Ausprägungen firmenspezifischer Konzepte sind bisher jedoch höchstens im nachhinein feststellbar, Prognosen über die erreichbaren Verbesserungen im Vorfeld meist nur qualitativ möglich.“[14]
Um die allgemeine Planungssituation von Fertigungssegmenten zu verbessern, bedarf es daher der Verwendung eines gesamtheitlichen Ansatzes, so daß eine abteilungsübergreifende Zusammenarbeit aller Planungsteammitglieder durch methodische und organisatorische Maßnahmen erreicht werden kann.

---

12. vgl. Jäger, A. (1991), S.16f
13. vgl. Jäger, A. (1991), S.3
14. Wiendahl, H.P./ Scholtissek, P./ Mittwollen, N. (1995), S.51f

3.2 Empirische Untersuchung zur Fertigungssegmentplanung

Zur Darstellung der bei der Fertigungssegmentierung ergriffenen Gestaltungsmaßnahmen (vgl. Kapitel 3.3) sowie der hierzu verwendeten Planungsmethoden (vgl. Kapitel 4) wurden in einer empirischen Untersuchung 40 Projekte zur Fertigungssegmentierung analysiert und klassifiziert. Daten wurden in der Mehrzahl der Fälle durch Literaturstudien erhoben (36 Fälle). Bei vier der aufgeführten Projekte liegt eine persönliche Beteiligung des Autors beim Planungsprozeß der jeweiligen Segmente zugrunde. Ein Überblick über die Projekte und deren Informationsquellen findet sich im Anhang dieser Arbeit wieder.
Die untersuchten Unternehmen gehören folgenden Branchen an:

Elektrotechnik/ Elektronik (15 Projekte)
Metallverarbeitung (9 Projekte)
Maschinenbau (8 Projekte)
Fahrzeuge (5 Projekte)
Optische Industrie (2 Projekte)
Medizintechnik (1 Projekt)

Die Vielschichtigkeit fertigungsplanerischer Entscheidungen und Maßnahmen macht die Suche nach einer optimalen Handlungsalternative unmöglich. Aufgrund des betrachteten Branchenspektrums wird aber eine empirische Basis geschaffen, auf der allgemeine Aussagen hinsichtlich fertigungsplanerischer Tendenzen beim Konzept der Fertigungssegmentierung ermöglicht werden.

3.3 Analyse und Klassifikation der Gestaltungsmaßnahmen

3.3.1 Organisatorische Maßnahmen

3.3.1.1 Flußoptimierung

Die wichtigste organisatorische Maßnahme der Fertigungssegmentplanung ist die Realisierung einer flußorientierten Fertigung.[15] Sie dient als Richtlinie für alle Reorganisationsmaßnahmen

15. vgl. Wildemann, H. (1988 c), S.225

nach dem Prinzip der Fertigungssegmentierung.[16] Bei flußoptimierten Segmenten erfolgt die Anordnung der Betriebsmittel und der Einsatz der Mitarbeiter derart, daß Maschinen und Arbeitsplätze in der Reihenfolge der benötigten Arbeitsfolgen zur Herstellung eines Produktes oder einer Produktfamilie angeordnet werden.[17] Ziel ist die Realisation eines gerichteten Materialflusses ohne harte technische Kopplung (ohne Fließband oder technische Taktvorgaben).[18] Die Flußoptimierung versucht im Gegensatz zur lokal betrachtenden Funktionsoptimierung, den gesamten Material- und Informationsfluß entlang der logistischen Kette zu optimieren. Der Zusammenhang zwischen der Struktur eines Fertigungssegments und der darin ablaufenden Prozesse ist hierbei erfolgsentscheidend. Folgende Gestaltungsmaßnahmen werden zum Aufbau eines flußorientierten Segments getroffen:[19]

- Veränderung des Segmentlayouts[20]
- Reduzierung der Rüstzeiten
- Harmonisierung der Kapazitäten
- Harmonisierung der Losgrößen
- Veränderung der Transportwege und -behälter

Flußoptimierung ermöglicht die Realisierung der Produktionsziele kurze Durchlaufzeiten, geringe Bestände und eine hohe Transparenz im Fertigungsbereich.[21] Eine Reduzierung der Durchlaufzeiten wird vor allem durch die Verringerung der Übergangszeiten ermöglicht, die üblicherweise den größten Zeitbedarf aufweisen.[22] Auf Kundenwünsche kann somit schnell reagiert werden, was zusätzlich eine Synchronisation der Kapazitäten voraussetzt.[23] Hierbei gilt das Ausgleichsgesetz der Planung nach Gutenberg, bei dem der Engpaß des Fertigungssegmentes den Gesamtoutput determiniert.[24] Ziel muß es daher sein, die betriebsmittelbezogenen Planungsmaßnahmen (vgl. Kapitel 7.2.2) am schwächsten Glied der flußorientiert angeordneten Ressourcen auszurichten.[25]

---

16. vgl. Maier, D. (1993), S.6
17. vgl. Neumann, H (1987), S.429; Krütt, N. (1989), S.331; Schreitmüller, H.J. (1986), S.952
18. vgl. Görgens, J. (1994), S.18
19. vgl. Wildemann, H. (1989), S.55
20. häufig wird hierbei die U-Form für das Maschinenlayout gewählt vgl. Deich, A./ Messbacher, A. (1994 a), S.33
21. vgl. Agustoni, G./ Lütolf, F. (1987), S.916
22. vgl. Wildemann, H. (1989), S.54
23. vgl. Wildemann, H. (1988 c), S.225
24. vgl. Gutenberg, E. (1983), S.164
25. vgl. Goldratt, E. (1997), S.112

3.3.1.2 Komplettbearbeitung von Teilen und Baugruppen

Die Komplettbearbeitung von Teilen und Baugruppen zielt darauf ab, die Maschinen und Fertigungshilfsmittel innerhalb eines Segmentes räumlich so anzuordnen, daß möglichst vom Rohmaterial beginnend, bis hin zum Fertigteil alle erforderlichen Verrichtungen innerhalb des Segments durchgeführt werden können.[26]

Aufgrund der implizierten Reduktion von Schnittstellen im Unternehmen sinkt der Gesamtsteuerungsaufwand was die Realisation kurzer Durchlauf- und somit Lieferzeiten ermöglicht. Die zentrale Planung und Steuerung wird entlastet, die statt einzelner Maschinen und Arbeitsplätze nur noch das ganze Segment als Kapazitätseinheit betrachten muß.[27] Entscheidende Rationalisierungspotentiale liegen heute weniger im Bereich der Bearbeitungszeiten,[28] sondern in den Übergangszeiten zwischen den Arbeitsgängen, die es durch eine Komplettbearbeitung innerhalb eines Segmentes zu minimieren gilt.

Die Tendenz zur Komplettbearbeitung wurde auch durch technologische Innovation im Bereich der Werkzeugmaschinen unterstützt. Durch die Umstellung auf moderne NC-Fertigungszentren konnten viele Operationen, die vormals von einzelnen Maschinen ausgeführt wurden, auf einer Maschine zusammengefaßt werden.[29]

Um die Komplettbearbeitung zu gewährleisten, müssen alle für die Fertigungsaufgabe benötigten Ressourcen im Segment verfügbar sein. Dies gilt zusätzlich für Spannmittel, Meß- und Prüfmittel, Vorrichtungen und Werkzeuge.[30] Auch organisatorische Veränderungen, beispielsweise durch eine Reduktion der Arbeitsvorgangszahl aufgrund einer parallelen Bearbeitung von Haupt- und Nebenarbeitsgängen, unterstützt die Gestaltungsmaßnahme Komplettbearbeitung.[31]

Als Extrembeispiel für die Komplettbearbeitung von Produkten innerhalb eines Fertigungssegments dient die Firma Mettler-Toledo, bei der jedes Produkt (Waagen) von jeweils einem Mitarbeiter - beginnend mit der Materialentnahme der Bauteile bis zur Verpackung der Waage - komplett gefertigt wird.[32]

26. vgl. Freitag, W. (1989), S.449
27. vgl. Burkhardt, R. (1990), S.12
28. vgl. Burkhardt, R. (1990), S.10
29. vgl. Boutellier, R. (1990), S.624
30. vgl. Mönig, H. (1985), S.85
31. vgl. Wiendahl, H.P./ Scholtissek, P./ Mittwollen, N. (1995), S.53
32. vgl. Hüser, M./ Kaun, R. (1995), S.322

3.3.1.3 Selbststeuernde Regelkreise

Da das Konzept der Fertigungssegmentierung auf einer bestandsarmen Fertigung basiert, muß die Ablaufsicherheit der Fertigungsschritte erhöht werden. Dies geschieht mit Hilfe von selbststeuernden Regelkreisen, die es ermöglichen übergeordnete Steuerungsinstanzen zu entlasten bzw. aufzulösen. Anwendungsgrundlage ist ein weitgehend gleichmäßiger Bedarfsverlauf und eine vergleichsweise hohe Umschlaghäufigkeit.[33]

Ein grundlegendes Prinzip der selbststeuernden Regelkreise ist die sogenannte Holpflicht, bei der das benötigte Material von der verbrauchenden Stufe aus der vorgelagerten Stufe abzuholen, bzw. der Auftrag zur Abholung an das Transportsystem selbständig zu erteilen ist.[34] „Der Produktionsauftrag wird von der verbrauchenden an die produzierende Stelle gegeben. Dies kann mit einem Beleg (KANBAN-Karte), einem elektronischen Medium oder durch Kopplung der Information an Behälter (Zwei- oder Dreibehälter-System) erfolgen."[35] Der erste Impuls erfolgt durch den Fertigungsauftrag und setzt sich durch die gesamte logistische Kette des Segmentes fort, was Produktionsaufträge durch eine zentrale Steuerungsstelle hinfällig werden läßt.[36]

Um die Funktionsfähigkeit des Systems zu gewährleisten, müssen definierte Qualitätsstandards sowie vorgegebene Soll-Mengen eingehalten werden.[37] Die Einführung selbststeuernder Regelkreise benötigt zusätzlich die Bestimmung von Standardlosgrössen, Auflagenfrequenzen, Pufferbeständen, Standardbehältern, Transportregelungen und einer neuen Handlingsorganisation.[38] Darüberhinaus bedarf es weiterer Maßnahmen in den tangierenden Bereichen, etwa durch eine Erhöhung der Flexibilität der Mitarbeiter oder durch eine Harmonisierung der Kapazitäten, um eine 100%ige Funktionstüchtigkeit der Regelkreissysteme sicherzustellen.[39]

Die mit der Einführung von selbststeuernden Regelkreisen verbundene Senkung der durchschnittlichen Bestände im Unternehmen führt gleichzeitig zum Auftauchen verdeckter Fehler (z.B. mangelnde Flexibilität, unabgestimmte Kapazitäten),[40] die das Problemlösungspotential der Segmentmitarbeiter als erfolgsentscheidendes Kriterium in den Mittelpunkt rücken läßt.[41]

---

33. vgl. Bellinger, M. (1995), S.627
34. vgl. Wildemann, H. (1983), S.35
35. Wildemann, H. (1986), S.40
36. vgl. Wildemann, H. (1986), S.40
37. vgl. Wildemann, H. (1989), S.59
38. vgl. Agustoni, G./ Lütolf, F. (1987), S.922
39. vgl. Freitag, W. (1986), S.749
40. vgl. Wildemann, H. (1988 a), S.14; Haager, K. (1987 b), S.170
41. vgl. Freitag, W. (1986), S.750

3.3.2 Betriebsmittelbezogene Maßnahmen

3.3.2.1 Kleine Kapazitätsquerschnitte mit variablem Layout

„Kleine Kapazitätsquerschnitte auf jeder Fertigungsstufe dienen dazu, die Produktorientierung der Fertigungssegmente und eine geringe Entfernung der benötigten Kapazitätseinheiten herbeizuführen.“[42] Hierzu ist es nötig, die Kapazitätsquerschnitte der organisatorischen Einheiten hinsichtlich ihres Outputs zu synchronisieren und zu teilen.[43] „Erst eine Teilung der Gesamtkapazität je Stufe der logistischen Kette in kleinere Kapazitätsquerschnitte ermöglicht eine wirtschaftliche Flußoptimierung.“[44] Fehlende Größendegressionseffekte bei Verwendung kleiner Kapazitätsquerschnitte werden durch Vorteile der Spezialisierung in produktspezifischen Segmenten überkompensiert.[45]

Durch den Einsatz kleiner Kapazitätsquerschnitte auf jeder Logistikstufe wird zusätzlich Folgendes ermöglicht:[46]

- eine Spezialisierung der einzelnen Segmente und damit die Realisierung von Kostendegressionseffekten
- eine Minimierung des Ausfallrisikos
- eine multiple Betriebsgrößenvariation
- ein Aufbau reproduzierbarer Module
- eine Reduktion des Belegungsrisikos und somit der Beschäftigungsabhängigkeit

Der Ersatz großer Kapazitäten durch viele kleine Einheiten wird in der Regel nicht sofort realisierbar sein, da Restriktionen bei den maschinenbaulichen Konzepten solcher Anlagen bzw. Wirtschaftlichkeitsüberlegungen dies verhindern. Hierdurch kommt es bei Weiternutzung bestehender Anlagen zu einer Reduktion der durchschnittlichen Betriebsmittelauslastungen. Unausgelastete Kapazitäten können allerdings als Flexibilitätspotential genutzt werden. Dies unterstützt eine Just-In-Time Fertigung mit der Tendenz Umlauf- in Anlagevermögen umzuwandeln und somit die geforderte Kundenbedienflexibilität nicht über das Vorhalten hoher Bestände sondern durch strategische Kapazitäten zu erreichen.

---

42. Wildemann, H. (1989), S.56
43. vgl. Wildemann, H. (1986), S.43
44. Wildemann, H. (1986), S.43
45. vgl. Maier, D. (1993), S.75
46. vgl. Wildemann, H. (1989), S.57

Die Bereitstellung kleiner Kapazitätseinheiten nach dem Prinzip der multiplen Betriebsgrößenvariation ermöglicht eine produktlebensspezifische Synchronisation zwischen Kapazitätsnachfrage und -angebot. So ermöglichte etwa der Einsatz einer modularen Anlage bei der Firma Klöckner Moeller, daß die Kapazität von zunächst 50% durch Ankoppeln weiterer identischer Stationen auf 100% erhöht werden konnte. Das Investitionsrisiko in der Produkteinführungsphase wurde dadurch gesenkt und das neue Produkt konnte schneller bei gleichzeitig verbessertem Lieferservice eingeführt werden.[47]
Die Variabilität des Layouts, unterstützt durch Standardisierung von Fundamenten und Befestigungselementen, gewährleistet die Handhabbarkeit von Kapazitätsproblemen bei wechselndem Produktionsprogramm, was soweit führen kann, daß die segmentspezifische Maschinenfolge auftragsspezifisch zusammengestellt wird. Hierdurch ist eine Erweiterung der Kombinationsmöglichkeiten unterschiedlicher Fertigungsverfahren möglich, ohne daß die Umstellungsaufwendungen überproportional ansteigen.[48] Diese hohe Flexibilität wird aber in der Regel aufgrund örtlicher Restriktionen der Anlagen (Fundament, Kühlmittel- und Späneentsorgung) in Reinstform selten realisiert.

3.3.2.2 Räumliche Konzentration von Betriebsmitteln

Das Ziel der Durchlaufzeitverkürzung durch Fertigungssegmentierung wird wesentlich durch die räumliche und organisatorische Zusammenfassung aller zur Bearbeitung eines bestimmten Teilespektrums benötigten Betriebsmittel erreicht.[49]
Gleichzeitig läßt sich auch der Wunsch nach einer papierarmen Fertigung unterstützen. Wege für Material- und Informationsflüsse können radikal verkürzt werden. Die Transporte zwischen den einzelnen Betriebsmitteln reduzieren sich trotz Gewährleistung einer entsprechenden Umstellungsbereitschaft, wodurch eine kostenoptimale Betriebsmittelanordnung für jede Produktionsform oder Beschäftigungssituation erreicht werden kann.[50]
Die Integration einer Spritzgußmaschine in eine bestehende Montagelinie bei der Firma Friedrich Merk-Telefonbau GmbH ermöglichte beispielsweise, daß in einem Segment das Produkt montiert, anschließend gespritzt und endbearbeitet werden konnte, ohne daß das Segment verlassen werden mußte.[51] Bei der Endgerätemontage wurde ebenfalls eine Verkettung der

47. vgl. Burkhardt, R. (1990), S.13
48. vgl. Wildemann, H. (1986), S.44
49. vgl. Amann, W./ Zipper, B. (1994), S.40
50. vgl. Wildemann, H. (1986), S.44
51. vgl. Haager, K. (1987 b), S.163

Arbeitsgänge in einem Segment vorgenommen wo vormals noch vier Abteilungen beteiligt waren.[52]

Die räumliche Nähe zwischen den Mitarbeitern ermöglicht einen engen optischen und akustischen Kontakt, was Arbeitsstrukturierungskonzepte wie z.B. die Gruppenarbeit unterstützt. Transportaktivitäten innerhalb des Segments erfolgen automatisch durch den Fertigungsmitarbeiter. Die Materialversorgung wird durch periodisierte An- und Ablieferungen gewährleistet, die bei der Wahl eines U-förmigen Anlagenlayouts an einem Punkt erfolgen kann.[53] Der Transportsteuerungsaufwand, die Fahrtrouten und die Leerfahrten werden bei räumlicher Konzentration der Betriebsmittel drastisch reduziert. Durch die Zusammenführung von Fertigungsbereichen, welche früher in verschiedenen Werken angesiedelt waren, können auch externe Transportkosten reduziert werden.[54]

Die Kombination universell einsetzbarer Betriebsmittel und dezentral angeordneter Prüfplätze schafft räumlich günstige Bedingungen für die Konzentration.[55] Reparaturarbeitsplätze werden beispielsweise je nach Bedarf besetzt, wodurch eine Ausschleusung der Werkstücke zu Prüfzwecken aus dem Segment unnötig wird.[56]

Eine vollständige Integration aller Betriebsmittel ist häufig aus technologischen und/oder investitionstheoretischen Gründen nicht möglich. Bestimmte Bearbeitungsverfahren, wie z.B. Lackier-, Härte-, Galvanik- oder Plasmabeschichtungsanlagen müssen weiterhin als autonome Produktionseinheiten geführt werden und können aufgrund der fehlenden Teilbarkeit bzw. wegen ihrer hohen Kapitalintensität keinem der Segmente zugeordnet werden.[57] Solche Einheiten werden dann meist als unabhängige Fertigungszellen geführt und bedürfen einer besonderen Steuerung, da unterschiedlichste Fertigungsbereiche (Segmente, Werkstätten) auf diese Kapazitäten zugreifen.[58] Eine Optimierung der Segmentdurchlaufzeit wird somit auch durch die Verfügbarkeit und die Bereitschaft zentraler Produktionsbereiche mitbestimmt.

3.3.2.3 Segmentspezifischer Technologiemix

Der richtige Technologiemix innerhalb eines Fertigungssegments dient einerseits zur Erlangung der erforderlichen Volumenflexibilität und andererseits in Kombination mit geeigneten

52. vgl. Haager, K. (1987 b), S.164
53. vgl. Eberle, M. (1987), S.133
54. vgl. Sladek, P. (1990), S.197
55. vgl. Nolting, M.F./ Mertins, K./ Rabe, M./ Könner, S. (1994), S.192
56. vgl. Neumann, E. (1987 a), S.951
57. vgl. Deich, A./ Messbacher, A. (1994 a), S.33
58. vgl. Deich, A./ Messbacher, A. (1994 a), S.33

Rüststrategien zur Schaffung der geforderten Produktmixflexibilität.[59] Häufig wird das Verhältnis der eingesetzten Fertigungstechnologien marktseitig bestimmt. Beispielhaft sei hier die Schaffung eines Standard-, eines Varianten- und eines Sondermontagesegments bei Klöckner Moeller angeführt, die sich wie folgt - nach den jeweiligen Flexibilitätsanforderungen des Marktes - gliedern in ein Segment der:[60]

- Massenfertigung durch Einzweckautomatisierung
- Variantenfertigung durch flexible Automatisierung
- Exotenfertigung durch Handfertigung

Der Technologiemix innerhalb des Segments wird häufig dynamisch - je nach Stückzahlanforderung zwischen der Neueinführungsphase eines Produkts und der Etablierung im Markt - durch eine differenzierte, mehrstufige Automatisierungsstrategie gebildet. „Gestartet wird mit einem innovativen flexiblen Montagesystem, das vollautomatisierte Stationen wie auch manuelle Arbeitsplätze miteinander verbindet und unterschiedliche Losgrößen verkraftet. In der zweiten Phase bei steigender Nachfrage, übernimmt eine vollautomatische Linie die Massenproduktion der Standardausführung, während die "Flex-Linie" sich auf die auftragsbezogene Montage der verschiedensten Varianten beschränkt - mit Ausnahme der "Exoten", die von Anfang an per Hand maßgeschneidert werden. In einer dritten und vierten Stufe lassen sich die flexiblen und die Standardkapazitäten noch einmal verdoppeln."[61]
Die Wahl des geeigneten Technologiemixes innerhalb eines Segments ist häufig mit der Einführung neuer Fertigungstechnologien verbunden. Beispielhaft kann hier der Einsatz neuer Verbindungstechniken, die Standardisierung einer Verschraubung, der Einsatz automatisierter Schraubstationen sowie die Überarbeitung von Punktschweißverbindungen bei einem Landmaschinentechnikhersteller in Verbindung mit der Einführung eines Fertigungssegments erwähnt werden (vgl. Kapitel 3.4.2).[62]
Die flexible Ausrichtung eines Segments kann nur erreicht werden, wenn alle eingesetzten Produktionstechnologien flexibel gestaltet und flexibel eingesetzt werden. Im Bereich der Betriebsmittel bedeutet dies unter anderem die Konstruktion und Verwendung segmentspezifisch geeigneter Fertigungshilfsmittel. Beispiele hierfür sind etwa der Einsatz flexibler Kom-

59. vgl. Richter, R. (1986), S.707
60. vgl. Krütt, N. (1989), S.336 u. S.338; vgl. Burkhardt, R. (1990), S.12
61. Burkhardt, R. (1990), S.8
62. vgl. Martens, W. (1987), S.398

missionierträger für die Bereitstellung aller Segmentvarianten oder etwa Werkstückträger, die gleichzeitig als Montage- und Transportbasis beim Segmentdurchlauf dienen.[63]

3.3.3 Materialbezogene Maßnahmen

3.3.3.1 Differenzierte Materialbereitstellung

Die Festlegung einer bestimmten Materialbereitstellungsart basiert in der Regel auf einer vorgeschalteten ABC und/oder XYZ-Analyse (vgl. Kapitel 4.3.3), mit deren Hilfe geeignete Materialbereitstellungsmethoden für das Fertigungssegment ausgewählt werden können. Grundlage hierfür ist die empirische Tatsache, daß billige Klein- und Normteile in der Disposition genauso behandelt werden wie teure Komponenten.[64] Bei den unterschiedlichen Bereitstellungsmethoden, die in der Praxis Anwendung finden, reicht das Spektrum von automatischen Bestellungen für C-Teile bis hin zu Kanban-Abrufen für A-Teile durch die Segmentmitarbeiter selbst.[65]

Die bei der Kanban-Bereitstellung geschaffenen vermaschten, selbststeuernden Regelkreise (vgl. Kapitel 3.3.1.3) können nicht nur innerhalb bzw. zwischen den Fertigungssegmenten implementiert werden, sondern finden auch Einsatz bei der Materialversorgung durch die Lieferanten. Hierbei wird die Rückgabe des Leerbehälters durch einen Spediteur an den Lieferanten gleichzeitig zum neuen Fertigungsauftrag.[66] Das Leergut wird beim Lieferanten wieder gefüllt und im Fertigungssegment des zu beliefernden Unternehmens bereitgestellt. Der aktuelle Bedarf regelt somit automatisch den Materialbestand durch die Lieferfrequenz der umlaufenden Behälter, wodurch eine bestandsarme Fertigung gewährleistet ist. Eine EDV-technische Erfassung von Einzelteilen in Fertigung und Montage wird hierdurch obsolet, was den Verwaltungsaufwand drastisch reduziert.[67]

Bei der segmentinternen Materialbereitstellung gilt eine erhöhte Sicherheit der Teileverfügbarkeit als Ausgangsbasis jeglicher materialplanerischer Überlegungen. Fehlteile in Kommissionierbehältern bringen ein Montagesegment zum Erliegen, so daß entsprechende Teileverfügbarkeitskontrollen unerläßlich sind.[68] Dies kann z.B. bei der Kommissionierung

---

63. vgl. Neumann, E. (1987 a), S.953
64. vgl. Maier, D. (1993), S.73
65. vgl. Fischer, D. (1994), S.339
66. vgl. Hüser, M./ Kaun, R. (1995), S.325
67. vgl. Martens, W. (1987), S.400
68. vgl. Neumann, E. (1987 a), S.954

durch Quittieren einer Plausibilitätstaste mittels mobilen Rechners erreicht werden. Am Ende der Materialentnahme kann dann per Code-Eingabe das ganze Materialspektrum vom Lagerbestand on-line abgebucht werden, wodurch Materialentnahmescheine überflüssig werden.[69] Neben der direkten Materialbereitstellung innerhalb des Segments werden auch Veränderungen in vorgelagerten Bereichen erforderlich. Die bei der Fertigungssegmentierung gestarteten materialbezogenen Projekte wie DV-unterstützte Materialdisposition und Materialsteuerung, Lagerneuorganisation sowie Kanban-Anwendung im Vorfeld führen zur Anwendung neuer Materialbereitstellungsstrategien.[70]

Die bisherigen Gestaltungsmaßnahmen bei der Fertigungssegmentierung sind durch die Einbindung der Zulieferer in die Ablauforganisation nach dem Prinzip der produktionssynchronen Beschaffung zu erweitern.[71] Ziel hierbei ist die termingerechte Bereitstellung des im Fertigungssegment quantitativ und qualitativ benötigten Materials.[72] Die kurzfristige Materialversorgung wird über ein flexibles Abrufsystem geregelt, was eine informationstechnische Verknüpfung sowie eine schnelle Reaktionsfähigkeit des Zulieferers erfordert.[73] Die Nachfrage nach Vormaterial wird in der Regel direkt, an den Lieferanten mit entsprechenden Vorlaufzeiten weitergereicht.[74] Als Steuerungsmechanismus kommt häufig das in Kapitel 3.3.1.3 beschriebene System der selbststeuernden Regelkreise zum Einsatz. Hierzu wird oft eine Pendelkarte verwendet, „die einmal in der Funktion als Auftrag einen entsprechenden Bedarf signalisiert und nach Erfüllen der nachgefragten Leistung als Ident-Karte die richtige Zuordnung von Material- und Folgearbeitsplatz gewährleistet."[75] Neben einer Belegsteuerung des Segmentmaterials wird auch eine direkte EDV-technische Anbindung mit unterschiedlichem Integrationsgrad praktiziert.[76]

3.3.3.2 Dezentrale Lagerung

Die Ausrichtung des Fertigungslayouts an den Prinzipien der Fließfertigung führt gleichzeitig zu einer Dezentralisierung der Anlieferung, Verbuchung, Verwaltung und Lagerung von Roh-

69. vgl. Neumann, E. (1987 a), S.954
70. vgl. Neumann, E. (1987 a), S.951
71. vgl. Wildemann, H. (1986), S.44
72. vgl. Wildemann, H. (1988 b), S.3
73. vgl. Wildemann, H. (1988 a), S.137ff; Wildemann, H. (1986), S.44
74. vgl. Wildemann, H. (1986), S.46
75. Wildemann, H. (1986), S.46
76. vgl. Wildemann, H. (1988 b), S.73

material am Ort des Verbrauchs.[77] Die häufig vor der Einführung der Fertigungssegmentierung vorzufindende Steuerung jeder einzelnen Stufe aus einem zentralen Lager wird ersetzt durch die dezentrale Belieferung aus den vorgelagerten Fertigungsstufen mittels Pufferlager.[78] Die Dezentralisierung der Lagerfunktion geht gleichzeitig mit einer Materialbestandsreduktion einher, da viele Baugruppen, die früher als Halbfabrikate gelagert wurden, aufgrund der Flußoptimierung ohne Lagerberührung die Wertschöpfungskette durchlaufen.[79]

Erst durch den ständigen Zugriff auf Materialien, Vorrichtungen und Werkzeuge, wird eine flexible und schnelle Reaktion auf Kundenaufträge möglich.[80] Im Montagebereich etwa befindet sich das benötigte Material verbauortnah am Arbeitsplätze. Die für Montageprozesse zusätzlich benötigten Anbauteile können segmentnah, durch die Integration kleiner Läger, die ohne EDV nur durch eine optische Bestandsführung der Fertigungsmitarbeiter kontrolliert werden, bereitgestellt werden. „Kleinere Teile werden auf Schrägpultwagen vorsortiert, größere Teile lagern in ihren Behältern in der Nähe des Arbeitsplatzes. Kleinteile wie Schrauben werden direkt auf dem Arbeitstisch in v-förmig angeordneten Schütten bereitgestellt."[81]

Die mengen-, termin- und kapazitätsmäßige Integration von Fertigung und Montage ermöglicht eine abrufgesteuerte Fertigung wodurch zentrale Läger als Puffer überflüssig werden.[82]

Auch die Dezentralisierung der Lagerung von Fertigungshilfsmitteln ist mit der Fertigungssegmentierung verbunden, wodurch beispielsweise Werkzeuge nicht zentral gelagert und abgeholt werden, sondern direkt am Arbeitsplatz vorrätig sind.[83]

3.3.4 Mitarbeiterbezogene Maßnahmen

3.3.4.1 Entkopplung von Mensch und Maschine

Die sachliche und zeitliche Entkopplung von Mensch und Maschine innerhalb eines Fertigungssegmentes erhöht die zeitliche Nutzung der Kapazitäten, ohne gleichzeitig überproportional Investitionen tätigen zu müssen.[84] Die Automatisierung von Segmentbetriebsmitteln bildet hierzu die Grundlage. Der Mitarbeiter wird vom Diktat der Maschine befreit und kann

77. vgl. Jaberg, H./ Mezger, M./ Braun, J. (1995), S.206
78. vgl. Agustoni, G./ Lütolf, F. (1987), S.929
79. vgl. Neumann, E. (1987 a), S.950
80. vgl. Richter, R. (1986), S.707
81. Hüser, M./ Kaun, R. (1995), S.321
82. vgl. Agustoni, G./ Lütolf, F. (1987), S.923
83. vgl. Neumann, E. (1987 a), S.951
84. vgl. Wildemann, H. (1989), S.64f

seine Arbeitszeit innerhalb bestimmter Grenzen nach dem Arbeitsanfall und seinen persönlichen Bedürfnissen ausrichten.[85] Eine Erweiterung des Nutzungszeitraums der Anlagen wird z.B. durch Pausendurchläufe der Maschinen sowie durch das Hineinfahren von Anlagen in mannarme Schichten mit automatischer Abschaltung erreicht.[86] Die Entkopplung des Menschen vom Betriebsmittel ermöglicht es ihm, sich von der Maschine zu entfernen und weitere Aufgaben (z.B. dispositive Aufgaben, Rüstvorbereitungen, paralleles Rüsten oder die Bedienung weiterer Maschinen in den Segmenten) zu übernehmen.[87]

3.3.4.2 Qualitätsstrategie der automatischen Prozeßüberwachung und der Selbstkontrolle

Eine weitere Gestaltungsmaßnahme bei der Fertigungssegmentierung ist der Aufbau eines Qualitätssicherungssystems, mit dessen Hilfe Fehlerfolgekosten minimiert werden.[88] Die Qualitätssicherung bezieht sich hierbei nicht nur auf das Ergebnis des Fertigungsprozesses sondern auch auf den Prozeß selbst. Dies gilt insbesondere in einem bestandsarmen Herstellungsprozeß mit erhöhter Störanfälligkeit, da Bestände bekanntlich Fehler verdecken.[89] Um die vom Markt geforderten Qualitäten zu erreichen, werden prinzipiell zwei unterschiedliche Qualitätssicherungsstrategien innerhalb eines Fertigungssegments eingesetzt.

Bei der automatisierten Prozeßüberwachung geht es um die Übernahme der Kontrolle durch automatische Einrichtungen im Fertigungsprozeß. Dies wird durch den Einsatz elektronischer Meßeinrichtungen erreicht. Neben besseren Prozeßfähigkeitskoeffizienten werden hierdurch auch geringere Ausschußquoten realisiert.

Die derzeit bedeutendere Qualitätssicherungsstrategie für Fertigungssegmente liegt aber im Bereich der Selbstkontrolle der Mitarbeiter. Grundprinzip hierbei ist die Tatsache, daß die sofortige Behebung von Fehlern am Entstehungsort am kostengünstigsten zu realisieren ist.[90] Laufende, integrierte Prüfungen der Bearbeitungsergebnisse durch den Mitarbeiter, mit dem Grundsatz nur fehlerfreie Teile an das nächste Glied der logistischen Kette weiterzugeben, werden erforderlich. Informationen über Abweichungen fließen unmittelbar an die Fertigung zurück.[91] Die Eigenverantwortlichkeit der Segmentmitarbeiter bei Qualitätsabweichungen

---

85. vgl. Burkhardt, R. (1990), S.12
86. vgl. Wildemann, H. (1986), S.44
87. vgl. Freitag, W. (1989), S.448
88. vgl. Wildemann, H. (1986), S.44
89. vgl. Wildemann, H. (1988 a), S.14
90. vgl. Wildemann, H. (1989), S.62
91. vgl. Deich, A./ Messbacher, A. (1994 a), S.33

führt dazu, daß kaum mehr versteckte Fehler weitergereicht werden.[92] Der Wegfall einer zentralen Qualitätsprüfung reduziert darüberhinaus die Transport-, Planungs- und Steuerungsaufwendungen.[93]

3.3.4.3 Teamorientierung

Die mit der Fertigungssegmentierung verbundene Aufhebung der tayloristischen Arbeitsteilung verändert die Anforderungen an die Mitarbeiter. Die Ausrichtung weg von der Auslastungs- hin zur Ablauforientierung erfordert eine schnelle Kommunikation zwischen den Mitarbeitern, was durch Teamarbeit realisiert wird.[94] Der Teamgedanke steht dabei nicht mehr als Strukturelement der Sekundärorganisation im Vordergrund, sondern wird selbst zum systemimmanenten Organisationsprinzip der Primärorganisation.[95]
Das Team übernimmt Problemlösungsaktivitäten und wirkt an der kontinuierlichen Verbesserung des eigenen Arbeitsbereichs mit.[96] Oberstes Ziel der Teamarbeit ist die Erhöhung der Wirtschaftlichkeit der Arbeitsplätze und die Steigerung der Arbeitszufriedenheit der Mitarbeiter.[97] Dem Team werden Aufgaben zugeordnet, die früher von Vorgesetzten (z.B. Schichteinteilung, Urlaubsplanung) oder von anderen Instanzen durchgeführt wurden (z.B. Maschinenbelegung, Maschinenwartung).[98] Hierzu werden den Segmentteams alle notwendigen Ressourcen bereitgestellt, die sie zur Erreichung der mit ihnen vereinbarten Aufgaben und Ziele (z.B. Durchlaufzeiten, Stückzahlen, Kosten) benötigen.[99] Besondere Bedeutung wird der Bereitstellung von Information nach dem Prinzip der Bedingtheit von Information und Verantwortung beigemessen.[100] Danach muß derjenige des Teams der die Verantwortung für eine bestimmte Arbeitsaufgabe übernimmt auch die dafür notwendige Information zur Verfügung gestellt bekommen, was durch Einsatz dezentralisierter Informationstechnologien unterstützt wird (vgl. hierzu Kapitel 3.4.2). Eine Möglichkeit zur Informationsbereitstellung innerhalb des Segments bieten Informationstafeln.[101] Folgende Informationen sind denkbare Visualisie-

---

92. vgl. Wildemann, H. (1986), S.44
93. vgl. Wiendahl, H.P./ Scholtissek, P./ Mittwollen, N. (1995), S.51; Wildemann, H. (1986), S.44
94. vgl. Deich, A./ Messbacher, A. (1994 a), S.33
95. vgl. Lauermann, A. (1995), S.808
96. vgl. Bellinger, M. (1995), S.620
97. vgl. Bellinger, M. (1995), S.621
98. vgl. Deich, A./ Messbacher, A. (1994 a), S.34
99. vgl. Deich, A./ Messbacher, A. (1994 a), S.34
100. vgl. Lauermann, A. (1995), S.801
101. vgl. Schreitmüller, H.J. (1986), S.954

rungsinhalte:[102]

- allgemeine Informationen über Unternehmen, Werk, Fertigungssegment, Produkt, Personal und Betriebsmittel
- Ziele und Ergebnisse des Unternehmens, Fertigungssegments, Kostenstelle, Gruppe
- Aktivitäten und Maßnahmen bezüglich Qualität, Flexibilität, Personal- und Maschinenverfügbarkeit

Um zu gewährleisten, daß jedes Teammitglied Einfluß auf die Erreichung der segmentspezifischen Ziele hat, muß gleichzeitig die Kompetenz vor Ort erhöht werden.[103] Die Erweiterung des Entscheidungsspielraums bezieht sich auf die Bereiche Planung und Gestaltung von Arbeitsplätzen, Planung und Beschaffung von Betriebsmitteln, Lieferantenbewertung und -auswahl, Festlegung der Arbeitszeiten, Programmplanung, Zielvereinbarung, Personalauswahl und -qualifizierung.[104]

3.3.4.4 Flexible Arbeits- und Betriebszeiten

Zur Anpassung der eingesetzten Kapazitäten an kurzfristig schwankende Markterfordernisse, bedarf es neben dem Vorhalten von organisatorischen und betriebsmittelbezogenen auch eines mitarbeiterbezogenen Flexibilitätspotentials.[105] Empirische Analysen zeigen, daß die Mitarbeiter durch eigenverantwortliches Handeln und entsprechende Kompetenz eine bisher kaum gekannte Flexibilität entwickeln.[106] Oberstes Prinzip jeglicher Arbeits- und Betriebszeitregelung ist die Einhaltung der terminierten Aufgaben bzw. Aufträge.[107] Die Vielschichtigkeit bei der Ausgestaltung der Segmentarbeitszeiten läßt keine allgemeinen Tendenzen in der Verwendung bestimmter Arbeitszeitmodelle erkennen.[108] Um eine ständige Anpassung der Segmentkapazität an die Auftragslage zu erreichen, erfolgt beispielsweise bei der Firma Mettler-Toledo eine Selbstorganisation der Arbeitszeit durch die Montagemitarbeiter.[109] Jeder kann seine Arbeitszeit frei gestalten, bei einer Mindestanwesenheitszeit von vier Stunden pro Tag. Jähr-

102. vgl. Lauermann, A. (1995), S.803
103. vgl. Deich, A./ Messbacher, A. (1994 a), S.33
104. vgl. Lauermann, A. (1995), S.805
105. vgl. Fischer, D. (1994), S.339; vgl. Freitag, W. (1989), S.453
106. vgl. Deich, A./ Messbacher, A. (1994 a), S.34
107. vgl. Bellinger, M. (1995), S.620
108. vgl. Maier, D. (1993), S.85
109. vgl. Hüser, M./ Kaun, R. (1995), S.322f

lich wird eine Gesamtarbeitszeit auf Basis der zu erwartenden Produktionsmenge vereinbart. Abwesenheiten sind nicht mit dem Vorgesetzten abzusprechen. Jeder Mitarbeiter kann sein Gleitzeitkonto maximal um plus minus 72 Stunden belasten, was er innerhalb eines halben Jahres auszugleichen hat. Da die hierdurch erreichte Flexibilität nicht ausreicht um die Absatzschwankungen - die zwischen 50 und 200% der Normalkapazität liegen - auszugleichen, werden darüberhinaus bei Spitzenbedarfen auch Mitarbeiter aus dem Betriebsmittelbau, der Qualitätssicherung und schließlich aus dem Entwicklungsbereich im Montagesegment eingesetzt.[110]

3.3.4.5 Flexibilitäts- und motivationsorientierte Leistungsentlohnung

Das Produktspektrum innerhalb eines Segmentes ist hinsichtlich der Komplexität und somit der Arbeitsanforderungen an den Mitarbeiter häufig so unterschiedlich, daß eine Abstufung der Qualifikation und somit der Leistungsentlohnung sinnvoll erscheint. Die mit der Segmentierung einhergehende Erhöhung der Anforderung an die Mitarbeiter, läßt darüberhinaus eine leistungsbezogene Entlohnung fordern.[111]

Spezialprodukte der Firma Mettler-Toledo beispielsweise, die große Erfahrung und teilweise Spezialwissen erfordern, werden nur von absoluten Spezialisten mit der höchsten Lohngruppe montiert.[112] Die darunterliegenden Lohngruppen werden durch höherqualifizierte Facharbeiter, sowie teilqualifizierte Monteure belegt. Trotz dieser Differenzierung in der Mitarbeiterflexibilität beherrscht jeder Monteur etwa zwei Drittel aller benötigten Montagetätigkeiten.[113]

Als weiteres Beispiel für ein flexibilitäts- und motivationsorientiertes Entlohnungssystem, dient das bei der MTU München in Verbindung mit der Fertigungssegmentierung eingeführte Prämienlohnsystem (vgl. Abb. 9).[114] Der Lohn besteht hierbei aus drei festen (Grundlohn, fixe Prämie, persönliche Zulage) und einem aktionsorientierten Anteil. Aufgrund des persönlichen Qualifikationsprofils jedes Segmentmitarbeiters, abhängig von seiner Mehrfachqualifikation pro Arbeitsplatz, wird jedem Mitarbeiter ein Grundlohn basierend auf den Lohngruppen des Manteltarifvertrags zugewiesen. Qualifizierung durch die Bedienung von mehreren Arbeitsplätzen ermöglicht somit dem Einzelnen seine Lohngruppe anzuheben. Die zusätzliche Prämie wird als fixer Prozentsatz auf den Grundlohn gezahlt. Diese ist abhängig von der Leistungser-

110. vgl. Hüser, M./ Kaun, R. (1995), S.324
111. vgl. Fischer, D. (1994), S.339
112. vgl. Hüser, M./ Kaun, R. (1995), S.324
113. vgl. Hüser, M./ Kaun, R. (1995), S.322
114. vgl. Deich, A./ Messbacher, A. (1994 a), S.34f

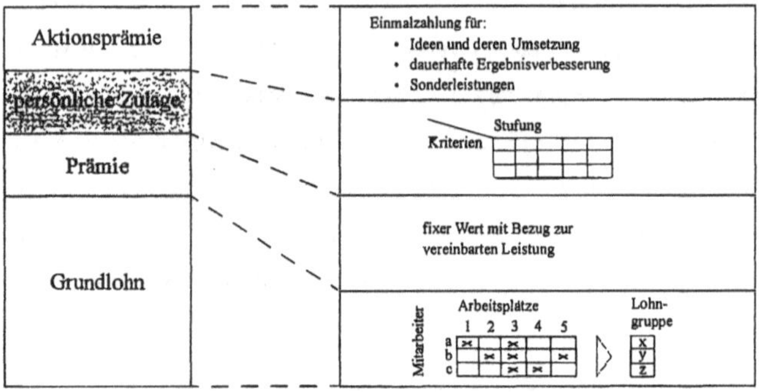

Abb. 9: Beispiel eines flexiblen Entlohnungssystems

wartung und wird von der Zeitwirtschaftsabteilung ermittelt. Individualleistungen werden durch die persönliche Zulage honoriert, die sich an der Wirtschaftlichkeit, der Qualität, der Einsatz- und Teamfähigkeit jedes Mitarbeiters orientiert. Die Aktionsprämie ist optional und wird als Einmalzahlung gewährt. Dabei werden Ideen und deren Umsetzung, dauerhafte Sollvorgabenverbesserungen als teambezogene Ausschüttungen gewährt, wodurch die Verbesserungsideen der Teams schnell und unbürokratisch aufgenommen und umgesetzt werden können.

3.3.4.6 Mehrfachqualifikation mit Job Rotation

Die Mehrfachqualifikation der Segmentmitarbeiter dient sowohl der Realisierung von mitarbeiter- als auch von betrieblichen Zielen.[115] Sie dient als Grundlage eines im zeitlichen Rhythmus geplanten Wechsels der Segmentarbeitsplätze (job rotation).[116]
Um schwankende Arbeitsinhalte bei der Produktion unterschiedlicher Segmentvarianten auszugleichen, ist ein mehrmaliger täglicher Arbeitsplatzwechsel der Mitarbeiter erforderlich.[117] Grundlage hierfür ist die Mehrfachqualifikation jedes Mitarbeiters, so daß er in der Lage ist, mehrere Segmentarbeitsplätze zu bedienen. Ferner bedarf es einer geeigneten Staffelung der Zeiten je Arbeitsgang, um die Voraussetzungen zur Mehrmaschinenbedienung zu verbessern.[118] Dies geschieht beispielsweise durch eine Angleichung der Bearbeitungszeiten pro Arbeitsgang durch die Verschiebung oder Veränderung von Bearbeitungsinhalten. Auch die

115. vgl. Maier, D. (1993), S.89
116. vgl. Bühner, R. (1986), S.61
117. vgl. Neumann, H. (1987), S.429
118. vgl. Reinhart, G./ Decker, F./ Lorenzen, J. (1995), S.612

Festlegung von Maschinengruppen anstelle konkreter Einzelmaschinen sowie die explizite Formulierung von Alternativarbeitsplänen bieten weitere Möglichkeiten job rotation zu unterstützen.

Gleichzeitig ermöglicht die Zuordnung mehrerer Arbeitsaufgaben zu einem Segmentmitarbeiter, die Störanfälligkeit des Segmentes aufgrund von Krankheit oder Urlaub zu reduzieren.[119]

Die Übernahme von Instandhaltungs- und Wartungstätigkeiten durch die Segmentmitarbeiter bietet ebenfalls eine schnelle Reaktion auf Betriebsstörungen im Segment, was bei einer flußorientierten Anordnung der Betriebsmittel von besonderer Bedeutung ist.

Der mit der Mehrfachqualifikation verbundene flexible Arbeitseinsatz führt unter Umständen zu einer Verringerung des Personalbedarfs bei gleichem Produktionsoutput, da vorhandene Personalkapazitäten besser ausgelastet werden können.[120]

3.3.4.7 Ganzheitliche Aufgabenstrukturen

Die Übertragung ganzheitlicher Aufgabenstrukturen auf den Segmentmitarbeiter ermöglicht eine eigenverantwortliche Fertigung eines übergebenen Auftragsvolumens, in den durch das Segment vorgegebenen Grenzen.[121] Hierbei erfolgt die Übergabe des Auftragsvolumens meist in Tagesgrösse. Die Abwicklung innerhalb des Segments erfolgt nach eigenen Prioritäten. Beispiele hierfür sind etwa die Reihenfolgeplanung, die Kapazitätsplanung für Betriebsmittel und Personal sowie die Anforderung bzw. der optimale Zugriff auf die im Segment lagernden Materialien.[122] Um diese Aufgaben zu erledigen, müssen auch indirekte Funktionen des Betriebes, wie beispielsweise Qualitätsprüfung, Disposition/Steuerung, einfache Wartung/ Instandhaltung, Werkzeugvor- und -nachbereitung durch den Segmentmitarbeiter übernommen werden.[123] „Jedes Team ist für alle Aufträge von einem Kundensegment verantwortlich. Ebenfalls werden alle notwendigen Aufgaben für einen Auftrag (z.B. Fertigungs-, Arbeits-, Prüfplan, Betriebsmittelkonstruktion, NC-Programm) vom Team vollständig bearbeitet. Es ist ein Ziel, daß alle Mitarbeiter mehrere Aufgaben erfüllen können.“[124]

Ganzheitliches Denken ersetzt die traditionelle Denkweise der Fertigung in Stückzahlen.[125]

---

119. vgl. Mönig, H. (1985), S.85
120. vgl. Maluche, Ch. (1989), S.371 u. 375
121. vgl. Richter, R. (1986), S.706
122. vgl. Richter, R. (1986), S.706; Reinhart, G./ Decker, F./ Lorenzen, J. (1995), S.612
123. vgl. Hedrich, C.P. (1993), S.6
124. Hänggi, R. (1994), S.713
125. vgl. Richter, R. (1986), S.710

Termine, Kosten und Kapazitäten müssen so abgestimmt sein, daß die Konkurrenz verschiedener Aufträge um knappe Ressourcen aufgelöst wird.[126]
Zur Vorbereitung auf die anspruchs- und verantwortungsvollen Aufgaben müssen die Mitarbeiter in fachlicher und kommunikativer Hinsicht qualifiziert werden,[127] was häufig bezahlt aber auf freiwilliger Basis geschieht.[128] Neben der Schulung und dem Training der erforderlichen operativen Fähigkeiten werden auch strategische Zusammenhänge vermittelt. Ideen und Hintergründe der Fertigungssegmentierung müssen für den Mitarbeiter klar werden, um mögliche Hindernisse für eine schnelle Effizienzsteigerung aus dem Weg zu räumen.[129]
Um das Risiko bei der Einführung der Fertigungssegmentierung zu reduzieren, besteht beispielsweise die Möglichkeit die neuen Prinzipien mittels Planspiele vorab zu verinnerlichen. Häufig können durch einfache Mittel (etwa durch die Produktion von Papierdampfern) reale Vorgänge gut nachgebildet und somit für die Mitarbeiter begreifbar gemacht werden.[130]
Ein entscheidender Erfolgsfaktor der Fertigungssegmentierung ist auch die projektbegleitende Information der Mitarbeiter, wodurch Transparenz über das bisher Realisierte geschaffen wird.[131] Um Probleme beim laufenden Betrieb der Segmente zu lösen, ist es notwendig, daß sich die Mitarbeiter zu regelmäßigen Gruppengesprächen treffen, bei denen aufgetretene Probleme oder Verbesserungsvorschläge erörtert sowie Verantwortlichkeiten und Termine für die Lösung bzw. Umsetzung vereinbart werden.[132]

3.3.4.8 Problemlösungsgruppen

Trotz der Reintegration indirekter Tätigkeiten und der damit verbundenen Erhöhung des Problemlösungspotentials, besteht zusätzlich die Notwendigkeit die Primärorganisation eines Fertigungssegmentes im Streben nach ständiger Verbesserung durch eine Sekundärorganisation zu unterstützen.[133] Dabei sind die Problemlösungsgruppen, wie Qualitätszirkel, Lernstatt, Wertanalyse-Teams, Simultaneous-Engineering-Teams und Vorschlagsgruppen durch eine crossfunktionale Zusammensetzung und problemorientierte Aufgabenstellung gekennzeichnet. „Die Einsetzung von Problemlösungsgruppen eignet sich zur Aufhebung von auf höherer Ebene, in

---

126. vgl. Wildemann, H. (1988 a), S.77ff
127. vgl. Fischer, D. (1994), S.339
128. vgl. Burkhardt, R. (1990), S.13
129. vgl. Hänggi, R. (1994), S.715
130. vgl. Hüser, M./ Kaun, R. (1995), S.320
131. vgl. Schreitmüller, H.J. (1986), S.954
132. vgl. Fischer, D. (1994), S.335f
133. vgl. Lauermann, A. (1995), S.810

Unkenntnis der Verhältnisse vor Ort geschaffener bzw. überholter Rahmenbedingungen."[134] Ein Beispiel hierfür ist die Schaffung von Steuerungsgruppen, in der Disponenten und die direkten Vorgesetzten der Gruppe räumlich und organisatorisch integriert werden.[135] Deren Aufgaben sind die Koordination der Kundenaufträge, die Materialdisposition und die Qualifizierung der Gruppe. Alle segmentnahen Aufgaben, wie Feinplanung oder Qualitätssicherung werden hierbei integriert [136] Ein weiteres Beispiel für eine Problemlösungsgruppe ist das sogenannte Betriebsingenieurteam. Es beschäftigt sich mit Aufgaben der Fertigungstechnik (Planung, Optimierung, Überwachung), Qualitätssicherung und Konstruktion in der Planungs-, Realisierungs- und der Inbetriebnahmephase eines Fertigungssegments.[137]

3.4 Analyse und Klassifikation der Einflußgrößen und Auswirkungen der Segmentbildung

3.4.1 Produktorientierung

Die Grundidee einer produktorientierten Entflechtung der Produktionskapazitäten ist es, Komplexität auf ein der menschlichen Problemlösungskapazität beherrschbares Maß zu reduzieren und das gesamte Ressourcenpotential auf eine spezifische Produktionsaufgabe zu konzentrieren.[138] Die Ausrichtung des Fertigungsprozesses erfolgt nicht - wie bisher - auf ein Fertigungsverfahren, sondern auf den Markt bzw. den Kunden.[139] Durch die Zuordnung aller Funktionen, die ein Endprodukt betreffen, zu einem separaten Unternehmensbereich, lassen sich die Kosten besser zu den einzelnen Produkten in Beziehung setzen. Als Folge wird das Controlling vereinfacht und es besteht mehr Spielraum für Optimierungen.[140] Die optimale Gestaltung einer segmentierten Fertigung wird deshalb in verstärktem Maße vom Produktspektrum bestimmt (vgl. Kapitel 4.3.3).[141]

Neben dem Einfluß des Produktionsprogramms auf die Segmentbildung kann auch die Reorganisationsmaßnahme an sich Auswirkungen auf die im Segment zu fertigenden Produkte haben. Diese müssen hierfür segmentgerecht analysiert und im Sinne eines Standardisierungs-

134. Bellinger, M. (1995), S.650
135. vgl. Nolting, M.F./ Mertins, K./ Rabe, M./ Könner, S. (1994), S.192
136. vgl. Nolting, M.F./ Mertins, K./ Rabe, M./ Könner, S. (1994), S.193
137. vgl. Hedrich, C.P. (1993), S.8
138. vgl. Lauermann, A. (1995), S.797
139. vgl. Geuer, A. (1993), S.5
140. vgl. Glöckner, M. (1993), S.52
141. vgl. Melo, D.A. (1995), S.28

prozesses gestaltet werden.[142] Im Montagebereich von Klöckner Moeller beispielsweise wurden montagefreundliche Produkte etwa durch die Konstruktionskriterien Topbauweise, standardisierte Gehäuse, nur zwei Fügerichtungen und keine biegeschlaffen Teile definiert, was erst die Voraussetzung für eine anschließende Montage innerhalb eines Segmentes schaffte.[143] Aufbauend auf den produktbestimmenden Merkmalen werden leistungsfähige Lösungskonzepte für die wesentlichen Elemente der Wertschöpfungskette (Produktion und Logistik) erarbeitet.[144] Die Forderung nach modularer und fertigungsgerechter Konstruktion gewinnt immer mehr an Bedeutung, wodurch beispielsweise die Voraussetzung für die Wiederverwendbarkeit von Montagesegmenten bei neuen Produkten geschaffen wird.[145]

3.4.2 Technologieorientierung

Der Einfluß neuer Technologien auf die segmentplanerische Gestaltungsmaßnahme hat ambivalenten Charakter, indem neue Technologien erst die Voraussetzung zur Reorganisation schaffen gleichzeitig aber eine vollständige Durchführung des Konzeptes der Fertigungssegmentierung verhindern. Letzteres ist dann gegeben, wenn aus technologischen Gründen eine vollständige Dezentralisierung, d.h. durchgängige Zusammenfassung mehrerer Stufen der logistischen Kette zu einem Fertigungssegment unmöglich gemacht wird.
Die produktorientierte Segmentierung findet dort ihre Grenzen, wo von vielen Fertigungseinheiten auf eine Anlage zugegriffen wird, deren Gesamtkapazität aus technologischen Gründen nicht gesplittet werden kann. Als Beispiel seien Galvanik- oder Plasmabeschichtungsanlagen genannt, deren Vereinzelung auch nicht durch die Zulassungsbehörde genehmigungsfähig wäre.[146] Weitere Gründe, welche gegen eine vollständige Dezentralisierung aller zur Herstellung notwendigen Technologien sprechen, sind fehlende Auslastung dezentral gesplitteter Anlagen, hohe Umzugskosten sowie ein hoher Kapitalbedarf.[147] Der Fertigungsplaner ordnet deshalb dem Fertigungssegment soviele Technologien zu wie wirtschaftlich sinnvoll und technologisch möglich. Resttechnologien verbleiben in zentralen Einheiten, z.B. Härterei, Stanzerei, Reduziererei, die wegen der zum Teil zeitgleichen Beaufschlagung durch mehrere Betriebsteile einen ablaufkritischen Punkt darstellen. Deshalb bedarf es einer übergreifenden

---

142. vgl. Agustoni, G./ Lütolf, F. (1987), S.944; Hüser, M./ Kaun, R. (1995), S.333
143. vgl. Burkhardt, R. (1990), S.13
144. vgl. Jaberg, H./ Mezger, M./ Braun, J. (1995), S.196
145. vgl. Neumann, E. (1987 a), S.948
146. vgl. Deich, A./ Messbacher, A. (1994 b), S.611
147. vgl. Schreitmüller, H.J. (1986), S.952; Hänggi, R. (1994), S.713; Lohwasser, H. (1986), S.668

Fertigungssteuerung, die eine Koordinierung einzelner Segmente mit den Zentralbereichen durchlaufzeitoptimal gestaltet.
Im Gegensatz dazu unterstützt in der Mehrzahl der betrachteten Segmentierungsfälle der Einsatz neuer Technologien die Fertigungssegmentierung.[148] An vorderster Stelle ist hier der Einsatz von Informationstechnologien zu nennen. Informationen dürfen nicht von der EDV abgerufen werden, sondern müssen im Segment verfügbar, d.h. für jeden Mitarbeiter jederzeit sichtbar sein.[149] Die Bereitstellung geeigneter Systeme ist die Voraussetzung zur Dezentralisierung vieler Funktionen innerhalb eines störungsfrei arbeitenden Fertigungssegments. Beispielhaft wird die on-line Fähigkeit von PPS-Systemen aufgeführt, wobei das Nichtvorhandensein die Effizienz des Segments hemmen kann.[150] „Bei der Realisierung der Zielvorstellungen zeigt sich, daß der Prozeß eher langwierig und schwieriger ist als ursprünglich angenommen. Das (Vorhandensein) u.a. einer exakten, im realtime-Verfahren arbeitenden Betriebsdatenerfassung, zusammen mit einem modernen PPS-System mit entsprechendem Informationssystem hat sich als um so notwendiger erwiesen."[151]
Weitere Praxisbeispiele bei denen der Einsatz neuer Technologien das Konzept der Fertigungssegmentierung unterstützten sind:

- Die Schaffung von Volumen- und Produktflexibilität durch Kombination geeigneter Technologien innerhalb eines Segmentes.[152]
- Der Einsatz elektrischer Automatisierungstechnik (z.B. CNC-, SPS-Steuerungen) ermöglicht erst die zunehmende Vorgangsintegration der einzelnen Bearbeitungsschritte innerhalb des Fertigungssegmentes.[153]
- Die Integration von Qualitätssicherungstechnologie in das Segment dient einerseits zur Aufrechterhaltung eines störungsfreien Ablaufs andererseits kann dies durch behördliche Auflagen und Dokumentationspflichten gesetzlich vorgeschrieben sein.[154]

Neben dem Einfluß der Technologie auf die Fertigungssegmentbildung kann auch die Segmen-

148. Das Konzept der Fertigungssegmentierung bleibt allerdings primär ein organisatorisches Konzept, das den Einsatz neuer Technologien nicht an die Spitze unternehmensplanerischer Entscheidungen stellt.
149. vgl. Reinhart, G./ Decker, F./ Lorenzen, J. (1995), S.612
150. vgl. Neumann, E. (1987 a), S.950
151. Schreitmüller, H.J. (1986), S.956
152. vgl. Richter, R. (1986), S.707
153. vgl. Klug, F. (1991), S.22
154. vgl. Deich, A./Messbacher, A. (1994 a), S.33

tierung selbst Auswirkungen durch die Anpassung der Fertigungstechnologie an die spezifischen Anforderungen der Reorganisation haben. Beispielhaft sollen die Mehrfachaufspannung zur Gewährleistung möglichst langer Maschinenlaufzeiten pro Bearbeitungsvorgang bzw. die Substitution einzelner Fertigungsverfahren (Drehen anstatt Schleifen) zur Minimierung der Anzahl von Fertigungsoperationen aufgeführt werden.[155]

3.4.3 Marktorientierung

Ziel der Wettbewerbsstrategie eines Unternehmens ist die Erreichung einer günstigen Position gegenüber dem Wettbewerber, was durch die Ausrichtung von Wettbewerbsstrategien auf unterschiedliche Produkt-Markt-Kombinationen erfolgt, für die spezifische Erfolgsfaktoren definiert werden.[156] Hierzu bedarf es einer marktorientierten Aufteilung aller Aktivitäten eines Unternehmens und folglich auch der fertigungswirtschaftlichen in segmentierte Organisationseinheiten. Mögliche Abgrenzungskriterien sind Abnehmerbranche, Größenklasse oder Vertriebsweg.[157]
Desweiteren wird der Markt das Fertigungssegment in der Weise beeinflussen, daß das Unternehmenswachstum an das Marktwachstum gekoppelt ist. Dies erfordert eine Erhöhung der Flexibilität der logistischen Kette gegenüber wechselnden Marktanforderungen hinsichtlich Mengenwachstum, Produktmix oder Reaktionszeit.[158] „Die Produktion muß sich in einen Dienstleistungsbetrieb wandeln, der zügig und flexibel, schneller, häufiger und variantenreicher den Markt bedienen kann."[159] Unerwartetes Markt- und folglich Produktionsmengenwachstum führt traditionell zu folgender Problemkette:[160]

- Überproportionale Erhöhung der Lagerbestände aufgrund von Umsatzsteigerungen führt
- gleichzeitig zu steigenden Durchlaufzeiten,
- die wiederum mangelnde Flexibilität und erhöhtes Dispositionsrisiko bedeuten.

Diese Problemkette stellt häufig die Ausgangsbasis für die Einleitung einer Reorganisationsmaßnahme nach dem Prinzip der Fertigungssegmentierung dar.

---

155. vgl. Hedrich, C.P. (1993), S.7
156. vgl. Dunst, K.H. (1979), S.57ff
157. vgl. Wildemann, H. (1988 b), S.241
158. vgl. Agustoni, G./ Lütolf, F. (1987), S.912
159. Richter, R. (1986), S.712
160. vgl. Lohwasser, H. (1986), S.670f

4. Analyse und Klassifikation praktischer Planungsmethoden der Segmentplanung

Nach einer Darstellung der bei der Fertigungssegmentierung ergriffenen Gestaltungsmaßnahmen in Kapitel 3.3 wird nun auf die hierzu nötigen Planungsmethoden, welche empirisch nachgewiesen werden konnten, eingegangen. Ein Überblick der in 40 Fertigungssegmentierungsprojekten nachweisbaren Verfahren findet sich in Abb. 10 wieder. Hierbei wurden segmentspezifische Planungsverfahren erfaßt, die sich allerdings aus methodologischer Sicht mit den aus der klassischen Fabrikplanung bekannten Planungsmethoden überschneiden.[1]

Die dargestellten Verfahren wurden entsprechend den Segmentplanungsbereichen in organisatorische, betriebsmittel-, material- sowie mitarbeiterbezogene Planungsmethoden eingeteilt (vgl. Kapitel 3.1). Eine zeitliche Abfolge bei der Anwendung der beschriebenen Verfahren konnte nur vereinzelt festgestellt werden, auf die nachfolgend hingewiesen wird.

Eine weitere Untergliederung der verwendeten Segmentplanungsverfahren erfolgt analog der in Kapitel 3.4 dargestellten Einflußgrößen, wodurch markt-, produkt sowie technologieorientierte Planungsmethoden unterschieden werden können.

4.1 Organisationsbezogene Planungsmethoden

4.1.1 Segmentprogrammanalyse

Die Segmentprogrammanalyse erfaßt die innerhalb des jeweiligen Fertigungssegments zu fertigenden Erzeugnisse für einen bestimmten Planungszeitraum. Das Segmentprogramm stellt die datenmäßige Grundlage für die Planung der Fertigungssegmentstruktur dar und legt gleichzeitig die bei der Strukturierung zu berücksichtigende Technologie- und Kapazitätsbedarfe für die Planungsperiode fest.[2]

Die Erfassung der Produkte erfolgt nach Typen-, Mengen- und Zeitstrukturen.[3] Erfüllt wird diese Funktion mittels der Produktionsprogrammplanung, die Aussagen über die Art, Menge sowie die zeitliche Verteilung der Produktion im Planungszeitraum macht, um Hinweise auf die Fertigungssegmentstruktur unter Beachtung der Marktmöglichkeiten zu erhalten.[4] Dabei

1. vgl. Schulte, Ch. (1991), S.127ff
2. vgl. Aggteleky, B. (1981), S.243
3. vgl. Freitag, W. (1986), S.758
4. vgl. Zäpfel, G. (1982), S.54

	Markt-orientierung	Produkt-orientierung	Technologie-orientierung
Organisations-bezogene Planungsmethoden	• Segmentprogrammanalyse • Lieferfähigkeitsanalyse • Umwelteinflußanalyse	• Wachstumsanalyse • Verflechtungsanalyse	• Fertigungstiefenanalyse • Potentialabschätzung • Materialflußanalyse • Informationsflußanalyse • Durchlaufzeitanalyse • Wertzuwachskurvenanalyse
Betriebsmittel-bezogene Planungsmethoden	• Kapazitätsbelastungsanalyse • Flußanalyse	• Werkstück-Maschinen Zuordnungsanalyse • Taktzeitanalyse	• Fertigungsprozeßanalyse • Verkettungsanalyse
Materialbezogene Planungsmethoden	• Lieferantenbewertung • Variantenanalyse	• Werkstückspektrumanalyse • Produktstrukturanalyse	
Mitarbeiter-bezogene Planungsmethoden			• Tätigkeitsanalyse • Qualifikationsanalyse

Abb. 10: Praktische Verfahren zur Fertigungssegmentplanung

sind neben den aktuellen auch zukünftige Entwicklungen, in den für das Fertigungssegment relevanten Absatzmärkten, für die Bestimmung des Segmentprogramms von Bedeutung. Diese beeinflussen Stückzahlen, Losgrößenstruktur, saisonale Schwankungen innerhalb der Auftragsstruktur sowie die Zusammensetzung des Produktionsprogramms.[5]

Die für jedes Produkt und dessen Einzelteile in einem bestimmten Zeitraum herzustellende Menge ist der Haupteinflußfaktor bei der Auswahl eines spezifischen Fertigungskonzepts.[6] Neben dem Volumen pro Erzeugnisart bestimmt auch die Anzahl der Erzeugnisarten die Organisationsform. Tendenziell zeigt sich bei einer Erhöhung der Anzahl der zu fertigenden

5. vgl. Aggteleky (1981), S.243
6. vgl. Zäpfel, G. (1989), S.161; Milberg, J./ Reinhart, G. (1996), S.10-48

Erzeugnisarten und/oder bei einer Reduktion des Erzeugnisvolumens, von einem für die Fertigungssegmentierung üblichen mittleren Niveau ausgehend, daß die Wahrscheinlichkeit für die Durchführung einer Fertigungssegmentierung abnimmt.

4.1.2 Lieferfähigkeitsanalyse

Ziel der Lieferfähigkeitsanalyse ist die Planung der Leistungsfähigkeit eines Segments aus Kundensicht. Unter den allgemeinen logistischen Zielen der Mengen- und Qualitätstreue findet der strategische Erfolgsfaktor Zeit als Kriterium der Lieferfähigkeit die größte Bedeutung.[7] Eine Termintreueanalyse als Spezialfall einer Lieferfähigkeitsanalyse gibt Aufschluß über die Rationalisierungspotentiale neu zu organisierender Produktionsbereiche. Darüberhinaus bestimmt die Termintreue die Lieferbereitschaft des Unternehmens. Diese dient wiederum als Maß für die Kundenorientierung des Segments und hat entscheidenden Einfluß auf die Dimensionierung der Lager-, Bereitstell- und Montagebereiche sowie auf die Gestaltung und Organisation des Material- und Informationsflusses (vgl. Kapitel 4.1.8 und 4.1.9).[8]

4.1.3 Umwelteinflußanalyse

Mittels dieser Planungsmethode wird die Ausgangssituation einer Segmentierung und deren Rahmenbedingung durch von außen wirkende Einflußfaktoren beschrieben.[9] Für die Feststellung der Ausgangssituation in der Produktion werden mehrere Merkmale herangezogen, die eine Vielzahl abgestufter Ausprägungen aufweisen.[10] Die Umwelteinflußanalyse dient der Untersuchung bereits gegebener Fertigungsstrukturen auf ihre Geeignetheit zur Fertigungssegmentierung. Grundlage dieser Vorgehensweise ist ein situativer Ansatz, der die Interdependenz der Organisation mit der jeweiligen vorherrschenden Situation herausstellt.[11] Abb. 11 zeigt beispielhaft einige Merkmale, die zur Charakterisierung von Produktionsbereichen herangezogen wurden.[12] Die Einordnung dieser Methode kann ebenfalls im Bereich Produktorientierung erfolgen, wenn statt der marktorientierten, produktorientierte Merkmale überwiegen (vgl. Abb. 10).

---

7. vgl. Fischer, D. (1994), S.348; Schreitmüller, H.J. (1986), S.944
8. vgl. Warnecke, H.J. (1996), S.9-65
9. vgl. Jaberg, H./ Mezger, M./ Braun, J. (1995), S.193
10. vgl. Küpper, H.U. (1984), Sp.1637f
11. vgl. Picot, A. (1990), S.111
12. vgl. Jaberg, H./ Mezger, M./ Braun, J. (1995), S.192

Kundenstruktur	Einzelhandel	Großhandel	Industrie	Handwerk
Vertriebsorganisation	zentrale Vertriebsabteilung	Niederlassung	Verkaufsläden	
Produktspektrum	kundenspezifisch	Standardprodukte mit Varianten	Standardprodukte ohne Varianten	
Produktstruktur	Einteilige Produkte	Mehrteilig mit einfacher Struktur	Mehrteilig mit komplexer Struktur	
Bedarf	konstant	zyklisch	sporadisch	
Lagerstruktur	keine Läger	Rohmaterial	Fertigwaren	
Änderung nach Auftragsstart	häufig	manchmal	selten	
Bedarfsrechnung	Programm Rahmenauftrag	Kundenauftrag	Vorhersage	Verbrauch

Abb. 11: Merkmale zur Charakterisierung von Produktionssystemen

4.1.4 Wachstumsanalyse

Die Wachstumsanalyse ermöglicht die Bestimmung der zukünftigen Grobauslastungssituation maschineller sowie personeller Ressourcen innerhalb eines Segments. Durch die vorherige Definition einer kritischen Auslastungsgröße kann eine Über- bzw. Unterschreitung des Belastungsbereiches mittels einer Wachstumsanalyse abgeschätzt werden. „Das erwartete Produktvolumen entscheidet mit darüber, ob es sich unter Auslastungsgesichtspunkten lohnt, für unterschiedliche Produktgruppen jeweils spezifische Organisationseinheiten aufzubauen.“[13] Zur Abschätzung des Wachstumspotentials der einzelnen Segmente werden die Umsätze, die Deckungsbeitragsfaktoren sowie die Ausgewogenheit zwischen Neuprodukten und etablierten Produktgruppen innerhalb der Segmente überprüft.

4.1.5 Verflechtungsanalyse

Neben der produktorientierten Zuordnung einzelner Produkte zu den Segmenten wurde in Kapitel 3.4.2 auf die Notwendigkeit einer teilweisen fertigungstechnischen Zuordnung hinge-

13. Wildemann, H. (1988 c), S.242

wiesen. Das Idealziel der Einproduktsegmentierung, bei der keine Störeinwirkungen von Fremdprodukten auftreten, kann deshalb nicht immer realisiert werden. Mehrproduktsegmentierungen sind die Folge.
Mit Hilfe der Verflechtungsanalyse wird festgestellt, ob die primäre produktorientierte Zuordnung aufgrund häufiger Verflechtungen zwischen den einzelnen Segmenten - bei Mehrsegmentprodukten - korrigiert werden muß. Prinzipiell können drei Arten von Verflechtungen, die die Zuordnung zu Segmenten beeinflussen, unterschieden werden:[14]

- Ressourceninterdependenzen, aufgrund der gemeinsamen Nutzung einer knappen Ressource
- innerbetriebliche Leistungsverflechtungen, wenn ein Segment oder Bereich Zwischenprodukte für ein anderes Segment liefert
- Marktinterdependenzen, die insbesondere bei der Ausgestaltung als Profit-Center durch Marktüberschneidungen in Form der Substitutionskonkurrenz oder Nutzung von Synergieeffekten auftreten können

Die Verflechtungsmatrix führt in ihren Zeilen und Spalten die in einem ersten Planungsschritt gebildeten, produktorientierten Segmente auf. Ein Element der Verflechtungsmatrix gibt die Häufigkeit an mit der ein Produkt aus dem Zeilensegment gleichzeitig in das Spaltensegment zur produktionstechnischen Weiterverarbeitung transportiert wird und umgekehrt. Dem Idealfall der Fertigungssegmentierung entsprechend werden alle Produkte innerhalb nur eines Segmentes gefertigt. Dies würde sich innerhalb der Verflechtungsmatrix durch eine sogenannte Diagonalmatrix-Darstellung äußern, bei der innerhalb der quadratischen Matrix, nur die Diagonalelemente ungleich Null sind.[15] Mit zunehmender Anzahl der den einzelnen Segmenten zugeordneten Produkten steigt aber auch die Wahrscheinlichkeit, daß Produkte aus diesem Segment ausgeschleußt werden müssen, um Arbeitsschritte in weiteren Segmenten auszuführen. Die Anzahl und Höhe der Nichtdiagonalmatrixelemente ungleich Null ist somit ein Maß für die Abweichung vom Idealfall der Einproduktsegmentierung.

14. vgl. Frese, E. (1988), S.194
15. vgl. Stöcker, H. (1992), S.371

4.1.6 Fertigungstiefenanalyse

Die Fertigungstiefenanalyse wird in der Vorphase eines Fertigungssegmentierungsprojektes eingesetzt. Die Fertigungstiefe bestimmt das Ausmaß in dem die erforderlichen Be- und Verarbeitungsprozesse für die geplanten Enderzeugnisse selbst oder von fremden Betrieben durchgeführt werden.[16] Durch den Einsatz dieses Analyseverfahrens wird eine Fertigungstiefenoptimierung erreicht, die sicherstellt daß künftig nur wettbewerbsfähige Fertigungsschritte einem Restrukturierungsprozeß unterzogen werden.[17]

4.1.7 Potentialabschätzung

Die Potentialabschätzung vergleicht die Bewertungskriterien eines Fertigungssegmentes zu unterschiedlichen Zeitpunkten. Vergleiche können sowohl am Beginn eines Projektes zur Zieldefinition, während eines laufenden Projektes zur Planungskontrolle als auch zum Abschluß der Restrukturierung zur Erfolgskontrolle herangezogen werden. Abb. 12 zeigt ein Potentialabschätzungsbeispiel eines Maschinenherstellers.[18] Ein Vergleich der einzelnen Kriterien zeigt die Verwendung von Mengen-, Zeit-, Kosten- und Wertgrößen auf, so daß mittels der Potentialabschätzung unterschiedlichste Bewertungskriterien auf einen Blick zusammengefaßt werden können.[19] In der Regel handelt es sich hierbei um aggregierte Größen, deren Soll-Werte wiederum durch Einzelanalysen ermittelt worden sind.[20] Die Soll-Ist Spanne kann mittels einer produktionsbezogenen Verbesserungsmöglichkeitsanalyse ermittelt werden, die neben quantitativen Zielen (z.B. Verkürzung der Herstelldurchlaufzeiten[21]) auch qualitative Größen beinhalten kann (z.B. die nachträgliche Beeinflußbarkeit bereits in der Fertigung befindlicher Aufträge).[22]

---

16. vgl. Zäpfel, G. (1989), S.141
17. vgl. Hedrich, C.P. (1993), S.6
18. vgl. Wollschläger, B. (1989), S.103 u. S.129
19. vgl. Boutellier, R. (1990), S.631
20. vgl. beispielhaft zur Bestandsanalyse Fischer, D. (1994), S.344f; zur Transportweganalyse Wollschläger, B. (1989), S.126
21. vgl. Schreitmüller, H.J. (1986), S.961
22. vgl. Schreitmüller, H.J. (1986), S.937

	1998/Ist	2000/ Soll	(Soll-Ist)/Ist in %
Stückzahlenentwicklung (%)	100	196	+ 96
Verkürzung der Transportwege (m)	1300	600	- 54
Steuerung von Einzelterminen (Termine/Maschine)	500	19	- 96
Durchlaufzeit (Arbeitstage in %)	100	35	- 65
Anteil produktiver Tätigkeiten (%)	100	155	+ 55
Montagekosten (%)	100	70	- 30
durchschnittlicher Bestand an Maschinen in Stück (%)	100	45	- 55
durchschnittlicher Bestand an Maschinen in TDM (%)	100	38	- 62

Abb. 12: Beispiel einer Potentialabschätzung

4.1.8 Materialflußanalyse

Die Hauptgestaltungselemente einer Restrukturierung nach dem Prinzip der Fertigungssegmentierung sind der Material- und Informationsfluß. „Der physische Materialfluß enthält alle Transportfunktionen, die zur Leistungserstellung erforderlich sind und beschreibt deren Zusammenwirken innerhalb des Produktionsprozesses."[23] Die Materialflußanalyse bestimmt auf der Grundlage eines Mengengerüsts das Materialflußaufkommen innerhalb des Produktionssystems.[24] Hierzu werden die Übergangsbeziehungen zwischen den Struktureinheiten erfaßt und in Form von Übergangsmatrizen ausgewertet.[25] Die Matrixelemente enthalten Maßzahlen für den Fluß (z.B. Gewicht, Volumen oder Anzahl der Transporthilfsmittel bezogen auf die Zeit); daneben können aber auch noch andere Daten (transportierte Materialarten oder verwendete Fördermittel) eingetragen werden.[26] Beispielhaft sind im folgenden die Ergebnisse

23. Warnecke, H. J. (1996), S.9-70
24. vgl. Warnecke, H. J. (1996), S.9-72
25. vgl. Weber, J. (1996 a), S.18-57
26. vgl. Warnecke, H. J. (1996), S.9-23

einer Materialflußanalyse mittels Übergangsmatrizen der Firma MTU Friedrichshaften dargestellt, die typisch ist für die logistische Situation vieler Unternehmen im Vorfeld einer Fertigungssegmentierung:[27]

- Neben dem Hauptmaterialfluß gibt es variantenspezifische Materialflüsse mit kleiner Stückzahl
- Materialflußzahlen geben Aufschluß darüber, bei welchen Bearbeitungsmaschinen aufgrund der hohen Stückzahl eine automatische Verkettung sinnvoll ist
- Maschinenanordnung nicht nach materialflußtechnischen Gesichtspunkten orientiert, teilweise Rückflüsse gegen die Hauptmaterialflußrichtung, lange Wege zwischen den Stationen
- Zusammengehörige Arbeitsplätze zum Teil in verschiedenen Hallenbereichen
- "Wilde Läger" getrennt von Arbeitsplätzen in anderen Hallenbereichen

Aus den erhobenen Materialflußmatrizen lassen sich grafische Materialflußpläne erstellen, mit deren Hilfe sowohl eine Überprüfung und Bewertung der vorhandenen Strukturen als auch eine Optimierung der Anordnung der Segmentressourcen möglich wird.[28]
Insgesamt konnten die in Abb. 13 dargestellten grafischen Darstellungsformen nachgewiesen werden. Die empirische Analyse zeigt, daß die grafische Materialflußanalyse das häufigst verwendete Segmentplanungsverfahren ist.[29] Prinzipiell kann man eine Logistikketten- (16 Fälle) sowie Layoutdarstellung (23 Fälle) unterscheiden.
Die logistische Kettendarstellung zeigt schematisch die Bearbeitungsschritte und Lagerstufen des Materialflusses, wobei lediglich die Reihenfolge der Logistikeinheiten aber nicht deren tatsächliche räumliche Anordnung dargestellt wird.[30] Sie ermöglicht aufgrund ihrer einfachen und übersichtlichen Darstellungsweise einen ganzheitlichen Überlick über die komplexen Materialflußbeziehungen im Produktionsablauf und bildet die Hauptmaterialflußströme ab.[31] Hauptsächlich wurde eine Grobdarstellungsform gewählt, bei der alle wesentlichen, zur Erfüllung der Produktionsaufgabe erforderlichen Arbeitsschritte in ihrer funktionellen Verknüpfung und Reihenfolge ersichtlich werden.[32] Dieser Idealplan wird zunächst ohne Rücksicht auf technische und wirtschaftliche Beschränkungen und insbesondere unbeeinflußt von den vor-

---

27. vgl. Hedrich, C.P. (1987), S.222 u. S.240
28. vgl. Weber, J. (1996 a), S.18-57
29. insgesamt konnten 36 Darstellungsformen nachgewiesen werden
30. vgl. Gsell, P. (1994), S.134; Warnecke, H.J. (1996), S.9-73
31. vgl. Warnecke, H.J. (1996), S.9-73f
32. vgl. Warnecke, H.J. (1996), S.9-62

handenen restriktiven Gegebenheiten (z.B. Grundstück, Gebäude und Anlagen) entwickelt.[33] Grobdarstellungsformen der logistischen Kette können nochmals danach unterschieden werden, ob die in der jeweiligen logistischen Stufe ausgeführte Tätigkeit wertschöpfender oder nicht wertschöpfender Art ist.[34] Bei der Feindarstellung werden zusätzlich reale Gegebenheiten und Randbedingungen berücksichtigt, so daß ein Segmentprozeßplan mit verbesserter Ablaufsystematik (symbolische Unterscheidung der logistischen Stufen, Trennung zwischen Haupt- und Nebenflüssen, usw.) entsteht.[35]

Die Layoutdarstellung kann ebenfalls in eine Grob- sowie Feinlayoutdarstellung unterteilt werden. Im Groblayout werden die Gebäudegrundrisse und -abmessungen ausgewiesen.[36] Auf Basis der zur Verfügung stehenden Grundfläche bzw. den räumlichen Voraussetzungen des Gebäudes ist ein Flächenplan für die Anordnung der Segmenteinheiten zu erstellen, der sämtliche Restriktionen und Einschränkungen berücksichtigt.[37] Fertigungsbereiche werden nur grob beschrieben und angeordnet, so daß in der Regel nur Funktionsbereiche in Form einer Blocklayoutdarstellung[38] (z.B. Mechanische Fertigung, Lackierung, Palettierung, Vormontage, Montage) ausgewiesen werden.[39] Da eine hinreichende Bewertung der Varianten auf der

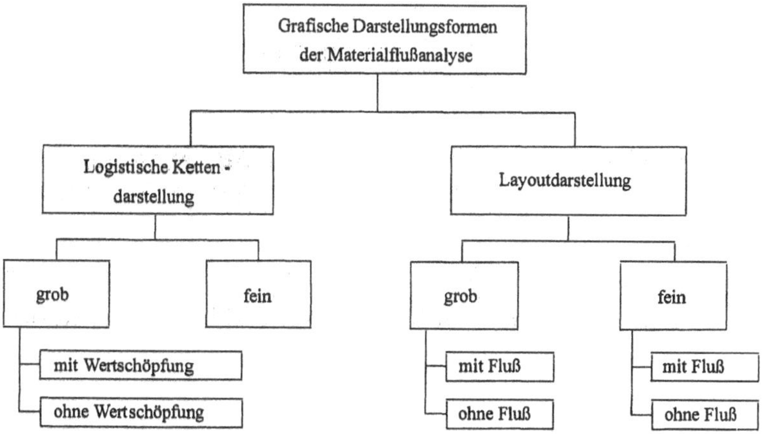

Abb. 13: Grafische Darstellungsformen der Materialflußanalyse

33. vgl. Kettner, H./ Schmidt, J. (1984), Sp.536
34. vgl. Bellinger, M. (1995), S.638 u. 640; Boutellier, R. (1990), S.627; Eberle, M. (1987), S.139f
35. vgl. Jaberg, H./ Metzger, M./ Braun, J. (1995), S.197
36. vgl. Kettner, H./ Schmidt, J. (1984), Sp.542
37. vgl. Warnecke, H.J. (1996), S.9-82
38. vgl. Nolting, M.F./ Mertins, K./ Rabe, M./ Könner, S. (1994), S.193

Grundlage eines Blocklayouts oftmals nicht möglich ist, wird darüberhinaus mit Hilfe eines CAD-Systems ein Feinlayout entwickelt.[40] Bisherige Planungsgrundlagen werden überprüft, ergänzt und detailliert, so daß die ausgewählten Groblayoutvarianten weiterentwickelt und verfeinert werden.[41] Feinlayouts stellen eine Anordnung einzelner Arbeitsplätze und Maschinen dar, wodurch eine detaillierte Darstellung des Fertigungssegments möglich wird.[42] Beide Layoutvarianten können wiederum hinsichtlich der Darstellung von Materialflüssen zwischen den Struktureinheiten unterschieden werden.
Ein Schwerpunkt bei den Darstellungsformen liegt bei der Groblayoutdarstellung mit Ausweis des Materialflusses (in 10 Fällen) und der Logistikkettendarstellung ohne Trennung zwischen wertschöpfenden und nicht wertschöpfenden Tätigkeiten (in 9 Fällen).
Mit Hilfe der Materialflußanalyse können folgende Planungsaufgaben unterstützt werden:[43]

- Dimensionierung der Segmenteinheiten
- Anordnung der Segmenteinheiten unter dem Gesichtspunkt der Materialflußoptimierung
- Bestimmung der erforderlichen Transportmittel und -hilfsmittel
- Festlegung der Lager- und Bereitstellungsorganisation

Zur Bewertung unterschiedlicher Materialflußvarianten kann eine Nutzwertanalyse verwendet werden, die eine Reduktion der oftmals großen Anzahl von Lösungsvarianten auf ein überschaubares Maß ermöglicht.[44] Eine endgültige Auswahl erfolgt allerdings erst nach Abschätzung der erforderlichen Investitionskosten und Leistungskennzahlen der Segmente.[45]

4.1.9 Informationsflußanalyse

„Der Informationsfluß ist der Strom von Informationen innerhalb und zwischen funktionalen Vorgängen und Prozessen, der die organisatorische Abwicklung des Produktionsbetriebs regelt."[46] Das Modell der Fertigungssegmentierung zeichnet sich durch ein ganzheitliches

39. vgl. Sladek, P. (1990), S.211; Neumann, E. (1987 a), S.948; Maluche, Ch. (1989), S.384f; Jaberg, H./ Metzger, M./ Braun, J. (1995), S.207
40. vgl. Nolting, M.F./ Mertins, K./ Rabe, M./ Könner, S. (1994), S.193
41. vgl. Kettner, H./ Schmidt, J. (1984), Sp.543
42. vgl. hierzu beispielhaft Fischer, D. (1994), S.346; Neumann, E. (1987 a), S.951f; Neumann, H. (1987), S.457
43. vgl. Warnecke, H.J. (1996), S.9-74; Jaberg, H./ Mezger, M./ Braun, J. (1995), S.201f
44. vgl. Jaberg, H./ Mezger, M./ Braun, J. (1995), S.202
45. vgl. Jaberg, H./ Mezger, M./ Braun, J. (1995), S.203
46. Warnecke, H.J. (1996), S.9-70

logistisches Denken aus, mit dem Ziel einer gleichzeitigen Umstrukturierung des Material- und Informationsflusses.[47] Die mit der Fertigungssegmentierung einhergehende Steigerung des Autonomiegrades (vgl. Kapitel 2.4.1) erfordert auch eine Neugestaltung des Informationsflusses. „Dies wird erreicht, wenn parallel zu den Reorganisationsmaßnahmen im Fertigungsbereich wie z.B. Fertigungssegmentierung oder flußorientierter Aufbau von KANBAN-Regelkreisen eine Reorganisation der Produktionsplanung und -steuerung mit einer Dezentralisierung von dispositiven Funktionen erfolgt."[48] Als Analyseverfahren dient die Informationsflußanalyse, die neben der Darstellung des Informationsflusses auch das Volumen und die Art des Informationsaustausches ermittelt.[49] Zur Erfassung relevanter Daten bietet sich die schnelle aber fehlerbehaftete Methode des Fragebogens an, der von den im Unternehmensbereich tätigen Mitarbeiter auszufüllen ist.[50]

Hauptsächlich wurden Informationsflüsse, in Zusammenhang mit der Einführung einer KANBAN-Steuerung dargestellt.[51] Hieraus sind etwa die Vermaschung von KANBAN-Regelkreisen als auch der segmentinterne Belegfluß ersichtlich.

4.1.10 Durchlaufzeitanalyse

Die Zeitspanne zwischen dem Beginn des ersten Arbeitsvorgangs für einen Auftrag bis zu dessen endgültigen Fertigstellung wird als Durchlaufzeit bezeichnet.[52] „Die Durchlaufzeit als ein am Materialfluß ausgerichteter Teilaspekt der Komponente Zeit ist einer der wichtigsten Indikatoren für die Leistungsfähigkeit der Produktion."[53] Eine Durchlaufzeitanalyse[54] bestehender Produktionsbereiche kann zur Ermittlung der größten Rationalisierungspotentiale und somit potentieller Einsatzbereiche für Reorganisationsmaßnahmen nach den Prinzipien der Fertigungssegmentierung dienen.

Die Durchlaufzeit stellt eine wichtige Kennzahl des operativen Controllings bei der Fertigungssegmentierung dar.[55] Neben einer permanenten Soll-Ist-Analyse der Durchlaufzeit bietet sich insbesondere bei der Einführung von Fertigungssegmenten ein Zeitvergleich (Ist-Ist-Ver-

---

47. vgl. Wildemann, H. (1988 c), S.41
48. Wildemann, H. (1988 a), S.75
49. vgl. Wildemann, H. (1988 a), S.179
50. vgl. Wildemann, H. (1988 a), S.180
51. vgl. Fischer, D. (1994), S.351; Freitag, W. (1986), S.760
52. vgl. Kern, E. (1980), S.257; vgl. Zäpfel, G. (1982), S.222
53. Wildemann, H. (1988 c), S.272
54. vgl. Heinemeyer, W. (1984), Sp.426ff
55. vgl. Wildemann, H. (1988 c), S.286

gleich) an.[56] Darüberhinaus können mittels der Kennzahl Durchlaufzeit inner- und überbetriebliche Vergleiche gleichartig strukturierter Fertigungssegmente erfolgen, um Ansatzpunkte zur Beseitigung von Schwachstellen und Erschließung von Rationalisierungspotentialen zu erhalten.[57]

Als Darstellungsform der Durchlaufzeitanalyse wurden sowohl Balkendiagramme,[58] welche über eine Zeitskala die einzelnen Vorgänge eines Auftrags mit zeitlicher Ausdehnung aufzeichnen, als auch Histogramme gewählt, deren Säulenhöhe und -einteilung Aufschluß über die Gesamtdurchlaufzeit bzw. Vorgangsdauer und -art gibt.[59]

4.1.11 Wertzuwachskurvenanalyse

Die Wertzuwachskurve spiegelt die Wertschöpfung eines Produkts, Auftrags oder Bauteils während des Erstellungsprozesses wieder und zeigt einen unmittelbaren Zusammenhang zwischen Herstellkosten und Durchlaufzeit.[60] Die Wertzuwachskurvenanalyse ermöglicht eine simultane Betrachtung von Durchlaufzeit, Herstellkosten und Beständen, eine Identifikation der durch die Fertigungssegmentierung angestrebten Durchlaufzeit- und Bestandssenkungspotentiale sowie eine Überwachung eingeleiteter bzw. abgeschlossener Rationalisierungspotentiale.[61] „Darüberhinaus gibt dieses Instrument wertvolle Hinweise für die Einführungsstrategie einer Fertigungssegmentierung."[62] Von besonderer Bedeutung hierbei ist die Beantwortung von logistischen Fragestellungen der Bevorratungsebene und der Variantendifferenzierung innerhalb des Fertigungssegments.[63]

„Bevorratungsebenen sollen (wenn notwendig) vor solchen Arbeitsgängen eingerichtet werden, vor denen das Produkt einen überproportionalen Wertzuwachs erfährt oder aber dort, wo eine spezielle kundenbezogene Spezialisierung vorgenommen wird. Dabei ist zusätzlich darauf zu achten, daß die Variantenvielfalt zu beschränken ist und die entsprechende Differenzierung möglichst im letzten Arbeitsgang erfolgen soll."[64]

Verbunden mit einer ABC/XYZ-Analyse (vgl. Kapitel 4.3.3) gibt dieses Verfahren die notwen-

56. vgl. Wildemann, H. (1988 c), S.286
57. vgl. Wildemann, H. (1988 c), S.286f
58. vgl. Zäpfel, G. (1982), S.229
59. vgl. Neumann, E. (1987 a), S.956; Wollschläger, B. (1989), S.128
60. vgl. Horváth, P. (1996), S.8-50
61. vgl. Horváth, P. (1996), S.8-50; vgl. Wildemann, H. (1988 c), S.284
62. Wildemann, H. (1988 c), S.284ff
63. vgl. Wildemann, H. (1988 a), S.177
64. Wildemann, H. (1988 a), S.177

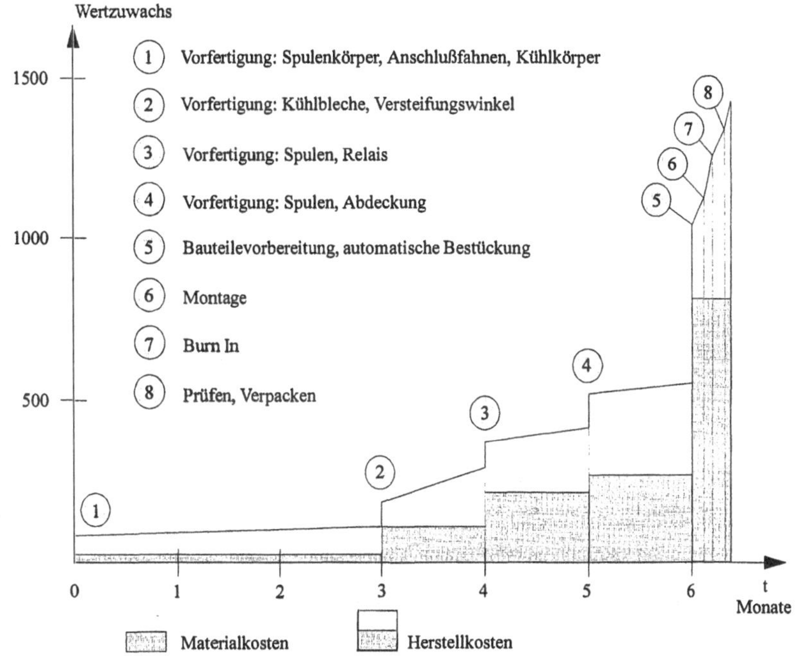

Abb. 14: Beispiel Wertzuwachskurve

digen ablauforganisatorischen Hinweise zur Festlegung der Bevorratungsebene.[65] Hierdurch wird die Kapitalbindung im Umlaufvermögen des Unternehmens während der Dauer des gesamten Produktionsprozesses reduziert.[66] Das Steigungsverhalten der Wertzuwachskurve wird durch die Fertigungssegmentierung dahingehend verändert, daß große Steigungen und damit hohe Kapitalbindungen im Segment möglichst erst am Ende der Herstellungsprozesse auftreten.[67] Abb. 14 zeigt eine Wertzuwachskurve am Beispiel einer Telekommunikationsfertigung. Der Verlauf der Kurve kann nach der Durchführung einer Fertigungssegmentierung als idealtypisch bezeichnet werden.[68]

Die für die Bildung einer Wertzuwachskurve nötigen Daten werden aus Kalkulationsstücklisten und Arbeitsplänen entnommen und anschließend kumuliert über eine Zeitachse aufgetragen.[69]

65. vgl. Wildemann, H. (1988 a), S.177
66. vgl. Horváth, P. (1996), S.8-51
67. vgl. Horváth, P. (1996), S.8-52
68. vgl. Sladek, P. (1990), S.202 u. S.215
69. vgl. Wildemann, H. (1988 c), S.284

4.2 Betriebsmittelbezogene Planungsmethoden

4.2.1 Kapazitätsbelastungsanalyse

Eine Kapazitätsbelastungsanalyse untersucht das Leistungsvermögen eines Fertigungssegments.[70] Hierbei wird im Sinne einer Kapazitätsgrobplanung[71] untersucht, welche Kapazitätsauslastung die einzelnen Segmente und deren Struktureinheiten bei gegebener und/oder geplanter Auftragsstruktur erfahren. Durch eine Verknüpfung der Teilefamilien mit dem Produktionsprogramm können Kapazitätsbedarfe berechnet werden.[72] Ziel ist, daß alle erforderlichen Betriebsmittel und Arbeitskräfte einen Ausstattungsgrad haben, der das Segment in die Lage versetzt, die geplanten Arbeitsvorgänge an den einzelnen Werkstücken durchzuführen.[73] Die Kapazitätsbelastungsrechnung dient meist zur Überprüfung einer geplanten Produkt-Segment-Zuordnung. Hier kann aufgrund mangelnder Segmentauslastung die zunächst produktorientierte Zuordnung revidiert werden, so daß zusätzlich fertigungsähnliche Teile dem Segment zugeordnet werden, weil auf diese Weise höhere Fertigungsstückzahlen und damit bessere Auslastungen der Segmente erzielt werden können (vgl. Kapitel 3.4.1).[74] Weitere Verbesserungen können durch Änderung der Arbeitspläne, durch Neuinvestitionen und durch das Teilen oder Zusammenfassen von Segmenten erfolgen.[75]
Ein weiterer Einsatzbereich der Kapazitätsbelastungsanalyse liegt in der Leistungskontrolle von Segmentierungsprojekten. Damit kann der Abbau von Rückständen in der Fertigung durch Reorganisationsmaßnahmen sichtbar gemacht werden.[76]

4.2.2 Flußanalyse

Um einen möglichst durchgängigen und bestandsarmen Materialfluß im Segment zu erreichen, ist bei der Segmentplanung darauf zu achten, daß der Automatisierungsgrad, die Flexibilität der einzelnen Maschinen sowie die Kapazitätsquerschnitte im Segment harmonisiert werden.[77] Die Leistungsfähigkeit eines Fertigungssegments wird wesentlich vom kapazitiven

---

70. vgl. Kern, W. (1962), S.27
71. vgl. Brankamp, K. (1984), Sp.887ff
72. vgl. Reinhart, G./ Decker, F./ Lorenzen, J. (1995), S.611
73. vgl. Schweitzer, M. (1990), S.654
74. vgl. Nolting, M.F./ Mertins, K./ Rabe, M./ Könner, S. (1994), S.192
75. vgl. Reinhart, G./ Decker, F./ Lorenzen, J. (1995), S.611
76. vgl. Boutellier, R. (1990), S.629
77. vgl. Wildemann, H. (1988 c), S.245

Kapazität: Stanzen	
Automaten	3
Maschinen	
Handarbeitsplätze	
Schichtfaktor	2
Personal/Schicht	2
Ausbring. Verm.	660,0
Ausbring. Bedarf	725,0
Fließvermögen	91%

Kapazität: Veredeln	
Automaten	
Maschinen	1 Anl.
Handarbeitsplätze	
Schichtfaktor	3
Personal/Schicht	1,3
Ausbring. Verm.	800,0
Ausbring. Bedarf	725,0
Fließvermögen	110%

Kapazität: Montage	
Automaten	2
Maschinen	2
Handarbeitsplätze	1
Schichtfaktor	3
Personal/Schicht	4
Ausbring. Verm.	12,8
Ausbring. Bedarf	9,0
Fließvermögen	142%

$$\text{Fließvermögen} = \frac{\text{Ausbringungsvermögen (Stück/Tag)}}{\text{Ausbringungsbedarf (Stück/Tag)}} \times 100$$

Abb. 15: Anwendungsbeispiel Flußanalyse

Engpaß determiniert, der letztendlich den Durchsatz sowie das Termin- und Durchlaufzeitverhalten bestimmt.[78]

Zur Feststellung des Erfüllungsgrades ist eine Flußanalyse durchzuführen, die mit Hilfe der Kennzahl Fließvermögen - definiert aus Quotient von Ausbringungsvermögen zu Ausbringungsbedarf - unterstützt wird.[79] Das Ausbringungsvermögen (Stück/Tag) wird hierbei festgelegt durch die Anzahl der im Segment eingesetzten Maschinen, die Anzahl verfügbarer Schichten sowie der Anzahl Mitarbeiter pro Schicht. Der Ausbringungsbedarf (Stück/Tag) hingegen wird durch das Abrufverhalten, den Kundenbedarf sowie den Bedarf gemäß Produktionsplan bestimmt.[80] Ein Fließvermögen unter 100 analysiert einen Kapazitätsengpaß.[81] In diesem Fall sind geeignete Maßnahmen zur Anpassung des Ausbringungsvermögens, wie zeitliche, intensitätsmäßige und quantitative Anpassungsmaßnahmen, zu ergreifen.[82]

Abb. 15 zeigt ein Beispiel der Flußanalyse aus dem Bereich der Elektronikfertigung.[83] Um die Flexibilität im gesamten Wertschöpfungsprozeß zu erhöhen, wären in diesem Beispiel Investitionen im Vorfertigungsbereich sinnvoll. Zusätzlich wird deutlich, daß das Fließvermögen mit zunehmendem Fertigungsfortschritt steigt. Ziel einer segmentorientierten Investitionsstrategie ist es, die marktseitig induzierten Bedarfsschwankungen zwischen Varianten durch das Vorhal-

78. vgl. Reinhart, G./ Decker, F./ Lorenzen, J. (1995), S.612
79. vgl. Röhr, J. (1987), S.467; vgl. zum Begriff Arbeitssystem REFA (1976), S.67f
80. vgl. Wildemann, H. (1988 c), S.246
81. vgl. Wildemann, H. (1988 c), S.245
82. vgl. Zäpfel, G. (1982), S.233ff
83. vgl. Röhr, J. (1987), S.467

ten eines geringfügig höheren Kapazitätsangebot in den endkundennahen Segmentbereichen gegenüber den vorgelagerten Bereichen, zu begegnen.[84]

4.2.3 Werkstück-Maschinen Zuordnungsanalyse

Die Zuordnung der zu fertigenden Werkstücke zu den hierfür benötigten Maschinen bzw. Segmenten erfolgt mittels einer Werkstück-Maschinen-Matrix (Materialflußmatrix). Ein Element a_{ij} der Matrix gibt hierbei an wie groß der Kapazitätsbedarf des Werkstücks i an der Maschine j ist. Wird ein Werkstück i im Laufe der Bearbeitungssequenz auf der entsprechenden Maschine bearbeitet, so wird dies mit dem entsprechenden Kapazitätsbedarf, im entsprechenden Element dargestellt (vgl. Abb. 16).[85] Ziel ist die Bearbeitung derjenigen Werkstücke innerhalb eines Segments, die die gleichen Betriebsmittel beanspruchen. Ein typisches Ergebnis der Werkstück-Maschinen Zuordnungsanalyse ist die Darstellung eines Hauptmaterialflusses, der häufig die Grundlage für die Segmentbildung darstellt, sowie die Abbildung einer Vielzahl variantenspezifischer Materialflüsse mit geringer Stückzahl.[86]
Für die letztendliche Zuordnung spielen eine Vielzahl weiterer Faktoren eine Rolle, die jeweils betriebsspezifisch zu gewichten sind. Beispielhaft können hierfür folgende Kriterien für die Produktzuordnung zu Fertigungssegmenten aufgeführt werden:

- Marktakzeptanz der Produktzuordnung
- Umsatzgröße, Wachstumspotential, Deckungsbeiträge (wegen der Auslastung der maschinellen und personellen Ressourcen)
- Modifizierungsanfälligkeit
- Fertigungskapazität
- Fähigkeit der Mitarbeiter
- Produktverflechtung/ Anteil "Störer" aus anderen Segmenten[87]
- durchgängige Produktverantwortung
- Kenntnisse der Mitarbeiter in Anwendungstechnik, Arbeitsvorbereitung und Fertigung
- Fertigungsfamilien-, Betriebsmittel-, Technologie- und Bauteileähnlichkeiten[88]

---

84. vgl. Wildemann, H. (1988 c), S.108f
85. vgl. Geuer, A. (1993), S.10
86. vgl. Hedrich, C.P. (1987), S.222
87. vgl. Deich, A./ Messbacher, A. (1994 b), S.611
88. vgl. Fischer, D. (1994), S.337

	AKR E36	AKR E32	AKR E34	TR E34
Hirscheider	114,3	20,4	230,5	
Fräsmaschine Gleason	13,4	18,7	112	
Läppmaschine Gleason				223
Zentrierma-schine UMA	223			
Frontomat Weisser				33
NC-Drehautomat Fischer	450,5			
Schleifmaschine Fortuna	12,4	33	22,3	
Läppmaschine Oerlikon	23,3	11,1	112	
Fräsmaschine Klingelnberg	223	18,9	335	
Bohrwerk Hüller	23,4	45,6	34,6	

Abb. 16: Beispiel einer Werkstück-Maschinen-Matrix

Bei der Analyse realer Zuordnungskriterien zeigt sich, daß Unternehmen in der Segmentierung nach Marktgegebenheiten und nicht nach produktionsabhängigen Prozessen einen Wettbewerbsvorteil für sich sehen.[89] Die in den Segmenten verwendeten Technologien, Prozesse und Anlagen können oft identisch sein, wobei durch die Ausrichtung nach den Kunden eine Differenzierung erfolgt.[90]

Abschließend wird ein spezielles Kriterienbündel zur Bildung von Triebwerkssegmenten der Firma MTU München dargestellt, bei der folgende Orientierungskriterien für die Segmentbildung herangezogen wurden:[91]

- Anzahl Bauteile mit unterschiedlichem Ablauf < 10
- Störende Bauteile < 5% der Fertigungsstunden des Segments
- Teamgröße 5-15 Mitarbeiter je Schicht

89. vgl. Krütt, N. (1989), S.337; Burkhardt, R. (1990), S.8
90. vgl. Hänggi, R. (1994), S.712
91. vgl. Deich, A./ Messbacher, A. (1994 a), S.33

- Länge der ununterbrochenen Fließstrecke innerhalb des Segmentes > 5 Arbeitsschritte
- Anteil der Bearbeitung im Segment > 60%
- Herstellkosten kleiner/gleich heute

4.2.4 Taktzeitanalyse

Im Gegensatz zur Kapazitätsbelastungsrechnung ist die Taktzeitanalyse nicht segment- sondern betriebsmittelbezogen. Sie untersucht die jeweils mögliche maximale Mengenleistung pro Bearbeitungsstation und die sich hieraus ergebende Zyklusdauer.[92]
In einem ersten Schritt wird zunächst der potentielle Maschinenpark, der für die Bearbeitung einer Teilefamilie benötigt wird, dargestellt.[93] Anschließend wird für jede Maschine die maximale Mengenleistung (Stück/min) angegeben, woraus sich die Taktzeit eines Werkstückes auf dieser Maschine ergibt. Ein wesentlicher Teil der Ablaufplanung einer flußorientierten Fertigung innerhalb eines Segmentes besteht darin, unterschiedliche Betriebsmittel so zusammenzufassen, daß bei einer vorgegebenen Taktzeit die Zahl der benötigten Stationen minimiert wird.[94] Da als Organisationstyp der Produktion bei Fertigungssegmenten häufig eine zeitlich ungebundene Fließproduktion[95] realisiert wird, kann die Taktzeitbetrachtung in weiteren Planungsphasen zu einer Zykluszeitbetrachtung ausgebaut werden. Diese stellt die Ausführungszeit der unterschiedlichen Arbeitsaufgaben innerhalb des Segmentes dar.[96] Der Fertigungsablauf im Segment ist so abzustimmen, daß in etwa gleiche Bearbeitungszeiten an allen Maschinen möglich werden.[97]

4.2.5 Fertigungsprozeßanalyse

„Diese Methode verdeutlicht, unabhängig von den bisherigen und möglichen künftigen Organisationsformen der Fertigung, die Prozeßkette der Produkterstellung bis zum lieferfähigen Erzeugnis.“[98] Zur Vorbereitung der Segmentierung wird für jede Segmentfamilie eine Fertigungsprozeßanalyse durchgeführt.[99]

---

92. vgl. Hedrich, C.P. (1987), S.228
93. vgl. Hedrich, C.P. (1987), S.252
94. vgl. Seelbach, H. (1984), Sp.14f
95. vgl. Kreikebaum, H. (1984), Sp.1397f
96. vgl. Steffen, R. (1984), Sp.31f
97. vgl. Wildemann, H. (1988 c), S.244
98. Nolting, M.F./ Mertins, K./ Rabe, M./ Könner, S. (1994), S.192
99. vgl. Nolting, M.F./ Mertins, K./ Rabe, M./ Könner, S. (1994), S.192

Segmentprozesse können mittels sogenannter Prozeßkettenmodelle problemadäquat abgebildet werden. Eine Prozeßkette läßt sich als Abfolge einzelner Aktivitäten, sogenannter Prozeßkettenelemente, beschreiben. Die Summe aller Aktivitäten führt zu einem Gesamtprozeß, wie dem des Materialflusses und des Informationsflusses eines Segments. Objekte, welche die einzelnen Aktivitäten in einer Prozeßkette verursachen, beanspruchen Ressourcen und erfahren somit einen Wertzuwachs. Ein Produktionsmodell in Form von Prozeßketten ermöglicht eine umfassende und ganzheitliche Analyse aller Abläufe im Segmentbereich.[100]

4.2.6 Verkettungsanalyse

Mit Hilfe der Verkettungsanalyse werden unterschiedliche materialflußtechnische Anbindungen innerhalb eines Segmentes untersucht. Abb. 17 zeigt Lösungsmöglichkeiten zur logistischen Anbindung einer Transferstraße innerhalb eines Fertigungssegments.[101]
Die durch die Produkt-Maschinen-Zuordnungsanalyse ermittelten Materialströme geben Aufschluß über den Verkettungsgrad der Segmentmaschinen.[102] Je höher der Anteil eines

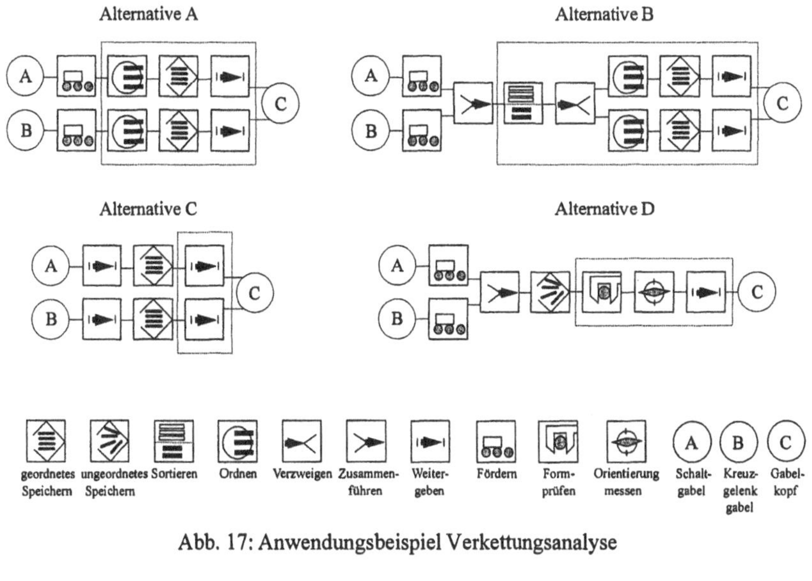

Abb. 17: Anwendungsbeispiel Verkettungsanalyse

100. vgl. Kuhn, A./ Pielok, T. (1994), S.26-42
101. vgl. Hedrich, C.P. (1987), S.253
102. vgl. Hedrich, C.P. (1987), S.222

bestimmten Materials ist, der eine bestimmte Maschinensequenz durchläuft, desto größer wird die Wahrscheinlichkeit für eine Erhöhung des Automatisierungsgrades des Transportsystems zwischen diesen Segmentarbeitsplätzen. Die Verkettungsanalyse kann somit wertvolle Daten für eine Investitionsrechnung liefern.

4.3 Materialbezogene Planungsmethoden

4.3.1 Lieferantenbewertung

Um eine hohe Reaktionsfähigkeit eines Fertigungssegments zu erreichen, muß die Versorgungssicherheit der Einsatzgüter durch externe Zulieferer sichergestellt werden.[103] Die mit der Einführung der Fertigungssegmentierung einhergehende Dezentralisierung der Beschaffungsaktivitäten[104] ist auch mit einer Vereinfachung der Beschaffungsabwicklung verbunden. Vereinfachte Regelungen der Segmentabläufe sind insbesondere für

- eine dezentrale Lieferabrufsystematik aus den Fertigungssegmenten,
- die Direktanlieferung in die Segmente und
- die Qualitätssicherung von Kaufteilen

erforderlich.[105]

Die bei der Fertigungssegmentierung auftretenden veränderten Beziehungen zum Lieferanten stellen neue Anforderungen an diesen.[106] Für die Auswahl geeigneter Lieferanten müssen eine Fülle von Faktoren berücksichtigt werden.[107] Diese Bewertung kann mit Hilfe eines Lieferantenbewertungsschemas erfolgen.[108] Wesentliche Punkte hierbei sind:[109]

- der Preis und die Qualität der Zulieferteile
- die Termin- und Mengentreue des Zulieferers
- die räumliche Entfernung, die wesentlichen Einfluß auf die Transportkosten hat

103. vgl. Wildemann, H. (1988 c), S.203
104. vgl. Wildemann, H. (1988 c), S.204
105. vgl. Wildemann, H. (1988 c), S.205
106. vgl. Wildemann, H. (1988 a), S.139
107. vgl. Grochla, E. (1978), S.95
108. vgl. Wildemann, H. (1988 a), S.144
109. vgl. Wildemann, H. (1988 b), S.141

Weitere Lieferantenauswahlkriterien können aus der Segmentstrategie abgeleitet werden, die auch die Gewichtung der einzelnen Bewertungspunkte determiniert. „Bei der Auswahl der Zulieferunternehmen spielen nicht nur die Kriterien Preis, Qualität, Zuverlässigkeit und Service eine Rolle, sondern auch die Anpassungsfähigkeit, exakte Termine sowie ein hoher Qualitätsstandard."[110] Im Rahmen der Lieferantenbeurteilung sind die generellen Kriterien individuell zu erweitern und operative Bewertungsmaßstäbe abzuleiten.[111] Hierauf aufbauend kann mit Hilfe eines Punktbewertungsverfahrens für jeden Zulieferer ein Lieferantenindex ermittelt werden, der Aufschluß über die Eignung eines Lieferanten zur Versorgung eines Fertigungssegments gibt (vgl. Abb. 18).

Kriterien	Gewichtung G	Ausprägung A	G x A
Entfernung			
Mengentreue			
Termintreue			
Anpassungsfähigkeit an Lieferfrequenz			
kundenspezifische Bevorratung			
technische Beratung und Service			
Nachfragemacht beim Lieferanten			
Lieferzeit			
Reklamationen			
Qualität der Teile			
	= 100%		Lieferantenindex

Abb. 18: Lieferantenbewertungsschema

4.3.2 Variantenanalyse

Zur Überprüfung der Variantenentwicklung beim Segmentdurchlauf kann zusätzlich zur Wertzuwachskurve (vgl. Kapitel 4.1.11) eine Variantenentwicklungskurve ermittelt werden. Diese zeigt die Entwicklung der Variantenvielfalt während des Produktionsprozesses auf.[112] Hieraus wird ersichtlich wie viele verschiedene Baugruppen oder Produkte in den einzelnen Prozeßstufen des Segments entstehen und für die nächste Stufe bereitstehen. Um die marktseitig

110. Simon, P. (1987), S.655
111. vgl. Wildemann, H. (1988 a), S.141
112. vgl. Jaberg, H./ Mezger, M./ Braun, J. (1995), S. 198

gewünschte Variantenvielfalt durch möglichst geringe Kapitalbindungskosten und niedrigen Bereitstellungsaufwand[113] zu erzeugen, gilt es eine erforderliche Differenzierung der Produkte möglichst in den letzten Segmentarbeitsgang zu legen.[114] Fertigungstechnische Strategie hierzu ist die Entwicklung von Gleichteilen und deren Verwendung in unterschiedlichen Endprodukt-Variationen und Ausstattungsvarianten.[115]

Um die Variantenstruktur zu analysieren dient eine Gegenüberstellung der prozentualen Entwicklung der Jahresstückzahl mit dem prozentualen Anteil dieser Varianten an der Variantengesamtzahl mittels einer ABC-Analyse (vgl. Kapitel 4.3.3).[116] Zeigt beispielsweise die Analyse, daß innerhalb eines Produkttyps Varianten mit hohen Stückzahlen und solche mit relativ niedrigen auftreten, kann daran gedacht werden, parallel zwei Segmente - eine Renner- und eine Exotenfertigung - aufzubauen.[117]

4.3.3 Werkstückspektrumanalyse

Eine detaillierte Kenntnis der Struktur des Werkstück- und Fertigungsspektrums ist die Voraussetzung zum Erkennen von Ansatzpunkten einer Segmentierung und deren wirtschaftlichen Beurteilung sowie zur Bildung von Segmentfamilien (vgl. Kapitel 3.4.1).[118]

Kriterien für die spätere Bildung von Fertigungssegmenten sind die Stückzahlen der zu fertigenden Werkstücke sowie deren Vorhersagegenauigkeit.[119] Im Unterschied zur Segmentprogrammanalyse, die auf Produktebene agiert, wird bei der Werkstückspektrumanalyse die Struktur der einzelnen Produkte berücksichtigt. Für diese Analyse werden die statistischen Verfahren der ABC[120] sowie der XYZ-Analyse verwendet.

Grundlage der ABC-Analyse ist die Tatsache, daß nur ein sehr geringer Teil des Werkstückspektrums einen großen Anteil an den Produktionsmengen besitzt, die für die Zuordnung zu Fertigungssegmenten von besonderer Bedeutung sind.[121] Die ABC-Analyse schafft eine Gegenüberstellung des prozentualen Anteils des Jahresverbrauchswerts mit dem prozentualen Anteil an den Erzeugniskomponenten, wobei die Werkstücke nach abnehmendem Jahresver-

113. vgl. Neumann, E. (1987 a), S.954
114. vgl. Wildemann, H. (1988 c), S.244
115. vgl. Richter, R. (1986), S.700
116. vgl. Hedrich, C.P. (1987), S.237
117. vgl. Wildemann, H. (1988 c), S.242
118. vgl. Tönshoff, H.K./ Freist, Chr./ Hesselmann, U. (1984), S.598
119. vgl.Wildemann, H. (1988 c), S.242
120. vgl. Wollschläger, B. (1989), S.121; Hüser, M./ Kaun, R. (1995), S.326; Hoeschen, R.D. (1987), S.967
121. vgl. Warnecke, H.J. (1996), S.9-20

brauch geordnet werden.[122] Die Einteilung des kumulierten Jahresverbrauchs erfolgt anschließend in drei Klassen (A,B,C), wobei die A-Klasse mit einem großen Jahresverbrauchswert bei kleinem Werkstückspektrum ein bevorzugtes Spektrum für eine Reorganisation der Fertigung darstellt.[123]

Eine Klassifizierung des Werkstückspektrums mit hoher (X), mittlerer (Y) und niedriger (Z) Vorhersagegenauigkeit erfolgt durch die XYZ-Analyse.[124] Die Stetigkeit des Verbrauchs und somit eine gewisse Wiederholhäufigkeit für die Werkstückauflage ist Grundlage eines segmentgeeigneten Werkstückspektrums. Zur Zusammenfassung beider Verfahren, wird eine kombinierte ABC-XYZ-Analyse vorgeschlagen.[125] Die Anwendung der ABC-Analyse kann auch als Grundlage einer Werkstückspektrumsreduzierung herangezogen werden, was durch einen Praktiker folgendermaßen beschrieben wurde: „Bei der Analyse stellte sich heraus, daß einige Varianten auf Grund ihres geringen Verbrauches durch andere vorhandene Durchmesser substituiert und damit eliminiert werden konnten."[126]

Die gruppentechnologische Teilefamilienbildung, die im Falle der Segmentierung auch als Segmentfamilie bezeichnet werden kann, basiert auf dem Verfahren der Werkstückanalyse.[127] Diese bildet den groben Rahmen, in dem sich später die Bildung der Auftrags- und Rüstfamilien während des laufenden Betriebs abspielt.[128] Die Bildung von Teilefamilien aus dem Werkstückspektrum eines Unternehmens ist zumeist eine hochkomplexe Aufgabe, die durch den Einsatz der Clusteranalyse zur Strukturierung von Werkstückspektren unterstützt werden kann.[129] Das multivariate, statistische Verfahren der Clusteranalyse versucht anhand von Ähnlichkeitskriterien, die in Form von Distanzen ausgedrückt werden, eine Gruppierung des Werkstückspektrums zu ermöglichen.[130] „Dieses Verfahren erstellt auf der Basis einer vorgegebenen Distanzfunktion eine Matrix mit den gegenseitigen Distanzen aller Werkstückpaare. Daraufhin werden die Werkstücke einer vorgegebenen Anzahl von Gruppen ("Clustern") zugeordnet, wobei die gegenseitigen Distanzen innerhalb der Cluster minimiert werden. Das Ergebnis der Clusteranalyse ist eine Liste, die zu jeder Sachnummer die von dem

122. vgl. Zäpfel, G. (1982), S.180
123. vgl. Wildemann, H. (1988 a), S.172; Sladek, P. (1990), S.213
124. vgl. Wildemann, H. (1988 c), S.243
125. vgl. Wildemann, H. (1988 a), S.172
126. Freitag, W. (1986), S.754
127. vgl. Deich, A./ Messbacher, A. (1994 a), S.32; Bußmann, J./ Freist, Chr./ Hesselmann, U./ Schunke, A. (1985), S.67
128. vgl. Tönshoff, H.K./ Glöckner, M. (1994), S.608
129. vgl. Tönshoff, H.K./ Hanewinckel, F./ Glöckner, M. (1992), S.72
130. vgl. Milberg, J./ Reinhart, G. (1996), S.10-52

Algorithmus vorgenommene Clusterzuordnung enthält."[131] Anschließend gilt es, die Cluster bezüglich ihrer Mittelwerte und Wertebereiche der Teileattribute zu charakterisieren.[132] Vorteil der Clusteranalyse ist die fehlende problemspezifische Auslegung, so daß die Beschreibung der Objekte durch eine problemorientierte Auswahl der Merkmale erfolgt.[133] Ein Merkmal, welches für die anschließende Bildung von Fertigungsfamilien Verwendung finden kann, ist beispielsweise die Beanspruchung gleicher Fertigungsverfahren in gleicher Reihenfolge durch die Werkstücke.[134] Die somit gebildeten Fertigungsfamilien werden nun anhand verschiedener Kriterien (z.B. Anteil am Fertigungsvolumen, Stabilität des Produktionsprogramms, Anteil an strategischen Teilen innerhalb der Familie) den Segmenten zugeordnet, was mittels der in Kapitel 4.2.3 dargestellten Werkstück-Maschinen-Zuordnungsanalyse geschieht.

4.3.4 Produktstrukturanalyse

Grundlage aller Planungsmethoden des Produktionsprozesses (z.B. Materialflußanalyse, Fertigungsprozeßanalyse) sowie des produktorientierten Strukturbildungsprozesses[135] (vgl. Kapitel 3.4.1) der Fertigungssegmentierung ist die Analyse der Produktstrukturen.
Hierzu empfiehlt es sich einen Produktstrukturplan für repräsentative Produkte zu erstellen, der folgende Informationen enthält:[136]

- alle Bestandteile der Produkte
- die montagetechnische Reihenfolge der Zusammenfügung der Einzelteile, die je nach Komplexität der Produkte aus mehreren Stufen besteht
- die zeitliche Koordination der Zusammenfügung der Teile, Gruppen und Systeme im Sinne des Montageplans

Die Untersuchung von Produktstrukturen ermöglicht einen erfolgreichen Einstieg in Segmentierungsprojekte, um den technologischen Aufbau der Produkte kennenzulernen.[137] Dabei läßt

---

131. Tönshoff, H.K./ Hanewinckel, F./ Glöckner, M. (1992), S.72
132. vgl. Tönshoff, H.K./ Hanewinckel, F./Glöckner, M. (1992), S.73
133. vgl. Tönshoff, H.K./ Freist, Chr./ Hesselmann, U. (1984), S.598f
134. vgl. Tönshoff, H.K./ Freist, Chr./ Hesselmann, U. (1984), S.602; Deich, A./ Messbacher, A. (1994 a), S.32
135. vgl. Warnecke, H.J. (1996), S.9-67
136. vgl. Aggteleky, B. (1987), S.443
137. vgl. Jaberg, H./ Mezger, M./ Braun, J. (1995), S.196

sich die Zusammensetzung und Kombination einzelner Bestandteile herausarbeiten, die die Produktvarianz ausmachen. „Bei der Untersuchung, wie die einzelnen Produktvarianten entstehen, fiel auf, daß Anbauteile, die für die Erfüllung von Zusatzfunktionen benötigt werden, für die Varianz verantwortlich sind, daß aber auch durch die Variation von Einzelteilen des Basisprodukts das Variantenspektrum ausgeweitet wird, um länderspezifische Sicherheitsbedingungen, differenzierte Leistungs- sowie kundenspezifische Ausführungsanforderungen zu erfüllen."[138]

Aufbauend auf dem Produktstrukturplan kann, unter Berücksichtigung der vorgegebenen technologischen Notwendigkeiten (Fertigungstechnik, Raumanforderung), eine ablauf- und funktionsgerechte Zuordnung zu den Segmenteinheiten erfolgen.[139]

4.4 Mitarbeiterbezogene Planungsmethoden

4.4.1 Tätigkeitsanalyse

Ein unterstützendes Element der Fertigungssegmentierung stellt die Integration der Mitarbeiter in den Fertigungsprozeß durch die Bildung von Arbeitsgruppen im Sinne einer ganzheitlichen Aufgabenerfüllung dar (vgl. Kapitel 3.3.4.7).[140] Ziel ist die Produktivität der Mitarbeiter durch die Erschließung der Problemlösungskapazitäten der Mitarbeiter zu erhöhen, indem eine größere Anzahl unterschiedlicher Arbeitsvorgänge auf sie übertragen wird.[141]

Zu Planungs-, Kontroll- und Organisationszwecken werden daher die Tätigkeiten der Segmentmitarbeiter mittels einer Tätigkeitsanalyse erfaßt. Abb. 19 zeigt das Ergebnis einer Tätigkeitsanalyse bei der zu Kontrollzwecken die Übertragung indirekter Funktionen auf direktes Fertigungspersonal zwischen dem gesamten Fertigungsbereich sowie den Fertigungssegmenten verglichen wurde.[142]

4.4.2 Qualifikationsanalyse

Da mit der Reorganisation der Fertigung sich auch das durch die Mitarbeiter zu bearbeitende Produktspektrum ändert, müssen die Segmentpersonalkapazitäten mittels einer Qualifikations-

138. Jaberg, H./ Mezger, M./ Braun, J. (1995), S.196
139. vgl. Warnecke, H.J. (1996), S.9-63
140. vgl. Wildemann, H. (1992 b), S.180f
141. vgl. Wildemann, H. (1992 b), S.183
142. vgl. Wildemann, H. (1992 b), S.184

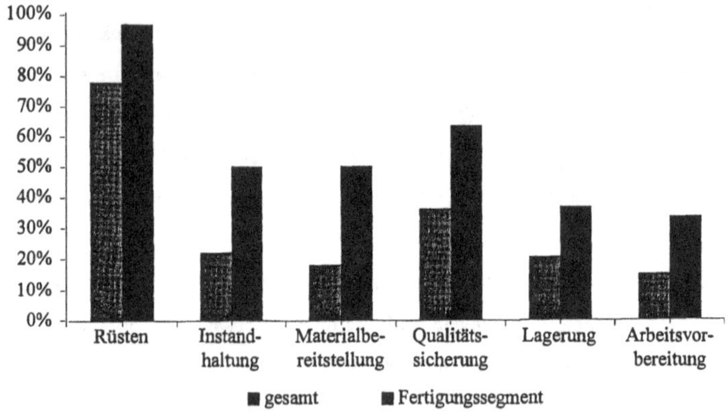

Abb. 19: Anwendungsbeispiel Tätigkeitsanalyse

analyse überprüft werden.[143] Die Qualifikationsanalyse ist Grundlage einer Personalbedarfsermittlung, die Aufschluß über die erforderlichen Kapazitäten in quantitativer, qualitativer und zeitlicher Hinsicht gibt.[144] Abb. 20 zeigt ein von den Mitarbeitern selbst erstelltes und anonymisiertes Qualifikationsprofil, mit dessen Hilfe geeignete Maßnahmen bei einer Segmentreorganisation in Fertigung und Montage ergriffen werden können.[145]
Um eine umfassende Bewertung der Mitarbeiterqualifikation vorzunehmen, bedarf es der Aufführung aller Kenntnisse, direkter und indirekter Tätigkeiten und Fertigkeiten der Mitarbeiter, die sie innerhalb des Segments übernehmen.[146]

4.5 Vergleich und Bewertung

Die Vielzahl der im vorangegangenen Kapitel dargestellten praktischen Entscheidungsverfahren der Segmentplanung weist in deren einzelproblemspezifischen Anwendung jeweils auf spezielle Fragestellungen der Segmentplanung hin. Darüberhinaus wurde kein Praxisfall bekannt, bei dem die Mehrzahl der beschriebenen Verfahren durchgängig eingesetzt wurden. Gründe hierfür sind die fehlende Systematik bei der Planung von Fertigungssegmenten und die Individualität der Planungsschwerpunkte.

---

143. vgl. Nedeß, Ch./ Mallon, J. (1996), S.23
144. vgl. Luczak, H. (1996), S.12-75
145. vgl. Nedeß, Ch./ Mallon, J. (1996), S.23f
146. vgl. Bellinger, M. (1995), S.625

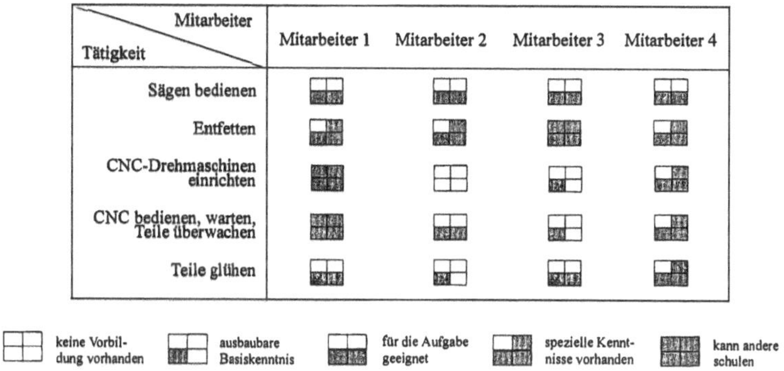

Abb. 20: Anwendungsbeispiel Qualifikationsanalyse

Weiter zeigt sich, daß die eingesetzten Verfahren in der Vielzahl auf zeitpunktuellen Betrachtungen basieren, was sie für die Planung in einem dynamischen Umfeld in ihrer Aussagefähigkeit beschränkt. Darüberhinaus sind alle Verfahren konventioneller Natur, im Sinne einer fehlenden Computerunterstützung, was aufgrund der kürzer werdenden Produktzyklen und der dadurch erhöhten Planungsfrequenz als nicht mehr angemessen erachtet werden kann.[147]
Abb. 21 zeigt die Darstellungsformen der praktischen Planungsmethoden, welche in grafische und mathematische gegliedert werden können. Bei den grafischen Verfahren kann eine Präferenz bei der Darstellungsform des Flußdiagramms sowie der tabellarischen Darstellungsweise verbaler Gliederungskriterien festgestellt werden. Bei den numerisch geprägten mathematischen Verfahren ist die Kennzahl sowie deren dynamische Ausgestaltung als Zeitreihe die häufigste Form der Datenpräsentation beim Einsatz der dargestellten Planungsmethoden.

147. vgl. Jäger, A. (1991), S.52

	grafische Verfahren				mathematische Verfahren					
	Layout	Flußdiagramm	Strukturbaum	Tabelle	Kennzahl	Zeitreihenanalyse	Lorenzkurve	Clusteranalyse	Häufigkeitstabelle	Matrix
organisationsbezogen										
Segmentprogrammanalyse						○				
Lieferfähigkeitsanalyse									○	
Umwelteinflußanalyse				○						
Wachstumsanalyse						○				
Verflechtungsanalyse										○
Fertigungstiefenanalyse					○					
Potentialabschätzung				○						
Materialflußanalyse	○	○								
Informationsflußanalyse		○								
Durchlaufzeitanalyse					○	○				
Wertzuwachskurvenanalyse						○				
betriebsmittelbezogen										
Kapazitätsbelastungsanalyse					○	○				
Flußanalyse					○					
Werkstück-Maschinen Zuordnungsanalyse										○
Taktzeitanalyse					○					
Fertigungsprozeßanalyse		○								
Verkettungsanalyse		○								
materialbezogen										
Lieferantenbewertung				○						
Variantenanalyse						○				
Werkstückspektrumanalyse							○	○		
Produktstrukturanalyse			○							
mitarbeiterbezogen										
Tätigkeitsanalyse				○						
Qualifikationsanalyse				○						

Abb. 21: Klassifikation praktischer Planungsmethoden

5. Analyse und Klassifikation theoretischer Planungsmethoden der Segmentplanung

5.1 Gruppentechnologische Planungsmethoden

Hierunter versteht man allgemein die Methodik, ausgehend von der Ausnutzung bestimmter Ähnlichkeiten der herzustellenden Erzeugnisse, eine rationelle Gestaltung von Produktionsprozessen zu erreichen.[1] Dazu ordnen gruppentechnologische Verfahren Werkstücke eines Fertigungsprogramms nach Einsparungsgesichtspunkten.[2] Die Anfänge der Gruppentechnologie reichen bis in die 20er Jahre zurück.[3] Das Einsatzgebiet hat sich zunächst auf den technischen und technisch-wirtschaftlichen Aspekt beschränkt, der in den letzten Jahren um einen organisatorischen, insbesondere einen soziotechnischen Ansatz, erweitert wurde.[4] Diese Entwicklung kann hierbei in drei Phasen aufgeteilt werden (vgl. Abb. 22).[5]

In der ersten Entwicklungsphase der Gruppentechnologie wurden Teile, die gleiche oder ähnliche Formen aufweisen, zu sogenannten Teilefamilien zusammengefaßt. Durch die Verwandschaft bei der Formgebung, werden die betrieblichen Ressourcen in ähnlicher Weise beansprucht.[6] Ebenso werden Teile die gleiche oder ähnliche Fertigungsverfahren benötigen, zu sogenannten Fertigungsfamilien gruppiert. Ziel ist es, durch die Form- und/oder Fertigungsähnlichkeit der zu produzierenden Teile, Wiederholchancen und somit Kostenvorteile zu nutzen.[7] Dazu wurden Verschlüsselungsverfahren entwickelt, deren numerische oder alphanumerische Schlüsselgrößen konstruktive und/oder fertigungstechnische Kriterien beschreiben, anhand derer sehr schnell Ähnlichkeiten bei der Teilefertigung erkannt werden können.[8]

Die zweite Phase der Gruppentechnologie basiert auf der Tatsache, daß fertigungsähnliche Teile häufig auch eine ähnliche Bearbeitungsfolge haben. Hierzu wurden ebenfalls Klassifizierungssysteme entwickelt, die eine erzeugnisflußorientierte Verschlüsselung erlauben.[9] Neben diesen Verfahren zur Analyse und Optimierung von Materialflüssen wurde die Methode der

---

1. vgl. Hyer, N.L./ Wemmerlöv, U. (1982), S.681; Ranson, G.M. (1972), S.1; Waghodekar, P.H./ Sahu, S. (1984), S.937
2. vgl. Tuffentsammer, K. (1988), S.37
3. vgl. Martin, J. (1989), S.18
4. vgl. Warnecke, H.J./ Osman, M./ Weber, G. (1980), S.5
5. vgl. Warnecke, H.J./ Osman, M./ Weber, G. (1980), S.6ff; Eberwein, R.D. (1989), S.77f u. S.80
6. vgl. Zäpfel, G. (1989), S.228
7. vgl. Warnecke, H.J./ Osman, M./ Weber, G. (1980), S.6
8. vgl. Hyer, N.L./ Wemmerlöv, U. (1984), S.142
9. vgl. Warnecke, H.J./ Osman, M./ Weber, G. (1980), S.8

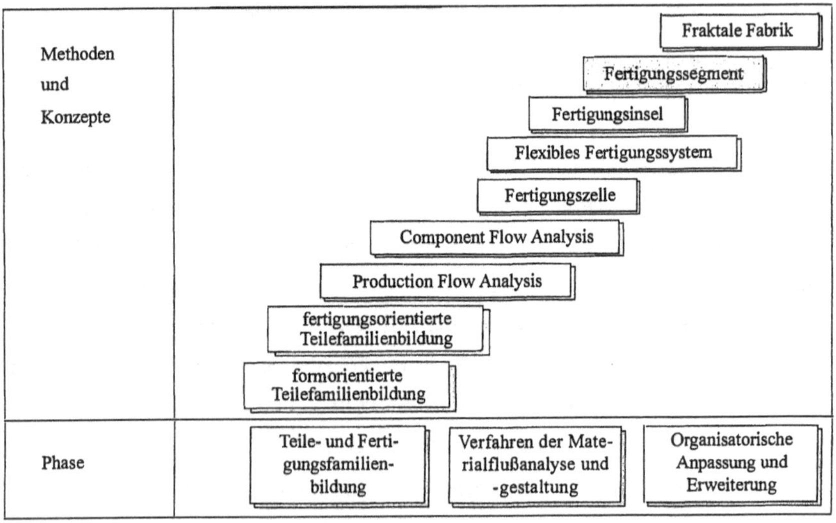

Abb. 22: Phasen der Verfahrensentwicklung zur Gruppentechnologie

Fertigungsablaufanalyse[10] (Production Flow Analysis) sowie der Teileflußanalyse[11] (Component Flow Analysis) entwickelt, die aufgrund fehlender umfangreicher Klassifizierungen des Teilespektrums mit einem geringeren Aufwand zu realisieren sind.[12]

Die dritte Entwicklungsstufe der Gruppentechnologie ist durch eine Erweiterung um eine organisatorische Betrachtungsweise, bis hin zu sozio-technischen Fragestellungen der Arbeitsgestaltung, gekennzeichnet.

Die Planung von Fertigungssegmenten kann in diese letzte Phase der Entwicklung gruppentechnologischer Methoden eingeordnet werden. In einem ersten Schritt findet häufig zunächst die Bildung von Fertigungsablauffamilien statt, bei denen Teilegruppen zusammengefaßt werden, die bezüglich ihrer fertigungstechnischen Anforderungen und Abläufe Ähnlichkeiten aufweisen.[13] Ausgehend von diesen Segmentfamilien kann dann der Fertigungsplaner eine umfassende Gestaltung der betrieblichen Ressourcen auf organisatorischer, betriebsmittel-, material- und personaltechnischer Ebene durchführen (vgl. Kapitel 3.3). Die Gruppentechnologie bildet somit die Grundlage über eine Strukturierung des betrieblichen Teilespektrums für eine Neuordnung der Arbeitssysteme nach den Prinzipien der Fertigungssegmentierung.

---

10. vgl. Burbidge, J.L. (1971), S.130-152
11. vgl. El Essawy, I.F. (1971)
12. vgl. Martin, J. (1989), S. 18
13. vgl. Martin, J. (1989), S.20

5.2 Darstellung eines gruppentechnologischen Lösungsansatzes auf Basis ökonomischer Überlegungen

Um den Einfluß gruppentechnologischer Verfahren auf die Planung eines Fertigungssegments genauer aufzuzeigen, wurde aus der Vielzahl möglicher Ansätze, welche im Planungszyklus der Fertigungssegmentierung Verwendung finden können, ein von Eberwein entwickelter Ansatz zur Organisation flexibel automatisierter Produktionssysteme auf der Basis gruppentechnologischer Überlegungen ausgewählt.

Das dargestellte Modell ist das Ergebnis einer von Eberwein durchgeführten Diskussion intuitiver und methodischer Ansätze der Gruppentechnologie zur fertigungsorganisatorischen Gestaltung, bei der er zur Folgerung gelangt, daß die Integration von Bewertungsüberlegungen in den Gestaltungsprozeß flexibler Produktionssysteme wünschenswert ist.[14] Die folgende Darstellung interpretiert alle Verfahrensschritte hinsichtlich den bisherigen Überlegungen zu den Konzepten der Fertigungssegmentplanung.

Das Entscheidungsmodell nimmt neben der Ermittlung einer optimalen[15] Zuordnung einzelner Maschinen zu Fertigungssegmenten sowie deren Standorte innerhalb des Segments auch eine anschließende Abgrenzung und Systemzuordnung der Segmentfamilien vor. Jede Entscheidung die getroffen wird, basiert dabei auf einem entscheidungsorientierten Kostenmodell.[16] Die Beziehungsbeschreibung zwischen den Maschinen erfolgt mittels eines Distanzmaßes, das die euklidische Distanz zwischen zwei Maschinen beschreibt. „Der Grundgedanke der Vorgehensweise besteht dabei darin die Transportkosten in ein Distanzmaß einzubeziehen, um so in jedem Verfahrensschritt unmittelbar ablesen zu können, welche Kosten die Entscheidung zugunsten eines bestimmten Teilaspektes der Gestaltungsmaßnahmen auslöst, und um aus den einzelnen Ausprägungen des Distanzmaßes einen die gesamte Klassifikation bewertenden Güteindex zu errechnen, der sich ebenfalls ökonomisch interpretieren läßt."[17]

Folgende Annahmen wurden bei der Entwicklung des Modells durch Eberwein getroffen:[18]

- Opportunitätskosten sind in den Transportkostensätzen nur insoweit enthalten, falls zeitlich horizontale Interdependenzen zwischen dem die Entscheidungsfindung unterstützenden Modell und dessen Umfeld anfallen. Zeitlich vertikale Interdependenzen bei denen spätere

14. vgl. Eberwein, R.D. (1989), S.144f
15. optimal im Sinne eines heuristischen Verfahrens
16. vgl. Eberwein, R.D. (1989), S.145ff
17. Eberwein, R.D. (1989), S.150
18. vgl. Eberwein, R.D. (1989), S.150f

Entscheidungen durch heutige Entscheidungen beeinflußt werden, finden keine Berücksichtigung.

- Erzeugnisprogramme sowie zu deren Realisierung benötigte Arbeitspläne liegen für den Planungszeitraum im vorhinein fest. Maschinenengpässe sowie Ausschüsse liegen nicht vor.
- Die für segmentinterne sowie Zwischensegmenttransporte bereitstehenden Transportmittel sind nach Art und Anzahl vollständig spezifiziert.
- Die Transportkosten pro Wegstreckeneinheit sind konstant.
- Nach Festlegung der Anzahl der Kernmaschinen, die jeweils die Grundlage für die Gestaltung eines Fertigungssegments darstellen, legt der Fertigungsplaner die Koordination der Segmentmaschinen fest. Für jedes Segment muß hierbei die Zahl der Standorte mindestens ebenso groß sein wie die Zahl zuzuordnender Maschinen.
- Die Kompatibilität der in den jeweiligen Fertigungssegmenten eingesetzten Maschinen ist gegeben, so daß ein reibungsloser Fertigungsprozeß ermöglicht wird.

Das von Eberwein verwendete beziehungsbeschreibende Distanzmaß für ein Maschinenpaar (k,m) lautet wie folgt:

$$d_{km}(\bar{u}_m) = \sum_{t=1}^{T} \sum_{j=1}^{J} f_{jkmt} \cdot c_j \cdot \sum_{i \in I_H} \sqrt{(x_k - x_{mi})^2 + (y_k - y_{mi})^2} \cdot u_{mi}$$

Dabei gilt folgendes:

I_H	Menge aller Kernmaschinen zur Segmentbildung,
	Zahl der Fertigungssegmente,
(x_k, y_k)	Grundflächenkoordinaten der Maschine k (k ist Element von I_H),
(x_{mi}, y_{mi})	Grundflächenkoordinaten der Maschine m (m ist nicht Element von I_H), falls sie der Kernmaschine i (i ist Element von I_H) zugeordnet wird,
t $z := \lvert I_H \rvert$	Zeitperiode (t = 1,.....,T),
	letzte Periode des Planungszeitraums,
f_{jkmt}	Zahl der in Periode t zwischen den Maschinen k und m vorzunehmenden Transporte des Erzeugnisses j,

c_j Transportkosten je Entfernungseinheit (EE) und Transportvorgang des Erzeugnisses j,

u_{mi} Zuordnungsvariable (i ist Element von I_H; m ist nicht Element von I_H),

$$u_{mi} := \begin{cases} 1 \text{ falls Maschine m der Kernmaschine i zugeordnet wird} \\ 0 \text{ sonst,} \end{cases}$$

$\bar{u}_m$ Vektor aller Zuordnungsvariablen für Maschine m;

$\bar{u}_m := (u_{m1},\ldots,u_{mz})$.

Dieses Distanzmaß stellt die Summe der im Planungszeitraum zwischen den Maschinen k und m anfallenden Transportkosten dar.[19] Ziel ist es diejenigen Maschinen innerhalb eines Fertigungssegmentes zu integrieren welche aufgrund des zu fertigenden Erzeugnisprogramms vergleichsweise viele und/oder vergleichsweise teure Transportbeziehungen aufweisen.
Konventionelle clusteranalytische Verfahren verwenden nur einen einzigen Distanzwert als Entscheidungskriterium. Der Ansatz von Eberwein hingegen verwendet die gesamten zwischen der Maschine m und allen Kernmaschinen im Planungszeitraum anfallenden Transportkosten, d.h. alle Distanzmaße zwischen Maschine m und den Kernsegmentmaschinen zu einer Gesamtdistanz $d_m(\bar{u}_m)$ aufsummiert:

$$d_m(\bar{u}_m) = \sum_{i \in I_H} d_{mi}(\bar{u}_m) \; \forall m$$

Die Zuordnung einer Maschine m zu einer Kernmaschine und somit zu einem speziellen Fertigungssegment erfolgt anhand der Minimierung der Summe der insgesamt anfallenden Transportkosten zwischen Maschine m und den Segmentkernmaschinen.[20]
Im Nachfolgenden wird diese Vorgehensweise anhand eines Planungsbeispiels dargestellt. Dabei gilt es zehn Erzeugnisse mittels sechs Maschinen in den entsprechenden Fertigungssegmenten zu produzieren. Abb. 23 zeigt die Anzahl der für alle 10 Erzeugnisse auszuführenden Transportvorgänge zwischen den in der Vorspalte angegebenen Maschinenpaaren, wobei bereits die in den einzelnen Perioden anfallenden Transporte über den gesamten Planungszeitraum aufsummiert wurden.

19. vgl. Eberwein, R.D. (1989), S.156
20. vgl. Eberwein, R.D. (1989), S.156

	1	2	3	4	5	6	7	8	9	10	Σ
1-2											0
1-3			100	200		100	200		220		820
1-4		200									200
1-5											0
1-6											0
2-3											0
2-4	200										200
2-5											0
2-6					300			480			780
3-4			50			50			110		210
3-5				200							200
3-6							150				150
4-5	200	200								250	650
4-6									110		110
5-6				200							200

Abb. 23: Erzeugnisspezifische Transportmatrix

Die Zeilensumme aller Erzeugnistransporte für ein spezielles Maschinenpaar wird in Abb. 24 in Form einer Transportmatrix dargestellt. Während andere Ansätze ebenfalls Transportmatrizen zu deskriptiven Zwecken benutzen, verwendet der Ansatz von Eberwein diese als Ausgangspunkt der Segmentbildung, indem Matrixelemente bereits als

	1	2	3	4	5	6
1	0	0	820	200	0	0
2		0	0	200	0	780
3			0	210	200	150
4				0	650	110
5					0	200
6						0

Abb. 24: Transportmatrix

Proximitätsmaße dienen.[21] Die Ähnlichkeit[22] zweier Maschinen und somit deren Zuordnung zu einem bestimmten Fertigungssegment wird anhand der zwischen den beiden Maschinen ablaufenden Transportvorgänge definiert. Dazu ist es nötig, daß die Transporte zwischen zwei Maschinen unabhängig von der Transportrichtung jeweils auf demselben Weg ablaufen. „Diese Modifikation gewährleistet die, zur Verwendung der Zahl im Planungszeitraum zu erwartender Transporte als Proximitätsmaß, notwendige Symmetrieeigenschaft."[23]

Die Bildung einer Anfangsklassifikation von Fertigungssegmenten erfolgt mittels hierarchischer, agglomerativer Verfahren, bei denen diejenigen Maschinen mit den meisten Transportvorgängen zunächst zu einem Cluster (Segment) zusammengefaßt werden. Auf der nachfolgenden Stufe wird eine dritte Maschine zu den beiden ersten hinzugefügt, wenn nicht ein zweites Zweimaschinensegment auf der Grundlage des höheren Proximitätswertes zugeordnet werden kann.[24] Das in Abb. 25 dargestellte Dendogramm, wurde durch Anwendung des obig beschriebenden single-linkage Verfahrens gebildet. Hieraus wird eine große Ähnlichkeit zwischen den Maschinen 1 und 3, 2 und 6 sowie 4 und 5 deutlich, was eine Gruppierung in drei Fertigungssegmente als sinnvoll erscheinen läßt.

Die ebenfalls in diesem Ansatz integrierte Standortbestimmung der einzelnen Segmentmaschinen bedarf der Angabe einer Matrix der Entfernungseinheiten in euklidischer Metrik zwischen potentiellen Betriebsmittelstandorten (vgl. Abb. 26). In diesem Beispiel wird davon ausgegangen, daß sieben mögliche Standorte (S1 bis S7) in drei Fertigungssegmentenbereichen zur Ver-

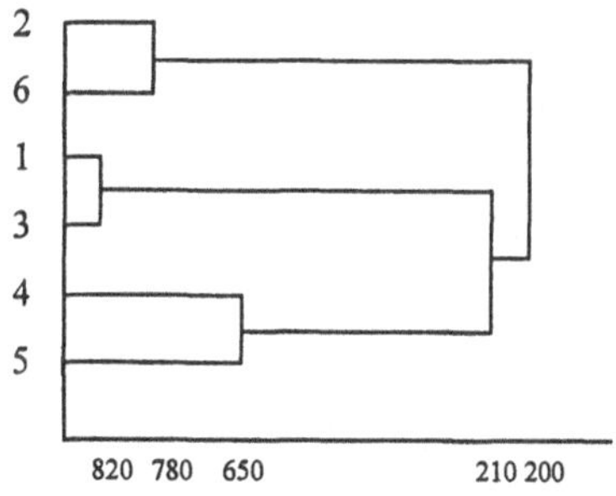

Abb. 25: Dendogramm nach dem single-linkage Verfahren

21. vgl. Eberwein, R.D. (1989), S.151f
22. vgl. Green, P.E./ Tull, D.S. (1982), S.413f
23. Eberwein, R.D. (1989), S.152
24. vgl. Green, P.E./ Tull, D.S. (1982), S.417

	S1	S2	S3	S4	S5	S6	S7
S1	0	10	30	31,6	80	80,6	81,4
S2		0	31,6	30	80,6	80	80,2
S3			0	10	50	51	52,2
S4				0	51	50	50,3
S5					0	10	15
S6						0	5
S7							0

Abb. 26: Matrix der Entfernungseinheiten in euklidischer Metrik

fügung stehen, wobei zwei (S1, S2) für Fertigungssegment I, zwei (S3, S4) für Fertigungssegment II und drei (S5 bis S7) für Fertigungssegment III in Frage kommen.

Ebenso müssen zur Durchführung des Planungsalgorithmus die erzeugnisspezifischen Transportkostensätze je Entfernungseinheit und Transportvorgang angegeben werden. Es wird zwischen segmentinternen und -externen Kostensätzen differenziert. Segmentinterne Transporte werden in der Regel durch einfachere Transportmittel (z.B. Hubwagen) realisiert, weshalb geringere Kostensätze je Entfernungseinheit und Transportvorgang angesetzt wurden.[25]

Zur Berechnung der Transportkosten je Entfernungseinheit werden die in Abb. 23 enthaltenen Zahlen notwendiger Transportvorgänge mit den entsprechenden Transportkostensätzen je Entfernungseinheit und Transportvorgang von Abb. 27 aggregiert. Es ergeben sich für das Maschinenpaar (1,3) folgende erzeugnisspezifische Transportkosten je Entfernungseinheit bei gleichzeitiger Zuordnung zu einem bestimmten Fertigungssegment.

$$100 * 0{,}1 + 200 * 0{,}1 + 100 * 0{,}5 + 200 * 0{,}4 + 220 * 0{,}3 = 226$$

	1	2	3	4	5	6	7	8	9	10
Kostensätze für segmentinterne Transporte	0,25	0,20	0,1	0,1	0,15	0,5	0,4	0,15	0,3	0,15
Kostensätze für segmentexterne Transporte	0,5	0,3	0,4	0,15	0,2	0,9	0,6	0,8	0,6	0,4

Abb. 27: Transportkostensätze

25. vgl. Wildemann, H. (1988 c), S.146

Wird das Maschinenpaar unterschiedlichen Fertigungssegmenten zugeordnet gilt analog:

$$100 * 0{,}4 + 200 * 0{,}15 + 100 * 0{,}9 + 200 * 0{,}6 + 220 * 0{,}6 = 412$$

Durch die Berechnung über alle Maschinenpaare wird die in Abb. 28 dargestellte Matrix der Transportkosten je Entfernungseinheit gebildet.

Alle zur Ermittlung transportkostenoptimaler Fertigungssegmente notwendigen Daten liegen nun vor. Zur Bestimmung der Kernmaschinen eines Fertigungssegments, welche die Grundlage für weitere Gruppierungen bilden, wird nun dasjenige Maschinenpaar ausgewählt, welches die höchsten segmentexternen Transportkosten je Entfernungseinheit aufweist. Das gleiche gilt für die folgenden Kernmaschinen mit den nächstniedrigeren segmentexternen Transportkosten je Entfernungseinheit. Laut Abb. 28 weist Maschinenpaar (2,6) den höchsten Wert auf. Eine zufällige Auswahl führt zur Entscheidung Maschine 2 als Kernsegmentmaschine auszuwählen. Ebenso gilt für Maschine 1 aus dem Maschinenpaar (1,3) mit den zweithöchsten segmentexternen Transportkosten je Entfernungseinheit diese als Kernmaschine für das zweite Segment auszuwählen. Das dritte Segment wird aus Maschinenpaar (4,5) mit Maschine 4 als Kernmaschine gebildet. Maschine 2, 1 und 4 werden nun laut Abb. 26 demjenigen Standort mit der geringsten Entfernung zu einem anderen Standort zugeordnet. Daraus folgt, daß Maschine 2 dem Standort 1, Maschine 1 dem Standort 3 sowie Maschine 4 dem Standort 6 zugeteilt wird.

Die Zuweisung der nicht zur Menge der Kernmaschinen gehörenden Maschinen beginnt mit derjenigen aus dem Maschinenpaar mit den höchsten Transportkosten je Entfernungseinheit, die nicht zur Kernmaschine bestimmt wurde.[26] Als Standort wird jeweils der entfernungsminimale zur Kernmaschine gewählt. Sukzessive wird mit den noch verbleibenden Maschinen analog verfahren. Diesem Algorithmus folgend wird nun zunächst Maschine 6 dem Fertigungssegment I zugeordnet, da die Transportbeziehung zu Maschine 2 als Kernmaschine die höchsten segmentexternen Transportkosten je Entfernungseinheit aufweist. Als Standort wird S2 gewählt, da dieser zum Kernmaschinenstandort S1 die kürzeste Entfernung besitzt. Ebenso wird die Zuordnung von Maschine 3 (5) zur Kernmaschine 1 (4) mit dem Standort 4 (7) gewählt.

Die Berechnung des Distanzwertes zwischen Maschine 6 und 2 ermittelt Transportkosten je Entfernungseinheit in Höhe von 117 GE, wobei eine Transportstrecke von 10 EE zwischen

26. vgl. Eberwein, R.D. (1989), S.161

	Kosten bei segmentinternen Transport	Kosten bei segmentexternen Transport
1-2	0	0
1-3	226	412
1-4	40	60
1-5	0	0
1-6	0	0
2-3	0	0
2-4	50	100
2-5	0	0
2-6	117	444
3-4	63	131
3-5	20	30
3-6	60	90
4-5	127,5	260
4-6	33	66
5-6	20	30

Abb. 28: Matrix der Transportkosten je Entfernungseinheit

Standort S1 und S2 zurückzulegen ist. Wird hingegen eine Zuordnung zur Kernmaschine 1 oder 4 gewählt, fallen Transportkosten in Höhe von 444 GE an, da in diesem Falle beide Maschinen unterschiedlichen Segmenten angehören, wobei entsprechende Transportstrecken von 31,6 bzw. 81,4 zurückzulegen sind. Hieraus ergibt sich unter Einbeziehung der Binärvariablen der Distanzwert:

$$d_{62}(u_6) = 444 * 31{,}6\ u_{61} + 117 * 10\ u_{62} + 444 * 81{,}4\ u_{64}$$

$$d_{62}(u_6) = 14030{,}4\ u_{61} + 1170\ u_{62} + 36141{,}6\ u_{64}$$

Analog gilt bei Zuordnung der Maschine 6 zur Kernmaschine 1

$$d_{61}(u_6) = 0\ u_{61} + 0\ u_{62} + 0\ u_{64}$$

sowie bei Zuordnung von Maschine 6 zur Kernmaschine 4

$$d_{64}(u_6) = 3445{,}2\ u_{61} + 5372{,}4\ u_{62} + 165\ u_{64}$$

Zielfunktion ist die Minimierung der Gesamtdistanzfunktion $d_6(u_6)$

$d_6(u_6) = (14030,4 + 0 + 3445,2)\ u_{61} + (1170 + 0 + 5372,4)\ u_{62}$
$+ (36141,6 + 0 + 165)\ u_{64}$
$d_6(u_6) = 17475,6\ u_{61} + 6542,4\ u_{62} + 36306,6\ u_{64}$

Unter den Nebenbedingungen

$u_{61} + u_{62} + u_{64} = 1$
u_{61}, u_{62}, u_{64} Element aus (0,1)

Da $u_{62} = 1$ zur Minimierung der Gesamtdistanz führt, ist Maschine 6 der Kernmaschine 2 zuzuordnen, woraus sich folgende Distanzindizes ergeben

$d_{62}(u_6) = 1170$
$d_{61}(u_6) = 0$
$d_{64}(u_6) = 5372,4$

Aus diesen Angaben kann der Segmentplaner die durch seine Planungsentscheidung verursachten Transportkosten ablesen. In diesem Beispiel führt die Zuordnung der Maschine 6 zur Kernmaschine 2 zu Transportkosten in Höhe von 1170 GE, zur Kernmaschine 1 zu 0 GE und zur Kernmaschine 4 zu 5372,4 GE.
Als nächstes erfolgt die Zuordnung der Maschine 3, da sich für das Maschinenpaar (1,3) der zweithöchste segmentexterne Tranportkostenwert je Entfernungseinheit ergeben hat. Für die Distanzfunktionen gilt:

$d_{31}(u_3) = 2260\ u_{31} + 13019,2\ u_{32} + 21506,4\ u_{34}$
$d_{32}(u_3) = 0\ u_{31} + 0\ u_{32} + 0\ u_{34}$
$d_{34}(u_3) = 6838,2\ u_{31} + 10663,4\ u_{32} + 313\ u_{34}$
$d_3(u_3) = 9098,2\ u_{31} + 23682,6\ u_{32} + 21819,4\ u_{34}$

Die Zuordnung von Maschine 3 zur Kernmaschine 1 bzw. zu Fertigungssegment I führt folglich mit $u_{31} = 1$ zur Minimierung von $d_3(u_3)$.

Analog gilt für die Zuordnung der Maschine 5

$$d_{51}(u_5) = 0\,u_{51} + 0\,u_{52} + 0\,u_{54}$$

$$d_{52}(u_5) = 0\,u_{51} + 0\,u_{52} + 0\,u_{54}$$

$$d_{54}(u_5) = 13572\,u_{51} + 21164\,u_{52} + 637{,}5\,u_{54}$$

$$d_5(u_5) = 13572\,u_{51} + 21164\,u_{52} + 637{,}5\,u_{54}$$

Durch Wahl der Binärvariablen $u_{54} = 1$ und der damit verbundenen Zuordnung der Maschine 5 zur Kernmaschine 4 bzw. zum Fertigungssegment III kann die Funktion $d_5(u_5)$ minimiert werden.

Das obig aufgeführte Verfahren führt somit zu der in Abb. 29 dargestellten Bildung von drei Fertigungssegmenten mit jeweils zwei Maschinen.

Darüberhinaus ermöglicht die Berechnung der Summe aller Distanzwerte über alle Maschinenkombinationen innerhalb eines Segments eine Aussage über den Grad der Homogenität des Segments. Dieser Wert entspricht ökonomisch den segmentinternen Transportkosten und kann zu einem Gesamthomogenitätsmaß über alle Segmente aggregiert werden.[27] Desweiteren kann durch die Berechnung von aggregierten Distanzwerten zwischen Segmentmaschinen und Nichtsegmentmaschinen ein Maß für die Verschiedenheit der einzelnen Fertigungssegmente gebildet werden, was sich wiederum ökonomisch als Kosten der segmentexternen Transporte interpretieren läßt. Die Summe der segmentinternen und -externen Transportkosten kann somit als Güteindex fertigungsplanerischer Entscheidungen verwendet werden.

Zur Beschreibung des von Eberwein dargestellten hill-climbing Algorithmus zur Verbesserung

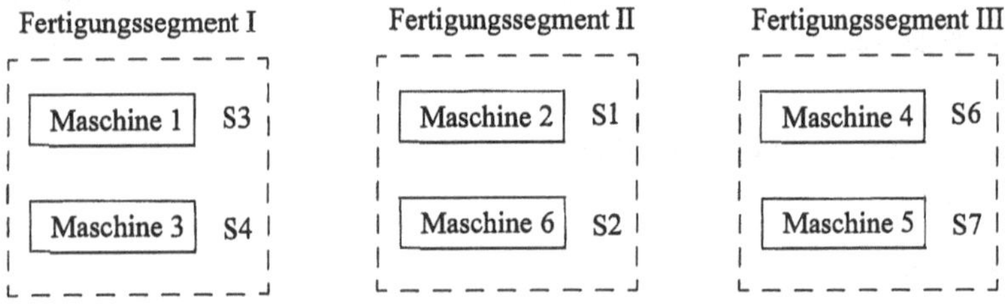

Abb. 29: Segmentbildung

27. vgl. Eberwein, R.D. (1989), S.164f

der Anfangsklassifikation wird auf die entsprechende Literatur verwiesen.[28]
Abschließend wird auf die Entscheidungsproblematik der Abgrenzung und Zuordnung der Segmentfamilien eingegangen. Da das Ausmaß materieller Beziehungen und somit die fertigungsorganisatorischen Transportkosten durch die Bildung von Segmentfamilien nicht verändert werden kann, wurde eine einfache Vorgehensweise gewählt, die die Erzeugnisse sukzessive den Segmentfamilien zuordnet.[29] Als Zuordnungskriterium wird der Quotient aus der Zahl der Transportvorgänge, die bei Zuordnung des Erzeugnisses zu einem Segment die Segmentgrenze überschreiten, und der Gesamtzahl der notwendigen Transporte gewählt. Da die Anzahl der segmentexternen Transporte minimiert werden soll, wird jedes Erzeugnis dem Segment mit dem jeweils kleinsten Quotienten zugeordnet. Abb. 30 zeigt die entsprechende Matrix der prozentualen Quotienten über alle zehn Erzeugnisse, die jeweils drei verschiedenen Segmenten zur Bildung der Familie zugeordnet werden können.
Nach Abb. 30 ergibt sich für Erzeugnis 1, daß zu dessen Fertigung zwischen Maschine 2 und 4 sowie zwischen Maschine 4 und 5 jeweils 200 Transportvorgänge nötig sind. Bei Zuordnung von Erzeugnis 1 zu Fertigungssegment I - bestehend aus Maschine 1 und 3 - fallen daher keinerlei internen Segmenttransporte an, so daß sich ein Zuordnungsquotient von 200/200 = 1 ergibt, da alle 200 externen Transporte bei einer Gesamtzahl von 200 Transporten ablaufen.

	Segment I	Segment II	Segment III
1	100	100	50
2	100	100	50
3	33	100	100
4	67	100	100
5	100	0	100
6	33	100	100
7	43	100	100
8	100	0	100
9	50	100	100
10	100	100	0

Abb. 30: Matrix des prozentualen Zuordnungsquotienten

28. vgl. Eberwein, R.D. (1989), S.166ff
29. vgl. Eberwein, R.D. (1989), S.169

Ein analoges Ergebnis ergibt sich bei Zuordnung von Erzeugnis 1 zu Fertigungssegment II. Erfolgt die Zuordnung dagegen zu Segment III so laufen 200 Transportvorgänge zwischen Maschine 4 und 5 segmentintern ab woraus sich ein Quotient aus 200/400 = 0,5 berechnet. Die Zuordnung jedes Erzeugnisses zu einem bestimmten Fertigungssegment erfolgt somit anhand der Zeilenminima in Abb. 30, so daß gilt:

Segmentfamilie I: 3 ; 4 ; 6 ; 7 ; 9
Segmentfamilie II: 5 ; 8
Segmentfamilie III: 1 ; 2 ; 10

Werden gleiche Zuordnungsquotienten bei einem Erzeugnis über alle Segmente ausgewiesen, erfolgt die Auswahl willkürlich oder anhand zusätzlicher Überlegungen, wie etwa der Tatsache, daß das Erzeugnis und mit ihm die Verantwortung für dessen Qualität dem Segment zugeordnet wird in dem der letzte Bearbeitungsvorgang stattfindet.[30]

5.3 Warteschlangenmodelle

Der Aufbau eines Warteschlangenmodells für Fertigungssegmente ermöglicht die Leistungsabschätzung unterschiedlicher Planungsalternativen.[31] Hierdurch kann in einer sehr frühen Planungsphase die Segmentdynamik untersucht werden, obwohl im allgemeinen zu diesem Zeitpunkt nur sehr wenige Informationen über das Segment zur Verfügung stehen.[32] Ein Warteschlangenmodell bildet die Segmentmaschinen sowie die auf Bearbeitung wartenden Aufträge ab. „Durch ein Warteschlangensystem können also die bestehenden Unsicherheiten und die Konkurrenz der Teile um gleiche Produktionsmittel und die sich dadurch ergebende gegenseitige Beeinflussung abgebildet werden.“[33] Warteschlangenprobleme sind mit dem Problem der Reihenfolgeplanung eines gegebenen Auftragsbestandes vor einer Maschine verwandt.[34] Hierbei sucht man eine Bearbeitungsreihenfolge der Aufträge so zu bestimmen, daß eine gewisse Zielfunktion minimiert wird. Da Reihenfolgeproblemen in der Planungsphase eines Segmentes nur begrenzte Bedeutung beigemessen werden kann, wird in dieser Arbeit nicht näher auf sie eingegangen.

30. vgl. Eberwein, R.D. (1989), S.170
31. vgl. Dankert, U. (1995), S.43
32. vgl. Lesch, U. (1992), S.40
33. Dankert, U. (1995), S.43
34. vgl. Neumann, K./ Morlock, M. (1993), S.661

Abb. 31 zeigt beispielhaft ein aus Warteschlangensystemen aufgebautes Fertigungssegment. Jede Segmentmaschine sowie deren Eingangspuffer wird durch ein Wartesystem beschrieben, das von folgender Grundstruktur ausgeht. Werkstücke werden durch eine Werkstückquelle bzw. durch eine vorgelagerte Bearbeitungseinheit bereitgestellt und reihen sich in eine Warteschlange ein, in der sie auf ihre Bearbeitung warten.[35] Nach Abschluß des Bearbeitungsvorgangs auf einer Segmentmaschine wird das Werkstück dann an die Warteschlange der nachfolgenden Segmentmaschine weitergegeben, um sich erneut bei Belegung der Maschine in die Warteschlange einzureihen.

Die Warteschlangentheorie bildet die Ankünfte und die Bearbeitung von Werkstücken durch zwei stochastische Prozesse, mittels Beschreibung geeigneter Verteilungen, ab.[36] Ferner wird das Verhalten des Wartesystems durch eine sogenannte Warteschlangendisziplin beschrieben, die angibt unter welchen Bedingungen sich ankommende Werkstücke in die Warteschlange einreihen, sie vor Beginn der Bearbeitung wieder verlassen und nach welcher Reihenfolge die Werkstücke bearbeitet werden.[37]

Folgende stochastische Prozesse eines Fertigungssegments können mittels der Warteschlangentheorie untersucht werden:[38]

- Warteschlangenprozeß: Zahl der Aufträge im Segment

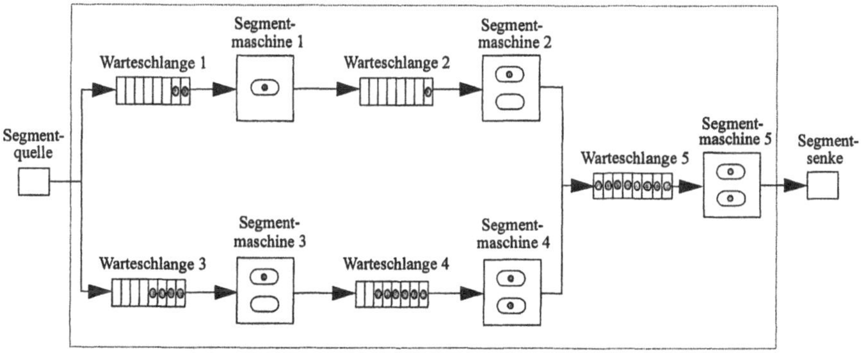

Abb. 31: Warteschlangenmodell eines Fertigungssegments

35. vgl. Gal, T. (1989), S.256
36. vgl. Gal, T. (1989), S.257
37. vgl. Neumann, K./ Morlock, M. (1993), S.665
38. vgl. Gal, T. (1989), S.257

- Wartezeitprozeß: Zeit von der Ankunft eines Werkstückes bis zum Beginn seiner Bearbeitung
- Output-Prozeß: Abstand zwischen dem Abschluß von zwei aufeinanderfolgenden Bearbeitungen
- Betriebsperiode: Zeit zwischen zwei aufeinanderfolgenden Leerzeiten der Bearbeitungsmaschine

Interessante Kenngrößen von Wartesystemen für die Segmentplanung sind beispielsweise die durchschnittliche Anzahl der Werkstücke innerhalb eines Segments, die durchschnittliche Werkstückwartezeit im Eingangspuffer einer Segmentmaschine oder etwa die Durchlaufzeit eines Werkstücks innerhalb des Segments.[39]
Warteschlangenmodelle zur Segmentplanung sind sogenannte geschlossene Mehrkanalmodelle, bei denen mehrere Bearbeitungsstationen mit Eingangspuffer zur Verfügung stehen. Die Anordnung innerhalb des Segments kann sowohl seriell als auch parallel erfolgen. Die Werkstücke können über eine definierte Segmentquelle in das Segment gelangen bzw. das Segment nach dessen Bearbeitung wieder verlassen.[40] Eine analytische Lösung von Warteschlangenmodellen existiert nur für Sonderfälle z.B. durch Beschränkung der Segmentmaschinenzahl oder bei Annahme einer Exponentialverteilung aller Zufallsgrößen.[41] Um realistische Aussagen über Operationscharakteristiken von Wartesystemen experimentell zu erhalten wird daher auf simulative Verfahren zurückgegriffen. Mit Hilfe der Simulation, eines aus Wartesystemen aufgebauten Fertigungssegmentmodells, können anhand der Variationen charakteristischer Segmentparameter (z.B. Anzahl der Segmentmaschinen, Arbeitspläne, Auftragsdaten) wichtige Planungserkenntnisse gewonnen werden.[42]

5.4 Simulationsgestützte Planungsmethoden

In den letzten Jahren fand die simulationsgestützte Planung von Fertigungssegmenten zusehends Eingang in den Fertigungsplanungsbereich von Industrieunternehmen. Der aktuelle Durchdringungsgrad der Simulationstechnik, gemessen an den potentiellen Einsatzfällen, liegt derzeit in Deutschland nur bei etwa 5%, wohingegen klassische EDV-Instrumente wie CAD

---

39. vgl. Domschke, W./ Drexl, A. (1991), S.185f
40. vgl. Domschke, W./ Drexl, A. (1991), S.195f
41. vgl. Lesch, U. (1992), S.40; Gal, T. (1989), S.284
42. vgl. Lesch, U. (1992), S.41

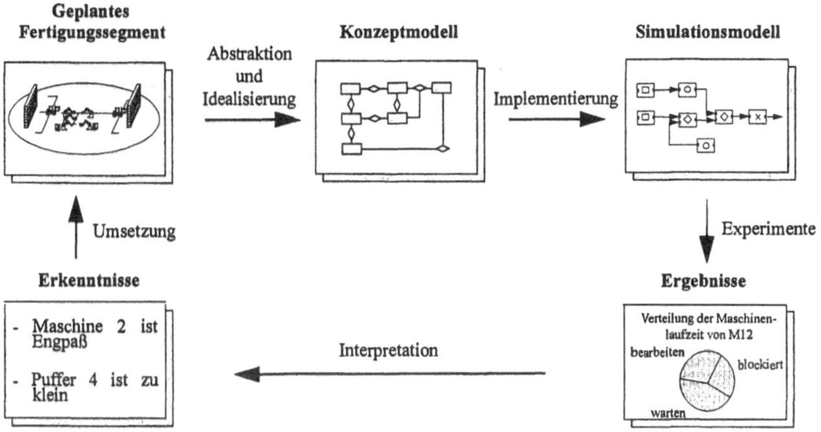

Abb. 32: Simulationsgestützter Planungszyklus eines Fertigungssegments

mit ca. 60% oder PPS mit etwa 70% eine wesentlich höhere Akzeptanz gefunden haben.[43] Die fehlende Praxisakzeptanz ist der Grund warum die simulationsgestützten Planungsmethoden hier im Bereich der theoretischen Verfahren aufgeführt werden. Der in den letzten Jahren festzustellende Trend in der Simulationstechnik weg von der universitären Forschung hin zur betrieblichen Anwendung wird jedoch in den nächsten Jahren unvermindert anhalten, was eine zukünftige Einordnung bei den praktischen Verfahren vermuten läßt.

Unter Simulation wird allgemein die Nachbildung eines dynamischen Prozesses in einem Modell verstanden, um zu Erkenntnissen zu gelangen, die auf die Wirklichkeit übertragbar sind.[44] Die Simulationstechnik gibt dem Fertigungsplaner Hilfsmittel in Form von dynamischen Modellen an die Hand, die seine Vorstellungswelt wirkungsvoll unterstützen.[45] Hauptaugenmerk ist bei der Simulation von Fertigungssegmenten die Ablaufsimulation, bei der Material- und Informationsfluß im Vordergrund stehen. Modelle werden hierbei durch ihr zeitliches und kapazitatives Verhalten beschrieben.

Die simulationsgestützte Vorgehensweise bei der Fertigungssegmentierung wird anhand von Abb. 32 dargestellt.[46] Grundlage des simulationsgestützten Planungszykluses ist ein Konstruktionsplan (bestehend aus einer Vielzahl von Einzelplänen wie z.B. Erzeugnis-, Produktions-,

43. vgl. Vornholt, Ch. (1994), S.12
44. vgl. VDI-Richtlinie 3633 (1983)
45. vgl. Amann, W./ Hartberger, H. (1990), S.348
46. vgl. Eschenbacher, P./ Schmidt, B. (1987), S.27ff

Gebäude-, Personalplanung) des Fertigungssegments, der häufig in der betrieblichen Praxis nach Genehmigung sofort realisiert wird. Während der Inbetriebnahmephase des Segments werden Leistungstests durchgeführt. Abweichungen vom gewünschten Anforderungsprofil müssen durch eine Änderungskonstruktion des Fertigungssegments mit anschließenden Umbauten realisiert werden.

Der simulationsgestützte Planungsansatz versucht vor der Realisierungsphase ein Konzeptmodell zu schaffen. In einer ersten Stufe bildet sich der Fertigungsplaner Vorstellungen über das zu untersuchende System, wobei geeignete Analyse- und Strukturierungsmethoden verwendet werden können (vgl. Abb. 33).[47] Der Entwurf eines Konzeptmodells ist ein kreativer Akt, der Wissen, Erfahrung und Ideenreichtum des Fertigungsplaners voraussetzt.[48] Beim Übergang vom Konstruktionsplan zum Konzeptmodell gilt es deshalb zu beachten, daß der Konstruktionsplan in der Regel nicht unmittelbar Grundlage für das Modell sein kann, da das Modell Vereinfachungen enthält, die sich durch Abstraktion und Idealisierung des zu planenden Fertigungssegments ergeben.[49] In einer zweiten Stufe kann das Planungsproblem dann durch die Erstellung eines Simulationsmodells abgebildet werden, was den Vorteil einer rechentechnischen Unterstützung bietet.[50] Der Aufbau des Simulationsmodells geschieht hierbei schritt-

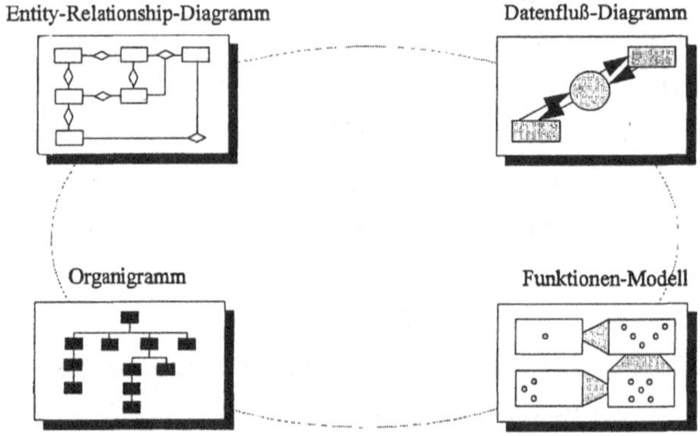

Abb. 33: Beispiele für Analyse- und Strukturierungsmethoden

47. vgl. Hartberger, H. (1991), S.41
48. vgl. Schneider, M. (1993), S.16
49. vgl. Schmidt, B. (1989), S.367
50. vgl. Schmidt, B. (1985), S.21

weise hierarchisch.[51] Die Umsetzung des Konzeptmodells in ein entsprechendes Simulationsmodell wird entweder durch Programmierung oder unter der zur Hilfenahme grafischer Softwareroutinen und objektorientierter Bausteine erreicht.[52] Nach der Durchführung eines Simulationslaufs stehen in einer Datei die Leistungsdaten über die gewählten Betrachtungszeiträume, für statistische Auswertungen, zur Verfügung.[53] Eine anschließende Auswertung und Interpretation der Ergebnisse führt zu einer zielorientierten Veränderung der betreffenden Variablen des Simulationsmodells.[54] Die Parameter eines Simulationsmodells sollten so gewählt werden, daß eine vorgegebene Zielfunktion einen globalen Extremwert annimmt, was zu folgenden Problemen führt:[55]

- die einzelnen Parameter sind miteinander verknüpft, so daß Änderungen eines Parameterwertes Auswirkungen auf andere Parameterwerte haben können
- Veränderungen an einem Parameter können Auswirkungen unterschiedlicher Richtung auf mehrere Zielgrößen haben
- die Auswirkungsintensität gleicher Parameterveränderungen ist abhängig von der Konstellation anderer Parameter
- der Einfluß einzelner Parameter kann weder auf die einzelnen Untersuchungskriterien noch auf das Gesamtsystem funktional beschrieben werden
- der Nachweis über die Optimalität ist schwer zu erbringen, da geeignete Zielfunktionen in der Regel fehlen[56]

Hieraus wird ersichtlich, daß sich ein Simulationsmodell nicht analytisch lösen läßt, was zu einer numerischen Lösungsmethode führt. Dabei werden in mehreren Simulationsläufen die Fertigungssegmentparamter des Simulationsmodells variiert. Ziel der Simulationsexperimente ist es, ein besseres Verständnis für die Zusammenhänge zwischen Veränderungen der Segmentparamter und dem Simulationsergebnis zu erlangen.[57] Das Simulationsergebnis kann mittels einer Vielzahl unterschiedlichster Analysemöglichkeiten ausgewertet werden.[58]

---

51. vgl. Spur, G./ Mertins, K./ Wieneke-Toutaoui, B./ Rabe, M. (1990), S.8
52. vgl. Schneider, M. (1993), S.16
53. vgl. Spur, G./ Mertins, K./ Wieneke-Toutaoui, B./ Rabe, M. (1990), S.9
54. vgl. Witte, Th. (1990), S.384
55. vgl. Tönshoff, H.K./ Barfels, L. (1991), S.393
56. vgl. Witte, H.H. (1993), S.52
57. vgl. Wiendahl, H.P./ Scholtissek, P. (1993), S.43
58. vgl. Wiendahl, H.P./ Scholtissek, P. (1993), S.49

Anschließend werden diese Ergebnisse unter den vordefinierten Aufgabenstellungen und Zielsetzungen interpretiert. Simulationsergebnisse werden hierbei auf das reale Fertigungssegment rückübertragen, wobei die zur Erstellung des Konzeptmodells gemachten Abstraktionen und Idealisierungen entsprechend zu berücksichtigen sind.[59]
Während des gesamten Simulationszykluses besteht die Gefahr, daß Übertragungsfehler auftreten, die die Ergebnisse verfälschen und somit zu Fehlentscheidungen führen. Um dies zu verhindern wird der gesamte Planungszyklus durch einen Validierungs- und Verifikationsprozeß begleitet. Bei der Modellvalidierung gilt es, Fehler bei der Abbildung des Realsystems auf das Konzeptmodell zu erkennen und mittels geeigneter Prüfverfahren zu beseitigen. Grundprinzip ist die Strukturgültigkeit zwischen dem Fertigungssegment und dem Simulationsmodell. Die Verifikation hingegen dient der Beseitigung von Übertragungsfehlern zwischen dem gedanklich entwickelten Konzeptmodell und dem ablauffähigen Simulationsmodell, was in der Regel durch Kontrollrechnungen durchgeführt werden kann.[60] Wurde vom Fertigungsplaner eine Alternative als zufriedenstellend erachtet, beginnt der Umsetzungsprozeß, bei dem auf Grundlage der Simulationsergebnisse ein reales Fertigungssegment errichtet wird.

5.5 Vergleich und Bewertung

Prinzipiell zeigt sich beim Einsatz der Gruppentechnologie zur Segmentplanung, daß eine durchgängige Unterstützung aller Segmentplanungsschritte durch gruppentechnologische Verfahren nicht möglich ist. Darüberhinaus erfolgen gruppentechnologische Bewertungen auf ökonomischer Basis eher selten. „Die in Arbeiten zur Gruppentechnologie angeführten Zielmerkmale, mit deren Hilfe alternative Produktionssystemkonstellationen bewertet werden sollen, erlauben in aller Regel keine unmittelbare Beurteilung der Wirtschaftlichkeit bestimmter Gestaltungsmaßnahmen, da ihre Inhalte nicht ökonomischer Natur sind.“[61] Der erweiterte Ansatz von Eberwein hingegen zeigt, daß gruppentechnologische Konzepte mit einem geeigneten Bewertungsansatz kombiniert werden können. Der Planungsbereich dieses gruppentechnologischen Ansatzes erstreckt sich von der Frage der Ermittlung einer kostenoptimalen Zuordnung einzelner Maschinen zu Fertigungssegmenten sowie deren Standorte[62] innerhalb des Segments bis zu einer Abgrenzung und Systemzuordnung der Segmentfamilien, was die

59. vgl. Schneider, M. (1993), S.25
60. vgl. Schneider, M. (1993), S.23
61. Eberwein, R.D. (1989), S.82
62. Die Festlegung der Standorte von Betriebsmitteln fand bisher in keiner gruppentechnologischen Methode der Datenauswertung Berücksichtigung.

Abdeckung bedeutender Fragen der Segmentplanung ermöglicht.

Ein gemeinsamer Verdienst gruppentechnologischer Verfahren für die Segmentplanung liegt in der Bereitstellung einer Planungsmethodik, welche die kaum formalisierten Prozesse der empirischen Verfahren, wie sie in Kapitel 4 dargestellt wurden, ergänzen können.[63] Traditionelle gruppentechnologische Verfahren beschränken sich allerdings generell auf die fertigungsorganisatorische Strukturierung, so daß beispielsweise arbeitsorganisatorische Aspekte ausgeklammert bleiben.[64]

Ein Nachteil gruppentechnologischer Verfahren liegt häufig in der fehlenden Praktikabilität.[65] Für diese Verfahren sind praktische Anwendungen weitgehend unbekannt, da die Anzahl der Teile in der Fertigungsindustrie häufig eine große Dimension hat und eine Verwendung gruppentechnologischer Verfahren zu nicht vertretbaren hohen Einführungsaufwendungen führen würde.[66]

Ein weiterer Kritikpunkt ist die Annahme unrealistischer Prämissen bei der Anwendung gruppentechnologischer Planungsmodelle. So müssen beispielsweise die von Eberwein gemachten Annahmen des Fehlens von Maschinenengpässen sowie das Vorhandensein von Kompatibilität der in den jeweiligen Fertigungssegmenten eingesetzten Maschinen, als eines der Hauptprobleme bei der Planung von Fertigungssegmenten attestiert werden. Gerade das Planungsproblem "Ermittlung des Segmentengpasses sowie geeignete Abstimmung der Segmentmaschinen", bedarf bei der Planung von Fertigungssegmenten einer bevorzugten Behandlung (vgl. Kapitel 3.3.1.1).

Auch die Warteschlangentheorie stößt wegen ihrer Einschränkung bei der Lösung praktischer Probleme der Fertigungssegmentplanung auf erhebliche Schwierigkeiten.[67] Die Schwachpunkte der gängigsten Warteschlangenmodelle können wie folgt zusammengefaßt werden:[68]

- nur eine Auftragsart ist vorhanden, bei mehreren benötigen die Bearbeitungen trotzdem gleiche Bearbeitungszeiten
- exponentialverteilte Bedienungszeiten werden angenommen
- Maschinen des gleichen Maschinentyps werden als Mehrbediener modelliert

63. vgl. Eberwein, R.D. (1989), S.139
64. vgl. Eberwein, R.D. (1989), S.80
65. Die Umstrukturierungheuristiken erlauben nur eine begrenzte Handhabung bei sehr groß dimensionierten Matrizen und geben keine Garantie, durch ihre Anwendung tatsächlich eine blockdiagonale Maschinen-Erzeugnis-Matrix zu generieren.
66. vgl. Zäpfel, G. (1989), S.226; Warnecke, H.J./ Osman, M./ Weber, G. (1980), S.6
67. vgl. Kosturiak, J./ Gregor, M. (1995), S.50
68. vgl. Dankert, U. (1995), S.57ff

- der Transport wird durch einen einzelnen Bediener dargestellt, für jeden Weg wird die gleiche Zeit benötigt
- die Routen im System sind unabhängig von der Art der Teile

Fertigungssegmente sind dadurch gekennzeichnet, daß sie fertigungsähnliche Teile mit unterschiedlichen Fertigungsanforderungen bearbeiten, was die Abbildung mehrerer Auftragsarten mit unterschiedlichen Bearbeitungszeiten in einem Planungstool erforderlich macht. Auch die Verwendung einer exponentialverteilten Bearbeitungszeit liegt eher an den guten Eigenschaften dieser Verteilungsfunktion für Warteschlangenmodelle als an deren Realitätsnähe, da sie nur eine grobe Approximation realer Bearbeitungsvorgänge in Segmenten darstellt. Die Abbildung mehrerer Maschinen eines Typs als Mehrbediener, die durch nur eine Warteschlange bedient werden, ist ebenfalls ein weiterer Schwachpunkt, der gegen eine Verwendung von Warteschlangenmodellen zur Segmentplanung spricht, denn bei Fertigungssegmenten werden nicht immer alle Maschinen des gleichen Typs in einer Gruppe zusammen plaziert. Die beiden letzten, obig aufgeführten Kriterien, können bei der Fertigungssegmentierung als weniger hemmend angesehen werden, da einerseits die Transportzeiten zwischen den einzelnen Segmentmaschinen relativ konstant sind (konstante Weitergabemengen und -distanzen) und andererseits ähnliche Abfolgen der Bearbeitungsschritte innerhalb der Segmentfamilie festgestellt werden können.
Trotz dieser Kritikpunkte kann die simulative Auswertung von Warteschlangemodellen in der Vorphase einer Fertigungssegmentierung Vorteile bieten. Hierdurch wird es möglich, eine schnelle, grobe Abschätzung des Gesamterfolgs einer Fabriksegmentierung durchzuführen.[69] „Die Ergebnisse des Verfahrens sind eine fundierte Entscheidungshilfe auf der Ebene der strategischen Planung, indem sie die Evaluierung ermöglichen, ob die im Vordergrund stehenden positiven strategischen Auswirkungen der Fabriksegmentierung auf Durchlaufzeit, Bestände und folglich Termintreue den hohen Kapitaleinsatz kompensieren können, und somit das Risiko solcher Investition verringern.“[70]
Ein Großteil der theoretisch orientierten Verfahren benötigt bereits zu Planungsbeginn genaue Informationen über die zu plazierenden Betriebsmittel und verlangt umfangreiche Vorgaben über die Struktur der späteren Fertigung.[71] Um ihre Anwendbarkeit auch in der Vorphase der Segmentplanung zu gewährleisten, müssen Entscheidungen, die sich normalerweise erst im

69. vgl. Melo, D.A. (1995), S.95
70. Melo, D.A. (1995), S.94f
71. vgl. Jäger, A. (1991), S.53

Planungsstufe	Simulationsergebnisse	Bezeichnung
Vorplanung	Testen von Segmentstrategien Ermittlung von Bestandsverläufen	Struktursimulation (strategisch)
Grobplanung	Machbarkeitsstudien Testen grundlegender Steuerungsstrategien Layoutvarianten Fördertechnikauswahl	Grobsimulation
Feinplanung	Testen detaillierter Betriebsstrategien Optimierung des Betriebsmitteleinsatzes	Feinsimulation

Abb. 34: Simulationseinsatz bei der Segmentplanung

weiteren Verlauf der Planung ergeben, vorweggenommen werden, was der Vorgehensweise einer Simultanplanung widerspricht und in späteren Planungsphasen unter Umständen zeit- und kostenaufwendige Korrekturen notwendig macht.

Eine Ausnahme hiervon bilden die simulationsgestützten Verfahren. Diese bieten die Möglichkeit den gesamten Planungszyklus eines Fertigungssegments zu begleiten. Der Vorteil der Simulation liegt in deren Anwendbarkeit auf Probleme, die derart komplex sind, daß sie nicht durch mathematische Modelle, sondern nur verbal oder in Form von Ablaufplänen beschrieben werden können.[72] Abb. 34 zeigt die drei Stufen der simulationsgestützten Segmentplanung. Beginnend mit der strategischen Struktursimulation bei der grundlegende Segmentstrategien getestet werden, über die Grobsimulation, bei der es um die Frage der Ressourcengestaltung geht, bis zur Feinsimulation bei der dieser Ressourceneinsatz optimiert wird, werden alle für die Segmentplanung relevanten Planungsphasen mittels simulativer Verfahren unterstützt.[73]

Ein weiterer Vorteil der Simulation liegt in der Integration unterschiedlichster Planungsaufgaben in einem einzigen Simulationsmodell. Somit können viele Planungsaufgaben zur Verkürzung der Planungszeiten und zur Aufwandsreduzierung parallelisiert werden, um zum Beispiel schnell und flexibel auf Veränderungen des Marktes reagieren zu können.[74] Dabei werden oft unerwartete Zusammenhänge zwischen Systemkomponenten entdeckt.[75] Darüberhinaus bietet sich die Möglichkeit unterschiedliche Lösungsvarianten zu untersuchen, wobei verschiedene Grenzleistungsuntersuchungen, Abschätzung von stochastischen Einflüssen und Sensitivitätsanalysen durchgeführt werden können.

---

72. vgl. Kosturiak, J./ Gregor, M. (1995), S.50
73. vgl. Kuhn, A./ Reinhardt, A./ Wiendahl, H.P. (1993), S.76f
74. vgl. Zülch, G./ Heel, J./ Krüger, J. (1996), S.42
75. vgl. Kosturiak, J./ Gregor, M. (1995), S.52

Ein Nachteil simulativer Verfahren zeigt sich allerdings bei der Abbildung von Betriebsmitteln innerhalb des Modells, die noch nicht in parametrierbaren Bausteinen abgelegt sind.[76] In diesen Fällen ist der Planer bei der Modellerstellung sowie bei der Interpretation der Simulationsergebnisse auf den Simulationsexperten angewiesen.
Einer der Hauptkritikpunkte, die gegen eine Anwendung der Simulationstechnik bei der Segmentplanung sprechen, liegt im immensen Geld- und vor allem Zeitverbrauch, der die Simulationsanwendung in vielen Fällen ad absurdum führt.[77] Ursache ist die nötige Durchführung vieler Planungsschritte wie Problemerklärung, Modellerstellung, -validierung, Experimenteplanung und -durchführung, Ergebnisinterpretation und -umsetzung sowie das Nichtvorhandensein einer geeigneten "Simulations-Infrastruktur" im Unternehmen, was meist eine schnelle Abwicklung von Simulationsprojekten verhindert.

76. vgl. Jäger, A. (1991), S.55
77. vgl. Kuhn, A./ Reinhardt, A./ Wiendahl, H.P. (1993), S.403; Kosturiak, J./ Gregor, M. (1995), S.52

6. Gegenüberstellung praktischer und theoretischer Planungsmethoden der Segmentplanung

6.1 Vergleich der Ansätze

Ein Vergleich zwischen den praktischen (vgl. Kapitel 4) und den theoretischen Planungsmethoden (vgl. Kapitel 5) der Segmentplanung erfolgt anhand des in Abb. 35 dargestellten Polaritätsprofils.

Qualitativ versus quantitativ

Während quantitative Modelle bei segmentplanerischen Problemstellungen mit metrischen Informationen für die Daten und Variablen eines Entscheidungsproblems arbeiten, erfassen qualitative Modelle generelle Einflußgrößen und Richtungen des Einflusses dieser Größen auf die Ziele, ohne das genaue Ausmaß der Einflüsse angeben zu können.[1]

Die Anwendbarkeit quantitativer Verfahren hängt entscheidend von der Struktur sowie vom Umfang des Entscheidungsproblems ab. Die Fertigungssegmentplanung stellt ein schwachstrukturiertes Entscheidungsproblem dar, da vor der eigentlichen Betriebsphase des Segments nur mit Unsicherheit behaftete Planwerte in den betrieblichen Entscheidungsprozeß eingehen können.[2] Prinzipiell zeigt sich, daß die theoretischen Verfahren der Segmentplanung quantita-

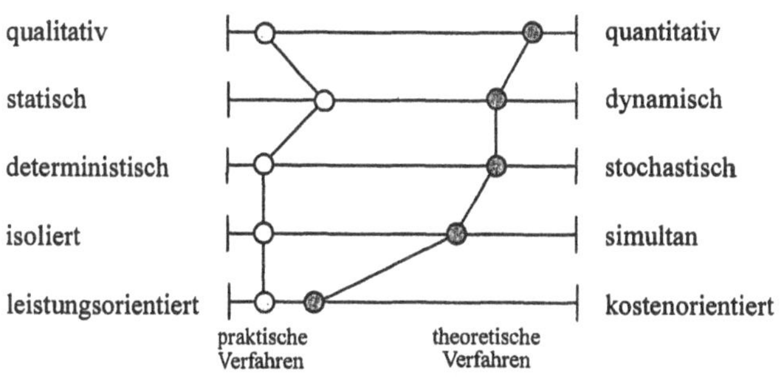

Abb. 35: Polaritätsprofil praktische-theoretische Planungsmethoden

1. vgl. Adam, D. (1993), S.65
2. vgl. Witte, E. (1980), Sp.636f

tiv geprägt sind, da ihre oft unrealistischen Prämissen (vgl. Kapitel 5.5) eine quantitative Abbildung in einem wohl-strukturierten Entscheidungsmodell erlauben. Praktische Verfahren hingegen tendieren eher dazu reale Gegebenheiten in einem qualitativen, schwach-strukturierten Modell abzubilden.

In den letzten Jahren vollzog sich bei den theoretischen Verfahren eine Bewertungsverschiebung, weg von den quantitativen hin zu den qualitativen Verfahren. Beispielhaft kann dies durch die Entwicklungsstufen der Gruppentechnologie verdeutlicht werden (vgl. Kapitel 5.1). Während die Verschlüsselungsverfahren der ersten Phase mit Hilfe von Codierungssystemen quantifizierbar sind, liegen den später erweiterten Konzepten der Gruppentechnologie, wie der Fertigungssegmentierung oder der Fraktalen Fabrik, meist nur qualitative Aussagen zugrunde.

Statisch versus dynamisch

Statische Verfahren sind dadurch gekennzeichnet, daß sie die Unterschiede des zeitlichen Anfalls der zu betrachtenden Bewertungsgröße nicht berücksichtigen, wodurch sie einfach und übersichtlich werden und daher besonders in der Praxis Verbreitung finden.[3] Statische Planungsmethoden berücksichtigen den zeitlichen Ablauf des Produktionsprozesses und das zeitliche Zusammenwirken der Elemente eines Segmentes nicht, so daß sie die Realität nur näherungsweise widerspiegeln.[4]

Gerade die übergreifende Organisationsplanung (vgl. Kapitel 3.1) muß aber das dynamische Verhalten des Fertigungssegments bereits im Planungsstadium berücksichtigen.[5] „Mit Hilfe von traditionellen Analysemethoden können die Auswirkungen geplanter Maßnahmen nicht realitätsnah abgeschätzt werden, da sich mit diesen Methoden weder die gegenseitige Beeinflussung der verschiedenen, durch den Auftragsdurchlauf tangierten Organisationseinheiten noch externe oder stochastische Einflüsse auf das Gesamtsystem ausreichend berücksichtigen lassen."[6] Ein allgemeines Problem der Segmentplanung liegt in der Tatsache, daß die hohe Dynamik der Einflußgrößen das Planungsergebnis oft schon mit dessen Bekanntwerden hinfällig werden läßt, woraus sich die Forderung nach einer permanenten, dynamischen Fabrikplanung erhebt.[7] Der Vorteil dynamischer gegenüber statischen Planungsmethoden liegt in den umfangreicheren sowie genaueren Planungsergebnissen, was gleichzeitig mit der Verwendung

3. vgl. Schmid, R. (1992), S.94f
4. vgl. Fischer, T./ Förster, A./ Wirth, S. (1991), S.341; vgl. Adam, D. (1993), S.72
5. vgl. Zülch, G./ Grobel, T. (1990), S.179
6. Zülch, G./ Grobel, T. (1990), S.179
7. vgl. Wiendahl, H.P./ Menzel, W./ Möller, J. (1996), S.26

genauerer Eingangsinformationen und einem höheren Berechnungsaufwand verbunden ist.[8] Der Einsatz des theoretischen Verfahrens der Computersimulation beispielsweise ermöglicht eine Abbildung der sich ständig ändernden Situationen und Bewegungen innerhalb eines Fertigungssegments im Zeitablauf, was ohne die Unterstützung eines entsprechenden Simulationssystems nicht erfaßt, beziehungsweise nicht ganzheitlich betrachtet werden kann.[9]

Deterministisch versus stochastisch

Ein weiteres zentrales Problem der Fertigungssegmentplanung besteht darin, daß alle Entscheidungen auf unsicheren Informationen basieren. Große Bedeutung in diesem Zusammenhang hat die Frage, welche Auswirkungen Veränderungen der Basiswerte auf die Planungsergebnisse zur Gestaltung des Fertigungssegments haben.[10]
Bei den praktischen Verfahren werden häufig determinierte Planungsdaten verwendet, was sich in fixen Planungsgrößen äußert. Mittels einer Sensitivitätsanalyse der Eingangsgrößen erfolgt ausschließlich eine Überprüfung des Vertrauensbereichs der Planungsergebnisse durch Variation der Planungsparamter.[11] Dabei wird versucht, durch eine Veränderung der Eingangsgrößen (z.B. Anzahl Maschinen, Umfang des zu bearbeitenden Segmentspektrums) unterschiedliche Auswirkungen auf das Planungsergebnis zu beurteilen. Die Tendenz praktischer Verfahren zu einer qualitativen, statischen sowie isolierten (vgl. Abb. 35) Betrachtungsweise erschwert allerdings die Durchführung dieser Vorgehensweise.
Theoretische Verfahren der Segmentplanung hingegen zeigen eine klare Tendenz in der Verwendung stochastischer Größen im Planungsmodell, was ihre Abbildungsgenauigkeit realer Segmentprozesse erhöht. Warteschlangenmodelle beispielsweise ermöglichen bei einer Vielzahl der Planungsgrößen die Berücksichtigung stochastischer Prozesse (vgl. Kapitel 5.3).[12] Simulative Verfahren können ebenfalls, durch den Einsatz von Wahrscheinlichkeitsverteilungen für den Großteil der Modellparameter, als stochastische Planungsmethode bezeichnet werden.

8. vgl. Fischer, T./ Förster, A./ Wirth, S. (1991), S.341
9. vgl. Kuhn, A./ Reinhardt, A./ Wiendahl, H.P. (1993), S.76
10. vgl. Wildemann, H. (1988 c), S.253
11. vgl. Wildemann, H. (1987 a), S.183
12. Folgende Planungsgrößen können durch stochastische Prozesse abgebildet werden: Warteschlangenprozeß, Wartezeitprozeß, Output-Prozeß und die Betriebsperiode

Isoliert versus simultan

Von einem isolierten Ansatz ist zu sprechen, wenn im Entscheidungsmodell nur eine Variable erfaßt wird.[13] Simultane Modelle versuchen gleichzeitig die Beziehungen zwischen den einzelnen Schritten der Fertigungssegmentplanung der Betriebsmittel-, Material-, Mitarbeiter- und Organisationsplanung zu erfassen. Der in Kapitel 5.2 dargestellte Ansatz von Eberwein macht deutlich, daß theoretische Verfahren mehrere Planungsbereiche abdecken können. Das weitaus größte Entscheidungsfeld bei der Fertigungssegmentplanung weisen simulative Verfahren der Segmentplanung auf. Sie können aufgrund der Berücksichtigung horizontaler Interdependenzen zwischen den Teilgebieten der Segmentplanung für die Bearbeitung unterschiedlichster Planungsaufgaben eingesetzt werden.[14]
Praktische Verfahren zeigen Tendenzen zu einer isolierten Vorgehensweise, was sie zwar einfach in der Anwendung macht, aber gleichzeitig reale Planungssituationen nur unvollständig abbilden läßt.[15] Die isolierte Betrachtungsweise praktischer Verfahren wird durch die Vielzahl der in der Praxis bekannten Planungsverfahren mit speziellem Planungsfokus belegt (vgl. Kapitel 4).

Leistungs- versus kostenorientiert

In der Bewertungsphase eines Fertigungssegments werden unterschiedliche Lösungsalternativen einer objektiven Überprüfung nach Leistungs- und Kostengesichtspunkten unterzogen.[16] Neben der vorherrschenden Bewertung nach Leistungskriterien, in Form von Mengen- und Zeitgrößen (z.B. Durchsatzleistung, Durchlaufzeiten), bedarf es einer kostenorientierten Bewertung. „Für eine vergleichende Bewertung reichen die Leistungskennwerte allein nicht aus, weil zum Beispiel ein niedriger Auslastungsgrad der Komponenten nur dann im Vergleich ein negatives Argument darstellt, wenn er die höheren Kosten pro Werkstück verursacht."[17]
Praktische Verfahren verwenden verstärkt leistungsorientierte, technizitäre Größen, da häufig die entscheidungsrelevanten Kosten nicht von der Kostenrechnung zur Verfügung gestellt werden.
Der gruppentechnologische Ansatz von Eberwein (vgl. Kapitel 5.2) dient als Beispiel für die

13. vgl. Adam, D. (1994), S.44
14. vgl. Dilling, U. (1992), S.15
15. vgl. Adam, D. (1994), S.46
16. vgl. Herrmann, P. (1983), S.77
17. Herrmann, P. (1983), S.78

vereinzelte Verwendung von Kostengrößen als Zielkriterium theoretischer Entscheidungsverfahren. Die Kalkulation dieser Größen wird allerdings häufig nicht erläutert, somit das Vorhandensein und die Möglichkeit der Verwendung als gegeben vorausgesetzt.

Insgesamt betrachtet zeigt sich, daß die Praxis bei der Entwicklung neuer Methoden vorwiegend an deren Praktikabilität orientiert ist. Bei den theoretischen Verfahren stehen mehr formaltheoretisch mathematische Fragestellungen im Vordergrund, bei denen zwar anfänglich auf das betriebswirtschaftliche Problem hingewiesen wird, im weiteren Verlauf der Methodenentwicklung sowie bei der Ergebnispräsentation aber meist betriebswirtschaftlicher Erklärungsbedarf besteht. Hieraus ergibt sich auch mitunter der Grund für die fehlende Akzeptanz dieser Methoden in der Praxis, wobei sicherlich auch die oft unrealistischen Prämissen bei der Modellbildung eine Rolle spielen. Abb. 36 faßt die bisherigen Überlegungen nochmals zusammen.

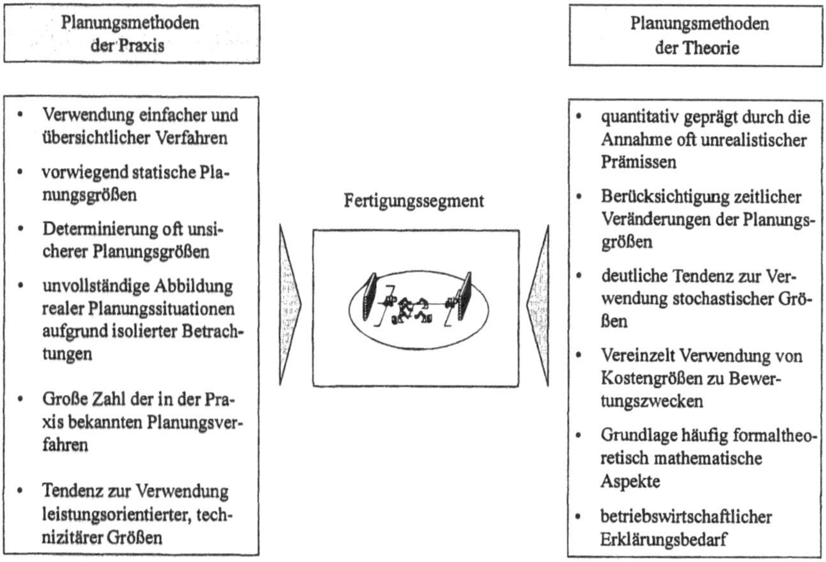

Abb. 36: Vergleich praktische und theoretische Planungsmethoden

6.2 Bewertungsproblematik der traditionellen Segmentplanung

Die wertmäßige, simultane Abbildung aller Ressourcenverbräuche sowie die Ausrichtung einer Planungskonzeption nach entscheidungsorientierten Ansätzen sind zentrale Anforderungen an die Segmentplanung (vgl. Kapitel 3.1).[18] Um unterschiedliche Ressourcenverbräuche miteinander zu aggregieren bedarf es der Gleichnamigmachung aller Faktoren durch eine Bewertungsgröße, welche im Falle des Güterverzehrs durch eine Kostengröße repräsentiert wird. Dies führt somit zur Forderung der Integration realwirtschaftlicher und wertseitiger Informationssphären.[19] Es bedarf daher geeigneter fertigungsplanerischer Konzepte die kostenrechnerische Überlegungen in den gestalterischen Planungsprozeß von Fertigungssegmenten integrieren.[20] Allgemein zeigt sich bei der Anwendung theoretischer wie praktischer Verfahren der Segmentplanung ein Bewertungsdefizit mittels Kostengrößen, was sich wie folgt begründet:

- Die Fertigungssegmentplanung stellt ein komplexes Entscheidungsproblem dar (vgl. Kapitel 3.1), was deren kostenrechnerische Abbildung ebenfalls zu einer komplexen Aufgabe werden läßt.
- Durch die primär extern, dokumentierend und rechtfertigend ausgerichtete Kostenrechnung besteht häufig ein Defizit bei der Bereitstellung entscheidungsrelevanter Kostendaten bei der Segmentplanung.
- Bereits im Unternehmen vorhandene Kosten wurden aus anderen Fragestellungen heraus erfaßt und können daher nicht 1:1 für Planungszwecke übernommen werden, so daß aufwendige zusätzliche Kostenanalysen und -modifikationen von Nöten sind.

Die fehlende Verfügbarkeit relevanter Kostendaten für Planungszwecke der Fertigungssegmentierung hat in der Praxis dazu geführt, daß die eigentliche kostenrechnerische Bewertung eines Segments erst in der Betriebsphase erfolgt. Traditionell wird daher das in der Planungsphase, durch den Fertigungsplaner determinierte Segment, in einer späteren Betriebsphase kostenrechnerisch durch den Fertigungscontroller bewertet. Sein klassisches Aufgabengebiet liegt hierbei in der Analyse der Soll- und Istbetriebskosten sowie der anschließenden Abweichungsanalyse. Die Auslegung des Fertigungssegments, hinsichtlich der Auswahl und organi-

---

18. vgl. Wolf, M. (1988), S.246
19. vgl. Wolf, M. (1988), S.245
20. vgl. Eberwein, R.D. (1989), S.144f

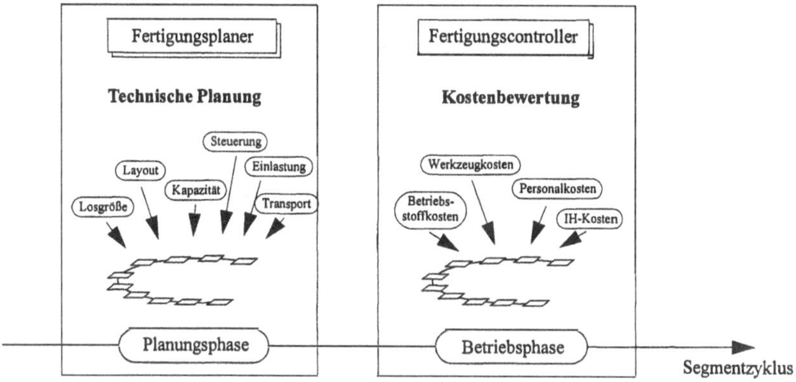

Abb. 37: Traditionelle sequentielle Fertigungssegmentplanung und -bewertung

satorischen Gestaltung der Segmentressourcen, welche einen der größten Kosteneinflußfaktoren darstellt, entzieht sich aber dem Beeinflussungsbereich des Fertigungscontrollers. Empirische Beobachtungen haben gezeigt, daß bis zu 80% der dem Investitionsobjekt direkt zurechenbaren Kosten durch Investitionsentscheidungen in Technologie-, Organisations- und Personalstrukturen sowie in Lieferantenbeziehungen festgelegt werden.[21] Der Gestaltungsspielraum des operativen Kostencontrollings wird hierdurch erheblich eingegrenzt. Diese traditionelle vorherrschende Aufgabentrennung zwischen der technischen Segmentplanung durch den Fertigungsplaner, mit erheblichem Einfluß auf die Segmentkosten, sowie der nachgelagerten, kostenrechnerischen Bewertung solcher Systeme durch den Controller, der von einer vorgegebenen Systemstruktur ausgeht, ist daher unzureichend (vgl. Abb. 37). Dies führt zur Forderung nach Erarbeitung fertigungsplanerischer Ansätze, die kostenrechnerische Überlegungen in den gestalterischen Prozeß integrieren.[22] Die simulationsgestützten Planungsmethoden bieten hierzu die besten Voraussetzungen, was durch folgende Tatsachen belegt wird (vgl. Kapitel 5.4):

- Die Simulation als interdisziplinäres Werkzeug bietet ideale Grundlagen für die Integration technischer und betriebswirtschaftlicher Methoden zur Planung und Bewertung von Fertigungssegmenten.[23]

21. vgl. Wildemann, H. (1995 a), S.30
22. vgl. Eberwein, R.D. (1989), S.144f
23. vgl. Kuhn, A./ Reinhardt, A./ Wiendahl, H.P. (1993), S.3

- Die simulationsgestützte Segmentplanung ermöglicht die Analyse des Segmentprozesses unter dynamischen und stochastischen Gesichtspunkten.[24]
- Simulative Segmentmodelle bieten die Möglichkeit den gesamten Planungszyklus eines Fertigungssegments zu unterstützen. Unterschiedliche Planungsaufgaben können mit einem einzigen Simulationsmodell behandelt werden.
- Simulative Verfahren ermöglichen es unterschiedliche Segmentalternativen zu untersuchen, wobei verschiedene Grenzleistungsuntersuchungen, Abschätzungen von stochastischen Einflüssen und Sensitivitätsanalysen durchgeführt werden können.

Neben den Verbesserungen bei der Methodik der Segmentplanung, durch den Einsatz der Simulation, ergeben sich weitere Vorteile bei der Erfassung, Verarbeitung und Auswertung entscheidungsrelevanter Kostendaten im Planungsprozeß, was sich wie folgt begründet:

- Entscheidungsrelevante Kostendaten sind diejenigen Daten die zur richtigen Lösung des anstehenden Entscheidungsproblems benötigt werden. Die explizite Erfassung der Kostendaten für Simulationszwecke filtert die Vielzahl der durch die betriebliche Kostenrechnung zur Verfügung gestellten Daten und fokussiert diese auf das jeweils nötige Maß.
- Simulationsmodelle stellen eine realistische (dynamische, stochastische) Bewertungsgrundlage zur Verfügung, was die Qualität der verarbeiteten Kostendaten erheblich verbessert.
- Unterschiedliche Planungsanfragen führen zu spezifischen Simulationsmodellen und nach deren Kostenbewertung zu spezifischen, für die jeweilige Entscheidungssituation relevanten Kostengrößen.

Aufgrund dieser Vorteile stellen simulative Verfahren im nachfolgenden Kapitel die Grundlage zur Entwicklung eines Planungs- und Bewertungsansatzes zur Fertigungssegmentplanung dar.

---

24. vgl. Kuhn, A./ Reinhardt, A./ Wiendahl, H.P. (1993), S.267

7. Entwicklung eines simulationsgestützten Planungs- und Bewertungsansatzes zur Fertigungssegmentplanung

In Kapitel 7.1 wird ein Konzept eines simulationsgestützten Planungs- und Bewertungsansatzes zur Fertigungssegmentplanung entwickelt, das die in Kapitel 6 beschriebenen Nachteile bestehender Methoden weitestgehend eliminiert.

Fertigungssegmente werden bei diesem Ansatz in einem Mengen- sowie Kostenmodell abgebildet, welche den quantitativen und wertmäßigen Ressourcenverzehr realer Segmentprozesse widerspiegeln.[1] Dies geschieht mengenseitig durch ein Struktur- und Prozeßmodell auf Komponentenbasis sowie kostenseitig durch ein dynamisches Kostenmodell auf Aktivitätsbasis. Beide Modelle werden zu einem simulationsgestützten Planungs- und Bewertungsansatz auf Grundlage der objektorientierten Simulationssprache Simplex II integriert (vgl. Abb. 38).

Kapitel 7.2 zeigt am Beispiel der Segmentplanung einer Radsatzfertigung konkrete Einsatzfälle auf.

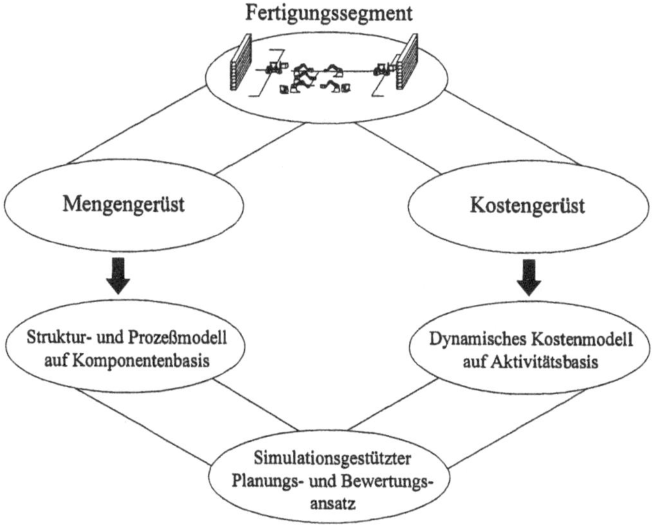

Abb. 38: Konzept eines simulationsgestützten Planungs- und Bewertungsansatzes zur Fertigungssegmentplanung

1. vgl. Schuh, G./ Kaiser, A. (1994), S.77

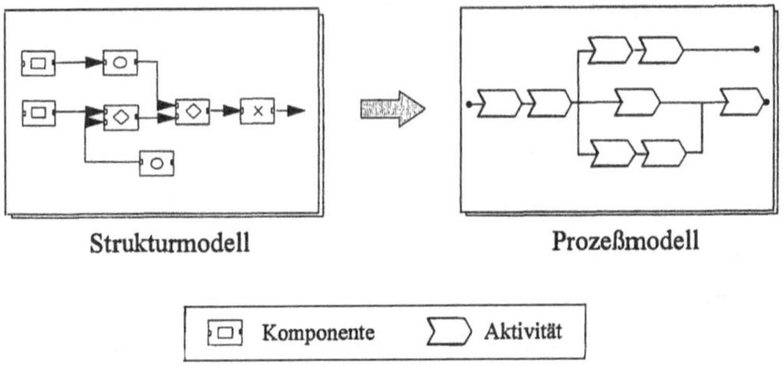

Abb. 39: Überführung des Strukturmodells in ein Prozeßmodell

Mengengerüst

Das Mengengerüst eines Fertigungssegments wird auf systemtheoretischer Basis beschrieben. Die Systemtheorie ermöglicht es segmentplanerische Prozesse aus organisatorischer, betriebsmittel-, material- und mitarbeiterbezogener Sicht anwendungsneutral zu beschreiben.[2] Hierzu wird das Fertigungssegment als eine Menge von unabhängigen Modellkomponenten betrachtet, die über Input-Output-Austauschbeziehungen miteinander in Verbindung stehen. Eine Betrachtung dieser Einheiten, deren Anordnung und Relationen untereinander bezeichnet das Mengengerüst des Fertigungssegments.[3] Der zentrale und strukturbildende Baustein hierbei ist die Komponente, welche sich in allseitigen, mehr oder minder intensiven Wechselwirkungen laufend verändert.[4] Diese Veränderungen werden durch die Darstellung aller Ereignisse und deren Aktivitäten bzw. Prozesse - die innerhalb des Segments ablaufen - beschrieben, was folglich zu einem dynamischen Planungsmodell führt. Hierdurch wird es möglich, das durch Komponenten beschriebene Strukturmodell in ein Prozeßmodell zu überführen (vgl. Abb. 39), was folgende Vorteile bei der Entwicklung und dem späteren Einsatz eines Planungs- und Bewertungsansatzes bietet:

- Diese Modelltransformation ermöglicht die simultane Betrachtung des in der Realität existierenden Struktur- bzw. Prozeßdenkens. In der Planungsphase überwiegt zunächst eine komponenten- sowie strukturorientierte Denkweise (z.B. welche Segmentressourcen mit welcher Anordnung geschaffen werden müssen) während in der sich anschließenden

2. vgl. Niemeyer, G. (1977), S.1
3. vgl. Pichler, F./ Schwärtzel, H. (1990), S.8
4. vgl. Niemeyer, G. (1977), S.1ff

Bewertungsphase die im Segment ablaufenden Prozesse im Vordergrund stehen (z.B. welche Durchlaufzeiten und Prozeßkosten erreicht werden).

- Die vorwiegend statisch betrachteten Segmentkomponenten (Betriebsmittel, Material und Mitarbeiter) können prozeßorientiert in ihrem organisatorischen Zusammenspiel abgebildet werden. Diese übergreifende Betrachtung aller Segmentkomponenten im Zeitablauf ermöglicht eine dynamische Planung und Bewertung der Segmentprozesse.
- Aktivitätsketten, welche reale Segmentprozesse abbilden, stellen die ideale Grundlage für die Kostenbewertung durch aktivitätsorientierte Kostenrechnungsverfahren dar. Zur Kostenverrechnung werden hierbei die Aktivitäten des Leistungserstellungsprozesses verwendet. Dies erfüllt eine Grundanforderung jedes Planungsansatzes nach Strukturähnlichkeit zwischen Abbildungsinstrument (Planungs- und Bewertungsansatz) und Abzubildendem (Fertigungssegment) (vgl. Abb. 40).

Kostengerüst

Der Bewertungsprozeß erlaubt es, die durch das Mengengerüst generierten Aktivitätsketten mittels eines dynamischen Kostenmodells auf Aktivitätsbasis zu bewerten. Dieses Verfahren beruht auf der Annahme, daß die aktivitätsorientierte Bewertung der in einem Simulationsmo-

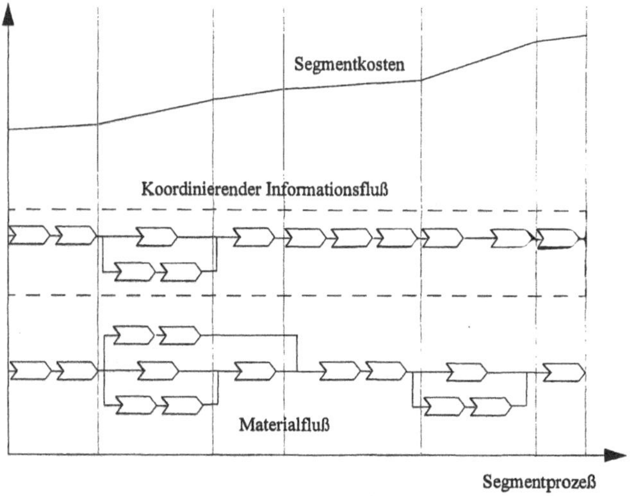

Abb. 40: Abbildung der segmentspezifischen Aktivitätsketten in einem kostenorientierten Bewertungsmodell

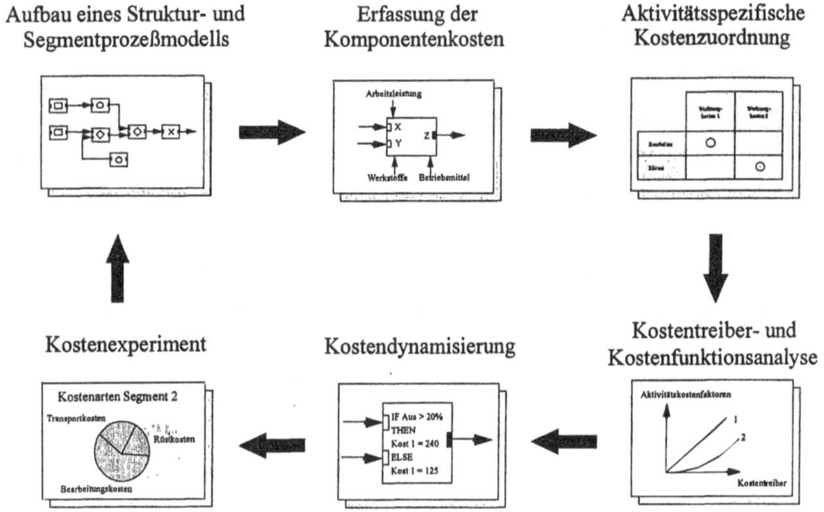

Abb. 41: Kostenorientierter, simulationsgestützter Bewertungszyklus

dell abstrahierten Input-Output Relationen eines Fertigungssegments auch die, mit dem eigentlichen Transformationsprozeß verbundenen Kosten, adäquat abbilden kann. Diese Vorgehensweise der Kostenbewertung beschreibt der in Abb. 41 dargestellte Bewertungszyklus, der vollständig durch die Simulation unterstützt werden kann (vgl. Kapitel 7.1.3.3 und Kapitel 7.1.2.2)

Ausgangsbasis des kostenorientierten Bewertungszyklus ist das Mengengerüst in Form eines Struktur- und Prozeßmodells auf Komponentenbasis. Jeder Segmentkomponente werden Ressourcen (Betriebsmittel, Material, Mitarbeiter) zugeordnet. Die anschließende Auswahl des Kostenfaktors, welcher die mengenmäßigen Ressourcenverbräuche bewertet, erfolgt aus fertigungsplanerischer Sicht, so daß all diejenigen Kosten, welche durch die Verwendungsentscheidung innerhalb des Segments gerade dieser Komponente entstehen, auch dieser zugeordnet werden. Nach einer komponenten- und somit strukturorientierten Erfassung der Kosten erfolgt in einem nächsten Schritt die Zuordnung der Kosten zu den komponentenspezifischen Aktivitäten.

Um eine aktivitätsspezifische Kostenzuordnung zu realisieren, bedarf es einer vorgeschalteten komponentenspezifischen Aktivitätsanalyse. Jede Aktivität, die in einem Fertigungssegment ausgeführt wird, basiert auf einer Entscheidung des Fertigungsplaners über die Konfiguration und Interaktion der einzelnen Segmentkomponenten und wird als eigentliche Kostenquelle

angesehen. Jeder Kostenbestandteil der durch die komponentenspezifischen Aktivitäten ausgelöst wird, wird der jeweiligen Aktivität zugewiesen. Alle Kostenbestandteile werden auf der untersten möglichen Segmentebene erfaßt und den in dieser Ebene entsprechenden komponentenspezifischen Aktivitäten zugeordnet.
Mittels einer anschließenden Kostentreiber- und Kostenfunktionsanalyse wird der Zusammenhang zwischen der Aktivitätsausführung und dem Aktivitätskostenanfall genauer spezifiziert. Eine durchgeführte Kostendynamisierung trägt den realen Gegebenheiten segmentspezifischer Aktivitäten Rechnung, da ein dynamischer Segmentprozeß Bewertungsänderungen im Zeitablauf mit sich bringt. Nach Durchführung eines Kostenvalidierungs- und -verifikationsprozesses, können unterschiedliche Kostenexperimente - je nach planerischer Fragestellung - ausgeführt werden. Die Ergebnisse werden entsprechend der Aufgabenstellung interpretiert und führen zu einem erneuten Überdenken des ursprünglichen Struktur- und Prozeßmodells.

Simulationsgestützter Planungs- und Bewertungsansatz mit Fallstudien

Das dynamische Kostenmodell auf Aktivitätskostenbasis wird mit dem Struktur- und Prozeßmodell zu einem simulationsgestützten Planungs- und Bewertungsansatz für Fertigungssegmente integriert. Grundlage hiefür bildet die Simulationssprache Simplex II. Der Planungsansatz wird am Beispiel der Modellbank OSIRIS umgesetzt und konkretisiert. Hierzu dient ein konkreter Anwendungsfall einer Reorganisation der Fertigung bei einem Automobilzulieferer.
Fallstudien im Bereich der Struktur-/ Prozeßplanung, der Auslegungs- sowie der Investitionsplanung eines Fertigungssegments überprüfen abschließend das Konzept auf Einsatzfähigkeit in realen Planungssituationen.

7.1 Konzept eines simulationsgestützten Planungs- und Bewertungsansatzes zur Fertigungssegmentplanung am Beispiel von Simplex II

Simplex II ist eine deklarative und intuitiv verständliche Simulationssprache der 5. Generation, welche auf Basis von systemtheoretischen Überlegungen entwickelt wurde und somit als ein Beispiel für die Vielzahl von Simulationssprachen der sogenannten 5. Generation steht. Schmidt unterscheidet fünf verschiedene Generationen von Simulationssprachen, die in einer Abfolge von etwa 10 Jahren entstanden sind (vgl. Abb. 42). In der ersten Generation Anfang

Generation	Jahr	Eigenschaften	Beispiele
5. Generation	1990	Modellspezifikation, Experimentierumgebung, Grafik	CREATE! SIMPLE++ SIMPLEX II usw.
4. Generation	1980	Anwendungsgebiet-spezifische Simulatoren, Animation	SEE WHY SIMFACTORY XCELL usw.
3. Generation	1970	Kombinierte Simulation (zeitdiskret und kontinuierlich)	GASP IV GPSS-FORTRAN 3 ACSL usw.
2. Generation	1960	Unterstützung in • Ablaufkontrolle • Zufallszahlen • Präsentation	SIMSCRIPT GPSS SIMULA usw.
1. Generation	1950	Keine Unterstützung, Modellaufbau mit höheren Programmiersprachen	FORTRAN ALGOL usw.

Abb. 42: Generationsfolge auf dem Gebiet der Systemsimulation

der 50er Jahre erfolgte die Systemsimulation ausschließlich mit Hilfe von höheren Programmiersprachen, welche keinerlei simulationsspezifische Unterstützung anboten, was zur reinen Verwendung durch den Simulationsexperten führte.[5] In der zweiten Generation wurden unterstützende Funktionen in der Zeitfortschaltung, bei der statistischen Ergebnisanalyse und Ergebnisdarstellung bereitgestellt. Dabei erfolgte eine strenge Trennung zwischen der diskreten und der kontinuierlichen Simulation. Während die dritte Generation der Simulationssysteme eine Kombination dieser beiden Typen vornahm, ermöglichte die folgende Generation eine anwendungsspezifische Simulation, mit Bezug auf ein begrenztes Anwendungsfeld. Eine Weiterentwicklung stellte die Einführung von Simulationssprachen der fünften Generation seit etwa 1990 dar, die sich durch die Eigenschaften der Modellspezifikation, der Experimentbeschreibungssprache, des grafischen Modellaufbaus und des offenen Systems von ihren Vorgän-

5. vgl. Schmidt, B. (1993 b), S.129f

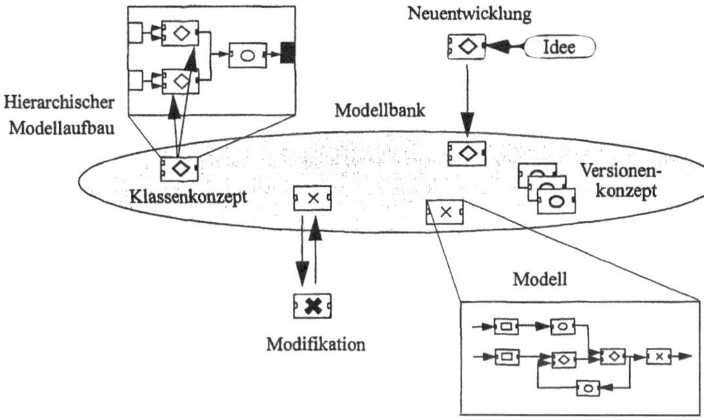

Abb. 43: Modellerstellung mit Simplex II-Komponenten

gern unterscheiden.

Die objektorientierte Modellspezifikation der 5. Generation weicht von der prozeduralen Vorgehensweise der vierten Generation ab. Hierbei wird nicht mehr in Funktionsblöcken gedacht, sondern versucht eine Strukturähnlichkeit zwischen Modell und Modellspezifikation herzustellen. Deshalb verlangt ein objektorientierter Ansatz, daß jedes Simulationsmodell aus einzelnen, zunächst voneinander unabhängigen Komponenten besteht, die nachträglich zusammengeschaltet werden.[6] Das Entwurfsziel ist die anwendungsnahe Formulierung des Systemverhaltens. Die Modellierung komplexer, realer Systeme wird durch folgende Konzepte unterstützt (vgl. Abb. 43):

- Hierarchische Modellierung: Bereits vorhandene Komponenten können zu neuen Strukturen mit beliebig vielen Hierarchiestufen aggregiert werden. Die hieraus neu entstandene Komponente kann in einer Modellbank abgelegt und als Subkomponente in andere Komponenten eingebaut werden.
- Klassenkonzept: Die in der Modellbank befindlichen Komponenten stehen für eine ganze Modellklasse, welche in mehreren, höheren Komponenten eingebaut werden können.
- Versionenkonzept: Jede Modellkomponente kann in unterschiedlichen Versionen existieren, was den Systementwicklungsprozeß entscheidend unterstützt.

6. vgl. Schmidt, B. (1994 a), S.8

Die Analyse realer Systeme mittels Simplex II kann sowohl mit vorgefertigten Komponenten erfolgen, welche in einer Modellbank hinterlegt sind, als auch durch die Modifikation bestehender oder durch die Entwicklung neuer Komponenten.

7.1.1 Struktur- und Prozeßmodell eines Fertigungssegmentes

7.1.1.1 Segmentkomponenten und -struktur

Die Modellkomponente stellt den Elementarbaustein zur Abbildung von Fertigungssegmenten dar (vgl. Abb. 44). Damit werden beispielsweise Maschinen, Pufferläger oder Prüfstationen abgebildet. Komponenten sind Ansammlungen von Wirkpotentialen sowie Quellen und/oder Senken von Aktivitäten zur Veränderung dieser Wirkpotentiale. Von ihnen gehen Wirkungen aus, die Wirkpotentiale anderer Komponenten beeinflussen bzw. es werden selbst wiederum Wirkungen empfangen, wodurch das komponenteneigene Wirkpotential beeinflußt wird.[7] Diese wirkungsbezogene Betrachtungsweise erlaubt die Beschreibung eines Fertigungssegments in einem beherrschbaren Komplexitätsgrad.[8] Jede Modellkomponente besitzt gewisse Eigenschaften, die mit Hilfe von Zustandsvariablen beschrieben werden (vgl. Kapitel 7.1.1.2). Wird für eine Modellkomponente das Gliederungskriterium Beweglichkeit herangezogen, so kann zwischen sogenannten Basiskomponenten sowie mobilen Komponenten unterschieden werden. „Eine Basiskomponente repräsentiert eine unbewegliche Einheit mit eigenem dynamischen Verhalten. Sie kann beispielsweise Maschinen und Steuerungen abbilden. Das dynamische Verhalten einer Basiskomponente wird durch eine Reihe von Ereignissen dargestellt, die in Abhängigkeit vom Eintreten bestimmter Bedingungen ausgelöst werden. Eine derart beschriebene Komponente arbeitet autonom, sie kommuniziert mit ihrer Umwelt durch Mel-

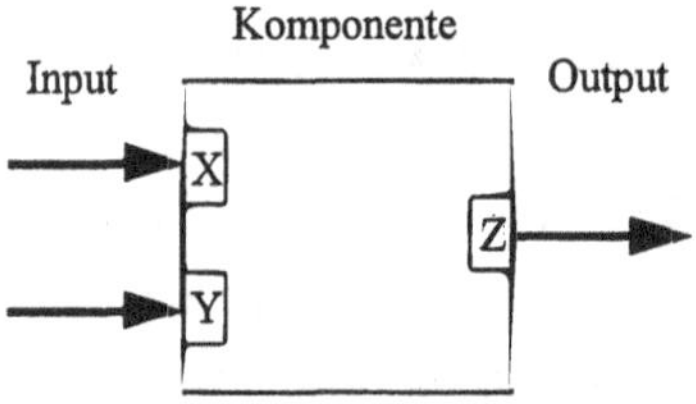

Abb. 44: Die Komponente als Segmentelement

7. vgl. Niemeyer, G. (1977), S.3
8. vgl. Jäger, A. (1991), S.9

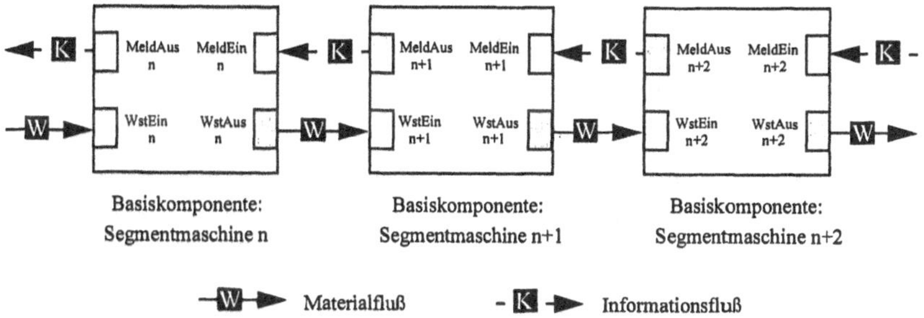

Abb. 45: Ausschnitt eines Kanban-gesteuerten Fertigungssegments

dungen (informationeller In-/ Output), kann bewegliche Einheiten aufnehmen (materieller Input) und abgeben (materieller Output) und reagiert auf die Veränderungen der Umwelt.“[9]
Jede Basiskomponente besitzt Eingangs- sowie Ausgangsgrößen mit deren Hilfe sie aufgrund ihrer segmentrelevanten Beziehungen zu einem Fertigungssegment mit anderen Komponenten verknüpft werden kann (vgl. Abb. 45). Jede Eingangsgröße stellt einer Modellkomponente Informationen über deren Umgebung zur Verfügung, d.h. über Größen aus benachbarten Modellkomponenten, um sie ihr zugänglich zu machen.[10]
Prinzipiell können bei den Flußbeziehungen zwischen den einzelnen Modellkomponenten Material- und Informationsflüsse unterschieden werden, die mittels mobiler Komponenten abgebildet werden. Die Abbildung materieller und informeller Verbindungen macht es zusätzlich erforderlich, daß die mobilen Komponenten während und nach ihrem Austausch sich auf vordefinierten Aufenthaltsorten befinden, die als Locations bezeichnet werden.[11]
Abb. 45 verdeutlicht das Zusammenwirken von Basis-, mobilen Komponenten und Locations am Beispiel eines Kanban-gesteuerten Fertigungssegmentes durch ein “Ein-Karten-System“.[12]
Jede Segmentmaschine wurde durch eine Basiskomponente abgebildet, die Locations für mobile Komponenten sowohl für Werkstücke als auch für Kanban-Karten beinhaltet. Die Pfeile zeigen die möglichen Verbindungen zwischen den Segmentmaschinen an. Empfängt beispielsweise die Location MeldEin n+1 eine mobile Komponente (Kanban-Karte), beginnt die Basiskomponente (Segmentmaschine n+1) mit Aktivitäten, welche das Wirkpotential einer mobilen Komponente die sich in Location WstEin n+1 befindet verändert (z.B. Ausführung

9. Shi, Ch. (1994), S.28
10. vgl. Eschenbacher, P. (1990), S.41
11. vgl. Shi, Ch. (1994), S.23
12. vgl. Wiendahl, H.P. (1996), S.14-86

eines Bohrvorgangs an einem Werkstück). Nach Beendigung der Aktivität sendet die Segmentmaschine n+1 das Werkstück (mobile Komponente) zum Kanbanpuffer WstEin n+2. Ereignisabhängig (Unterschreitung des Sollbestand Kanbanpuffer WstEin n+1) sendet die Basiskomponente n+1 eine mobile Komponente (Kanban-Karte) von der Location MeldAus n+1 zur Location MeldEin n. Daraufhin werden die entsprechenden Fertigungs- und Steuerungsaktivitäten bei Segmentmaschine n in Gang gesetzt. Dieser Prozeß setzt sich nach dem System der selbststeuernden Regelkreise durch das gesamte Fertigungssegment hindurch (vgl. Kapitel 3.3.1.3).

7.1.1.2 Segmentereignisse, -aktivitäten und -prozesse

Werden alle Informationen über die komponentenspezifischen Eigenschaften segmentbildender Elemente (Basis-, mobile Komponenten, Locations) erfaßt, erhält man eine Beschreibung des Fertigungssegments, die man als Systemeigenschaften bezeichnet.[13] Diese Systemeigenschaften werden mit Hilfe von Zustandsvariablen beschrieben.

Fertigungssegmente sind diskrete Systeme. Diese zeichnen sich dadurch aus, daß die Zustandsvariablen nicht stetigen Veränderungen unterliegen, sondern

- diskrete Ausprägungen annehmen und
- der Wechsel zwischen den Zuständen zu bestimmten diskreten Zeitpunkten stattfindet.[14]

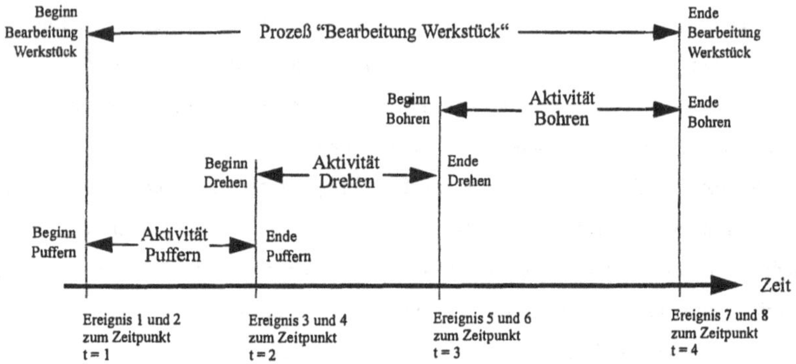

Abb. 46: Zusammenhang zwischen Ereignissen, Aktivitäten und dem Prozeßbegriff

13. vgl. Patzak, G. (1982), S.32f
14. vgl. Liebel, F. (1992), S.87ff

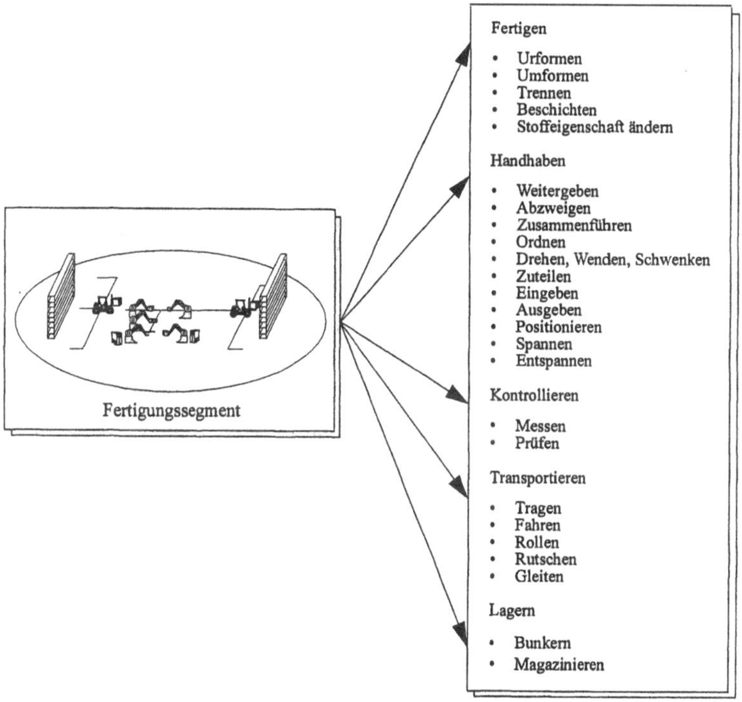

Abb. 47: Aktivitätsspektrum eines Fertigungssegments

Für die einzelnen Zustandsübergänge sind zeitpunktbezogene Ereignisse ("events") zuständig. Der Systemzustand zwischen den Ereignissen bleibt ex definitione konstant. Perioden, bei denen sich eine Systemzustandsvariable nicht verändert, werden als Aktivitäten bezeichnet, d.h. zwei Ereignisse begrenzen jeweils eine Aktivität. Mehrere Aktivitäten können wiederum zu einem Prozeß zusammengefaßt werden (vgl. Abb. 46).

Jede Basiskomponente ist in der Lage unterschiedliche Aktivitäten auszuführen. Das Aktivitätsspektrum ist komponentenspezifisch. So kann eine Drehmaschine in einem Fertigungssegment unter anderem die Aktivitäten "Drehen", eine Fräsmaschine die Aktivität "Fräsen" oder ein Bearbeitungszentrum die Aktivitäten "Drehen", "Fräsen" und "Bohren" ausführen. Für den eigentlichen Bearbeitungsbereich ergeben sich die entsprechenden Aktivitäten aus dessen Aufgabenstellung, die in der schrittweisen Veränderung der Form und/oder der Stoffeigenschaften eines Produktes aus dem Roh- in den Fertigzustand liegen (vgl. Abb. 47).[15] Neben den form-

15. vgl. Warnecke, H.J. (1993), S.8f

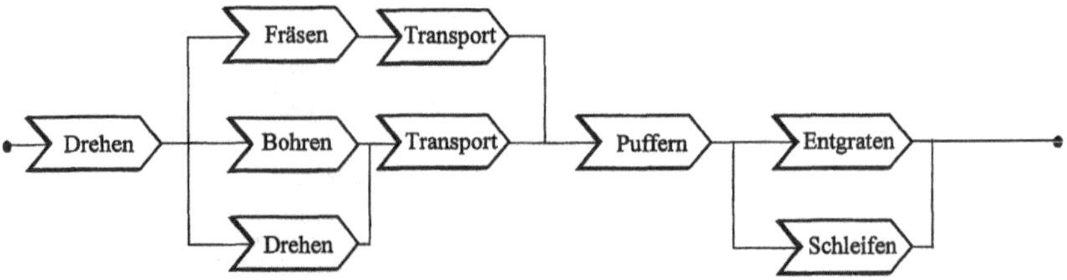

Abb. 48: Beispiel einer Aktivitätskette in einem Fertigungssegment

stofflichen Veränderungen der Werkstücke durch die Segmentmaschinen müssen auch die raum-zeitlichen Gütertransformationen zwischen den einzelnen Bearbeitungsschritten berücksichtigt werden, die mittels des Logistikbegriffes definiert sind. „Zur Logistik gehören alle Tätigkeiten (Aktivitäten), durch die die raum-zeitliche Gütertransformation und die damit zusammenhängenden Transformationen hinsichtlich der Gütermengen und -sorten, der Güterhandhabungseigenschaften sowie der logistischen Determiniertheit der Güter geplant, gesteuert, realisiert oder kontrolliert werden."[16]

Abb. 48 zeigt eine vereinfacht dargestellte Aktivitätskette, die bei Betrachtung des Durchlaufs einer mobilen Komponente (Werkstück) durch das Fertigungssegment entsteht. Neben den physischen (form-stoffliche und raum-zeitlichen) Aktivitäten werden auch nicht-physische, wertmäßige Aktivitäten innerhalb des Segmentes berücksichtigt.[17] Beispiele hierfür sind Kapitalbindungsvorgänge, die kostenverursachenden Charakter haben.

Das beschriebene Aktivitätskettenmodell ermöglicht eine vollständige und durchgängige Abbildung realer Material- und Informationsflüsse eines Fertigungssegments und bildet somit die ideale Grundlage für eine anschließende kostenrechnerische Bewertung.

7.1.2 Kostenmodell eines Fertigungssegmentes

Die bereits erwähnte Grundanforderung der Segmentplanung einer wertmäßigen, simultanen Abbildung aller Ressourcenverbräuche macht es nach der Beschreibung eines Fertigungssegments in einem Struktur- und Prozeßmodell erforderlich, sich in einem zweiten Schritt mit den wertmäßigen Abläufen in einem Fertigungssegment zu beschäftigen. Hierdurch wird es möglich alle fertigungsplanerischen Entscheidungen anhand eines Bewertungskriteriums auszu-

16. Pfohl, H.Ch. (1985), S.12
17. vgl. Horváth, P./ Mayer, R. (1989), S.216

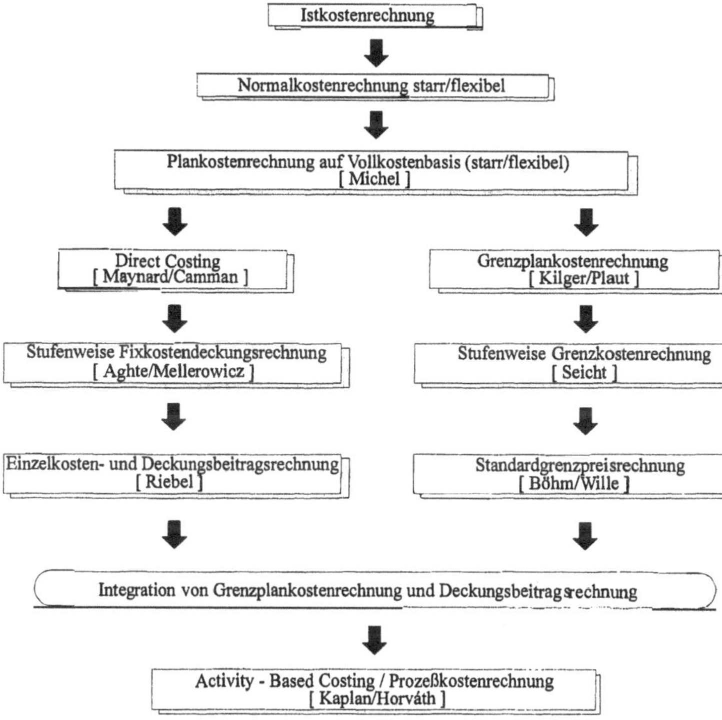

Abb. 49: Entwicklung der Kostenrechnungssysteme

richten, das im Falle der Abbildung realwirtschaftlicher Güterprozesse eines Segmentes mittels eines kostenbewertenden Verfahrens erfolgt. Aus der zentralen Funktion der Kostenrechnung, die in der Bereitstellung entscheidungsrelevanter Informationen liegt, kann somit die Forderung nach Entwicklung eines geeigneten kostenrechnerischen Bewertungsansatzes zur Segmentplanung abgeleitet werden.[18] Damit wird eine umfassende Kostenbeeinflussung bereits in der Planungsphase eines Fertigungssegments hinsichtlich Niveau, Struktur, Verhalten, Flexibilität und Transparenz erreicht (vgl. Kapitel 6.2).

Bei der Suche nach geeigneten Bewertungsansätzen zur Segmentplanung zeigt eine Analyse derzeit existierender Kostenrechnungssysteme allerdings ein Bewertungsdefizit. „Die traditionelle Kostenrechnung geht konzeptionell auf den Beginn dieses Jahrhunderts zurück. Ihre Grundmerkmale haben in den vergangenen Jahrzehnten keine Veränderung erfahren.“[19] Die

18. vgl. Männel, W. (1992 c), S.289
19. Weber, J. (1996 b), S.940

Folge ist, daß heute immer noch verstärkt das traditionelle Verfahren der Istkostenrechnung Verwendung findet (vgl. Abb. 49). Die Kostenrechnung muß sich aber neuen Entwicklungen stellen, da sonst die Gefahr besteht, die Gestaltungskompetenz bei der Erfassung und Quantifizierung unternehmensbezogener insbesondere fertigungswirtschaftlicher Vorgänge zu verlieren.[20]

Dem Einsatz neuer Technologien und Organisationsformen in der Fertigung wurde bisher kaum Rechnung in der Entwicklung praktikabler, entscheidungsorientierter Kostenrechnungsverfahren getragen. Die Kostenrechnung konnte sich nicht in ausreichendem Maße an die radikalen Änderungen der Fertigungsstrukturen und -prozesse anpassen.[21] „So ist die Ermittlung und Quantifizierung der entscheidungsrelevanten Kosten unter Berücksichtigung der intra- und interorganisatorischen Kosteninterdependenzen in vielen Fällen schwierig und oftmals mit aufwendigen Analysen und Sonderrechnungen verbunden.“[22] Gerade das von Riebel geprägte System der Einzelkosten- und Deckungsbeitragsrechnung ist eine in den 50er Jahren entwikkelte Methodik zur Etablierung des entscheidungsorientierten Kostenbegriffs im betrieblichen Alltag. Der theoretische Hintergrund dieses Verfahrens sowie der hohe Realisationsaufwand haben allerdings dazu geführt, daß dieses System bisher kaum Verbreitung fand.

Die traditionelle funktions- und kostenstellenorientierte Kostenrechnung wird für die Bewertung flußorientierter Unternehmensstrukturen (Fertigungssegmente) hinfällig.[23] Neuere prozeßorientierte Verfahren hingegen, wie das Activity-Based Costing, welche für die Bewertung von Fertigungsprozessen herangezogen werden könnten, fanden bisher keine Anwendung in der Fertigungssegmentplanung.

Zusätzlich erfolgte die Verschiebung der Rechnungszwecke der Kostenrechnung weg von der Selbstkostenkalkulation hin zur Unterstützung betrieblicher Entscheidungen nur zögerlich. Dies ist eine weitere Ursache für Defizite bei der Bereitstellung entscheidungsorientierter Konzepte für die Fertigungssegmentplanung durch die traditionelle Kostenrechnung.[24]

Abb. 49 zeigt die bisherige Entwicklung der Kostenrechnungssysteme. Keines dieser Systeme wurde bisher durch simulative Methoden dahingehend kombiniert, daß damit ein neues Kostenrechnungssystem geprägt wurde. Zur kritischen Auseinandersetzung mit diesen Methoden, insbesondere mit den verbreiteten Verfahren der Grenzplankostenrechnung und ihrer Ungeeignetheit für die kostenorientierte Segmentplanung, wird auf die Ausführungen von

20. vgl. Scheer, A.W. (1988), S.15
21. vgl. Männel, W. (1992 d), S.87
22. Wildemann, H. (1996), S.15-4
23. vgl. Martin, J. (1989), S.123
24. vgl. Männel, W. (1992 a), S.40

Renner verwiesen.[25]

7.1.2.1 Kostenerfassung

Nach der Beschreibung eines Fertigungssegments auf Komponentenbasis, werden die einzelnen Ressourcen, welche die Funktions- und Interaktionsfähigkeit der einzelnen Komponenten aufrechterhalten, erfaßt und mit Kostenfaktoren bewertet.[26] Für diesen Schritt der Kostenerfassung gilt es zunächst zwei Fragen zu klären:

- Nach welchen Kriterien und Detailierungsgrad sind die Kosten zu erfassen?
- Welches Erfassungsprinzip liegt zugrunde?

Die wirtschaftswissenschaftliche Theorie verwendet für Ressourcen den Begriff des Produktionsfaktors, worunter Güter zu verstehen sind, die der Produktion anderer Güter dienen und/ oder benutzt werden.[27] Bei der Vielzahl von existierenden Produktionsfaktorgliederungen wird beispielhaft auf das wohl bedeutendste System nach Gutenberg hingewiesen.[28] Dieser anwendungsneutrale Ansatz integriert die Elementarfaktoren objektbezogene Arbeitsleistung, Betriebsmittel, Werkstoff sowie den dispositiven Faktor Geschäfts- und Betriebsleitung mit den Instrumenten der Planung und der Organisation (vgl. Abb. 50). Prinzipiell können alle verwendeten Ressourcen nach dieser Faktor- und somit Kostengliederung erfaßt werden. Bei der Auswahl komponentenspezifischer Ressourcen gilt, daß die Feinheit der Aufspaltung der Einsatzfaktoren und somit der Ressourcenkosten sich nach der Gesamtsystemzerlegung in die einzelnen Komponenten richtet. Je detaillierter ein Fertigungssegment abgebildet wird, desto differenzierter müssen auch die einzelnen Ressourcen und deren Kostenfaktoren erfaßt und zugeordnet werden. Der Grenzbereich bei der Segmentsimulation liegt bei den kleinsten und somit den speziellsten Einheiten die ein Simulator abbilden kann. Allgemein sind dies die Bausteine (Komponenten) des Simulators. Die Zuweisung der kostenbewerteten Einsatzfaktoren erfolgt deshalb komponentenspezifisch.

Der simulationsgestützte Planungs- und Bewertungsansatz muß die tatsächliche Kostenverän-

---

25. vgl. Renner, A. (1991), S.81ff
26. Die komponentenspezifische Ressourcenerfassung und -bewertung mittels Kostenfaktoren erfolgt mit Hilfe von Zustandsvariablen, welche die Systemeigenschaften der Segmentkomponenten beschreiben (vgl. Kapitel 7.1.1.2).
27. vgl. Bohr, K. (1984), Sp.1481
28. vgl. Gutenberg, E. (1983), S.3

derung bei Variation der Segmentparameter darstellen können. Dies erfordert einen entscheidungsorientierten Kostenrechnungsansatz. Die traditionelle Kostenrechnung verwendet eine kostenträgerorientierte Kostenspaltung zwischen Einzel- und Gemeinkosten. Diejenigen Kosten, welche ursächlich durch die Erstellung von Gütern genau eines Kostenträgers entstehen, können der Gruppe der Einzelkosten zugeordnet werden, wobei alle übrigen Kosten Gemeinkosten im Sinne dieser Gliederung darstellen.[29] Der in dieser Arbeit verwendete Begriff der Einzelkosten wird entgegen der traditionellen Auffassung aus entscheidungsorientierter Sicht verwendet. Dieser Ansatz besagt, daß jede Aktivität, die in einer Komponente des Segmentes ausgeführt wird, letztendlich auf einer Entscheidung des Fertigungsplaners basiert und diese somit die eigentliche Kostenquelle darstellt.[30] Unter den Einzelkosten wie sie in diesem Ansatz gebraucht werden, versteht man die Gesamtheit aller Kosten, die für die speziellste Segmentkomponente auszuweisen sind, wobei sie als Folge einer spezifischen Disposition ausgelöst wurden.[31] Die Planungsentscheidungen des Fertigungsplaners bestimmen die zu verwendenden Segmentkomponenten und deren spezifische Aktivitäten, welche die eigentliche Kostenquelle darstellen.

Für die Komponente Drehmaschine heißt dies beispielhaft, daß alle mit der Anschaffung und dem Betrieb der Maschine verbundenen Kosten auch der abzubildenden Komponente zugerechnet werden. Die Zuordnung erfolgt zunächst unabhängig von der späteren Interaktion zwischen den einzelnen Komponenten eines Segmentes. Die Forderung nach Entwicklung eines entscheidungsorientierten Bewertungsverfahrens erfordert die zunächst zweckneutrale Kostenerfassung, um später eine gewisse Flexibilität bei den Bewertungs- und Planungsentscheidun-

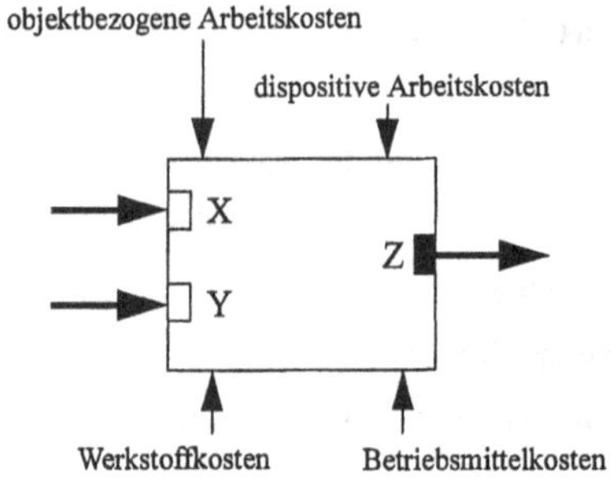

Abb. 50: Komponentenkosten

29. vgl. Kloock, J./ Sieben, G./ Schildbach, Th. (1987), S.54
30. vgl. Riebel, P. (1992), S.256
31. vgl. Riebel, P. (1992), S.252

gen zu erlangen.

Für den Erfassungsbereich der Kosten gilt, daß sämtliche Kostengrößen innerhalb des Segmentes daraufhin zu untersuchen sind, inwieweit sie einer Komponente als entscheidungsorientierte Einzelkosten zuzuordnen sind. Diejenigen Kostengrößen, die durch Entscheidungen innerhalb des betrachteten Segmentes nicht beeinflußbar sind, werden als irrelevant für spätere Planungen betrachtet. Es eignen sich darüberhinaus nur Kostengrößen, die beim jeweils speziellsten Bezugsobjekt auf der untersten möglichen Hierarchieebene des Modells ausgewiesen sind. Die Benutzung bereits aggregierter Kostengrößen, die eventuell Kostenbestandteile anderer Bereiche enthalten, birgt immer die potentielle Gefahr einer Kostenverzerrung. Durch die konsequente Verwendung eines entscheidungsorientierten Teilkostenrechnungsansatzes soll dies verhindert werden.

7.1.2.2 Kostenverrechnung

Grundlegende Bedeutung für den simulationsspezifischen Kostenverrechnungsansatz hat der Aktivitäts- bzw. der Prozeßbegriff, den Horváth folgendermaßen definiert: „Ein Prozeß ist eine auf die Erbringung eines Leistungsoutputs gerichtete Kette von Aktivitäten und somit gekennzeichnet durch einen Leistungsoutput, Qualitätsmerkmale (die meist nicht explizit definiert sind), eine (zu analysierende) Ressourceninanspruchnahme (bewertet in Kosten), einen Kosteneinflußfaktor (Cost Driver) der zugleich als Meßgröße für die Anzahl der Prozeßdurchführungen gilt sowie außer bei sogenannten "Betreuungsprozessen" auch durch analysierbare Durchlauf- bzw. Bearbeitungszeiten."[32]

Jeder segmentspezifische Prozeß, der in einem Simulationsmodell abgebildet wird, genügt der Definition nach Horváth, da gilt:

- daß ein Leistungsoutput einer Simulationsmodellkomponente eindeutig feststellbar ist, wie beispielsweise bei der Bearbeitungsstation durch die Anzahl der bearbeiteten Werkstücke und während des Simulationslaufes erfaßt wird
- Qualitätsmerkmale beispielsweise bei Bearbeitungseinheiten durch die Definition bestimmter Ausschußquoten definiert werden
- eine Ressourceninanspruchnahme mit Hilfe von Simulationsstatistiken durch die Definition von sogenannten Observervariablen analysiert wird

32. Horváth, P./ Mayer, R. (1993), S.16

- eine Meßgröße für die Anzahl der Aktivitätsdurchführung in Form von zeit-, mengen- und/ oder ereignisabhängigen Simulationsvariablen während des Simulationslauf definiert wird

Horváth schließt allerdings die in einem Fertigungssegment ablaufenden physischen Prozesse und Aktivitäten als Einsatzgebiete der Prozeßkostenrechnung aus, was er wie folgt begründet: „Diese Definition eines Prozesses gilt für alle unternehmerischen Leistungsprozesse unabhängig vom Unternehmensbereich oder der Branche. Die Prozeßkostenrechnung hingegen bezieht sich nicht auf alle unternehmerischen Leistungsprozesse. Wir müssen zwischen klassischen Produktionsunternehmen und Dienstleistungsunternehmen unterscheiden. Fertigungsprozesse eines Industrieunternehmens sind sinnvollerweise teile- oder produktindividuell in Arbeitsplänen hinterlegt und die Bewertung der Zeiteinheiten erfolgt je Arbeitsschritt mit Kostenstellenverrechnungssätzen (meist aus der Plankostenrechnung). Da bezüglich der Kostenzuordnung zu Fertigungsprozessen sowie deren Kostenplanung und -steuerung kein methodischer Bedarf besteht, beziehen wir uns (im folgenden) mit der Prozeßkostenrechnung ausschließlich auf Prozesse im indirekten Bereich (Gemeinkostenprozesse) von Industrieunternehmen.“[33]
Diese Aussage besitzt im Falle der Planungsphase eines Segments keine Gültigkeit mehr. Bei der Neuplanung von Fertigungssegmenten, für die es noch keine real existierenden Fertigungsbereiche und somit -kostenstellen gibt, die als Bewertungsgrundlage dienen könnten, besteht deshalb ein methodischer Bedarf zur Kostenplanung. Aber auch für den Einsatz bereits bestehender Segmente gilt dies, da die Planungsgrundlage des Arbeitsplans als sehr ungenaue Datenbasis betrachtet werden muß. Arbeitspläne enthalten deterministische Daten wie etwa die Stück- und Rüstzeiten bestimmter Werkstückvarianten, wobei es sich bei fertigungswirtschaftlichen Prozessen um zeitvariante, also um stochastische Prozesse handelt, welche großen Segmentzustandsschwankungen unterliegen können. Darüberhinaus enthalten Arbeitspläne keine Liegezeiten, die unter Umständen 80-95% der Gesamtdurchlaufzeiten eines Auftrags ausmachen können.[34] Da diese unter anderem abhängig sind vom jeweiligen Materialbestand, der sich in der Fertigung befindet, wird nur ein kleiner Teil der Gesamtdurchlaufzeit eines Werkstückes kostenrechnerische Abbildung finden, obwohl jedes Produkt zu jedem Zeitpunkt bestimmte Segmentressourcen und somit Kosten beansprucht.
Die Ressourcenbeanspruchung innerhalb eines Segments durch die zu bearbeitenden Werkstücke erfolgt nicht proportional zu den produzierten Einheiten.[35] Ähnlich der Prozeßkosten-

33. Horváth, P./ Mayer, R. (1993), S.16
34. vgl. Heinemeyer, W. (1984), Sp.425
35. vgl. Cooper, R./ Kaplan, R.S. (1993), S.7

rechnung und dem System des Activity-Based Costing wird deshalb beim Konzept des simulationsgestützten Planungs- und Bewertungsansatzes versucht, eine Zurechnung der Kosten anhand des Aktivitätsverbrauchs einzelner Produkte zu erreichen.[36] Kosten für den unternehmerischen Prozeßvollzug werden direkt den Produkten, für die diese Prozesse geleistet wurden, zugerechnet.[37] Dies basiert auf der Tatsache, daß nicht die Werkstücke an sich, sondern die einzelnen zu ihrer Herstellung nötigen Aktivitäten für den eigentlichen Kostenanfall verantwortlich sind. Miller und Vollman bezeichnen diese aktivitätsorientierte Kostenverursachung folgendermaßen: „The real driving force comes from transactions, not physical products".[38]

Kosten die eine direkte Leistungsbeziehung zu den Kostenträgern aufweisen werden nicht mehr über Endkostenstellen oder mittels Gemeinkostenzuschlägen zugeordnet, sondern direkt aktivitätsbezogen auf die Kalkulationsobjekte verrechnet, um die Kostentransparenz zu erhöhen.[39] Das Problem der volumenorientierten Bezugsgrößen, wie sie traditionelle Verfahren der Kostenrechnung und eine Vielzahl der in deutschen Unternehmen im Einsatz befindlichen Kostenrechnungssysteme verwenden, geht von der Annahme einer Verdopplung aller Inputkosten bei gleichzeitiger Verdopplung der Stückzahl aus.[40] Diese idealisierende Annahme und die damit fehlende Kostenverrechnungsgenauigkeit wird bei der Entwicklung eines simulationsgestützten Ansatzes, durch die Wahl mehrerer aktivitätsorientierter Bezugsgrößen für die einzelnen Prozesse, aufgehoben.

Für das System der aktivitätsorientierten Kostenrechnung bedarf es zur Verrechnung der entscheidungsrelevanten Kosten eines fünfstufigen Systems, bei dem folgende Entscheidungen getroffen werden müssen:

- Aktivitätsspezifische Kostenzuordnung
- Analyse der simulationsrelevanten Kostentreiber (erste Stufe), die den kostenbewerteten Ressourcenverbrauch determinieren
- Festlegung der Kostenfunktion, die den Zusammenhang zwischen Kostentreiber und kostenbewertetem Ressourcenverbrauch widerspiegelt
- Bestimmung der Komponenten- und Kostenhierarchie
- Durchführung einer Kostendynamisierung

36. vgl. Cooper, R. (1990 a), S.210
37. vgl. Cooper, R./ Kaplan, R.S. (1993), S.7
38. Miller, J.G./ Vollmann, T.E. (1985), S.144
39. vgl. Männel, W. (1992 b), S.177
40. vgl. Cooper, R. (1990 a), S.211

	Drehen	Rüsten	Warten auf Werkstück	Blockieren	Instand-halten
Lohnkosten Maschinenbediener	o				
Lohnkosten Einrichter		o			
Lohnkosten Instandhalter					o
Kühlmittelkosten	o				
Schmierstoffkosten	o				
Werkzeugkosten Drehmeisel	o				
Nutzungsabhängige Abschreibung	o				
Kalkulatorische Zinsen der Kapitalbindung	o	o	o	o	o

Abb. 51: Kostenmatrix

Aktivitätsspezifische Kostenzuordnung

Wurden alle entscheidungsrelevanten Segmentkosten komponentenspezifisch erfaßt, muß geklärt werden in welcher Weise die Vielzahl unterschiedlichster Kostenelemente zu den komponentenspezifischen Aktivitäten in Beziehung gesetzt werden.[41]

Dies wird im folgenden mittels einer zweidimensionalen Kostenzuordnungsmatrix, wie sie beispielhaft für eine Segmentmaschine in Abb. 51 dargestellt wurde, realisiert. Während in der Kopfspalte die ausführbaren Aktivitäten einer Komponente dargestellt werden, führt die Kopfzeile die aus entscheidungsorientierter Sicht des Segmentplaners anfallenden Kosten auf. Hierzu ein Beispiel: Entscheidet der Fertigungsplaner bei der Auslegung einer Drehmaschine daß der Werkzeugwechsel nicht manuell erfolgt, sondern mit Hilfe einer automatisierten Werkzeugwechseleinrichtung, werden die mit der Anschaffung und dem Betrieb dieses Wechselsystems verbundenen Kosten (Werkzeugspeichersystem, -wechseleinrichtung) der Aktivität

41. Eine Zuordnung von Kostenfaktoren zu Verbindungen zwischen den Komponenten wird hier nicht berücksichtigt, ist aber prinzipiell möglich

"Rüsten" an dieser Maschine zugeordnet. Wird hingegen ein manueller Werkzeugwechsel durch den Maschineneinrichter geplant, so werden seine Lohnkostenanteile sowie zusätzliche Werkzeugbereitstellungskosten mit der Aktivität "Rüsten" in Beziehung gesetzt. Entscheidungen des Fertigungsplaners hinsichtlich der Betriebsmittel-, Material-, Mitarbeiter- und Organisationsplanung des Fertigungssegments haben somit unmittelbare Auswirkung auf die Kostenzuordnung und -verrechnung.
In einem ersten Schritt erfolgt die komponentenspezifische Aktivitätskostenzuordnung rein qualitativ ohne Angaben einer quantitativen Spezifikation hinsichtlich Kostenentstehung und Aktivitätsdurchführung. Bei der Interaktion von Werkstücken (mobile Komponenten) und einer Montagestation (Basiskomponente) wird beispielsweise der kostenunspezifischen Aktivität Montage durch das Zusammenwirken zweier mobiler Komponenten (Teil 1 und 2) mit einer Basiskomponente (Montagestation) durch Zuweisung prozeßspezifischer Parameter, wie etwa der Montagezeit, eine quantitative Größe zugewiesen auf deren Basis die Kostenverrechnung stattfinden kann. Eine Analyse der entsprechenden Größen zur Kostenbewertung des Ressourcenverbrauchs wird daher in einem nächsten Schritt nötig.

Analyse der simulationsrelevanten Kostentreiber (erste Stufe), die den kostenbewerteten Ressourcenverbrauch determinieren

Nach einer Analyse der zu untersuchenden Segmentaktivitäten und deren Kosten, bedarf es nun der Auswahl geeigneter Kostentreiber, mit deren Hilfe die Aktivitätskosten mengenmäßig quantifiziert werden.[42] Jede Aktivität muß mindestens einer Ressource zugeordnet werden können und von einem Kostentreiber signifikant abhängig sein, d.h. der Ressourcenverzehr wird sich bei Veränderung des Kostentreibers ebenfalls ändern.[43] In der Literatur werden analog zum Begriff des Kostentreibers, auch die Begriffe Maßgröße[44], Prozeßgröße[45], Kostenantriebskräfte[46], cost driver[47] oder Hauptprozeßgröße[48] verwendet. Der Kostentreiber muß einerseits vom Simulator während des Simulationslaufes bereitgestellt werden und andererseits eine hohe Korrelation zur Segmentaktivität aufweisen. Die hierbei verwendete Zuord-

42. vgl. Horváth, P./ Mayer, R. (1989), S.217; Männel, W. (1992 e), S.341
43. vgl. Schuh, G./ Kaiser, A. (1994), S.77
44. vgl. Horváth, P./ Mayer, R. (1989), S.217
45. vgl. Coenenberg, A.G./ Fischer, T.M. (1991), S.28
46. vgl. Coenenberg, A.G./ Fischer, T.M. (1991), S.28
47. vgl. Horváth, P./ Mayer, R. (1989), S.217
48. vgl. Olshagen, C. (1991), S.44

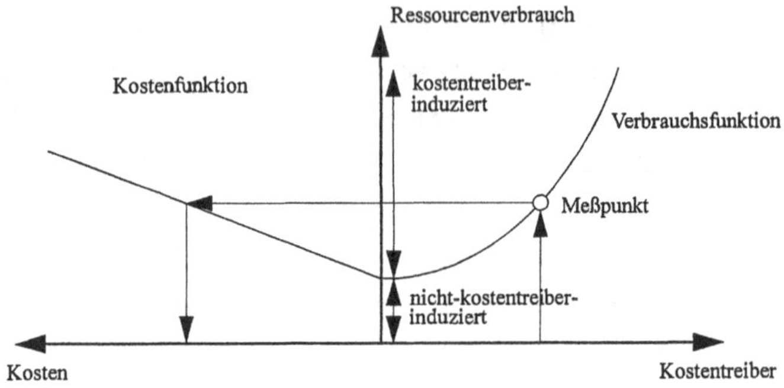

Abb. 52: Zuordnung Kostentreiber-Ressourcenverbrauch-Kosten

nungsgröße wird allgemein als Kosteneinflußfaktor (Kostentreiber) bezeichnet. Eine Änderung des Ressourcenverzehrs durch eine Aktivität bedeutet eine gleichzeitige Änderung des Kostentreibers.

Jeder Kostenfaktor besitzt einen Kostentreiber mit dessen Hilfe er auf die komponentenspezifischen Aktivitäten umgelegt werden kann. Für die Zuordnung der Kostenfaktoren auf eine spezifische Aktivität gilt eine n:1 Beziehung, so daß die Möglichkeit besteht, mehrere Kostenfaktoren und somit Kostentreiber zur Bewertung einer Segmentaktivität einzusetzen. Die Verknüpfung der einzelnen Kostenfaktoren kann durch beliebige mathematische Beschreibungsverfahren erfolgen. Die Verwendung verschiedener Bezugsgrößen (Kostentreiber) zur Darstellung des Ressourcenverbrauchs hat den Vorteil einer differenzierten Berücksichtigung des Kostenanfalls im Fertigungssegment.[49]

Welche Zuordnungskriterien zwischen den Komponenten und deren Kostenfaktoren gewählt werden, entscheidet die vorgeschaltete Systemanalyse. Für diese Zuordnung ist es wichtig zu wissen, ob die entstehenden Kosten bei der Nutzung der Ressourcen zeitvariant sind.[50] Prinzipiell können somit als Kostentreiber zeitabhängige sowie zeitunabhängige Größen unterschieden werden.

Beispiele für zeitabhängige Kostentreiber sind die Rüststunden einer Segmentmaschine,[51] die Bearbeitungszeit eines Werkstücks oder die Dauer einer Wartungstätigkeit. Als Kosteneinflußfaktor für zeitunabhängige Kosten werden Ereignisse, welche immer die Schnittstelle zwi-

49. vgl. Cooper, R. (1990 b), S.346
50. vgl. Langhoff, M./ Müller-Wünsch, M. (1993), S.40
51. vgl. Cooper, R. (1990 b), S.346

schen zwei Aktivitäten bilden, eingesetzt. Beispiele hierfür sind Rüstgrundkosten, wie etwa die Werkzeugbereitstellungskosten, die ereignisabhängig und unabhängig von der eigentlichen Rüstdauer anfallen.

Festlegung der Kostenfunktion, die den Zusammenhang zwischen Kostentreiber und kostenbewertetem Ressourcenverbrauch widerspiegelt

Abb. 52 zeigt den Zusammenhang zwischen Kostentreiber, Verbrauchsfunktion und Kostenfunktion auf. Nachdem der Kostentreiber für jede Aktivität analysiert wurde, muß eine Aussage über die Verbrauchsfunktion gemacht werden. Die Verbrauchsfunktion bildet den funktionalen, technischen Zusammenhang zwischen Kostentreiber und Ressourcenbedarf ab. Mittels der Verbrauchsfunktion werden für die einzelnen Aktivitäten die entsprechenden Kosten errechnet, indem der Ressourcenverbrauch mit dem entsprechenden Kostensatz bewertet wird.[52] Somit wird die Verbrauchs- in eine Kostenfunktion überführt. Bei dieser Vorgehensweise ist eine Verbindung von technischen (Verbrauchsfunktion) und betriebswirtschaftlichen (Kostenfunktion) Wissen erforderlich, die in der Position eines sogenannten Kosteningenieurs zu finden ist.
Der entscheidungsorientierte Kostenrechnungsansatz bedingt, daß nur diejenigen Kostenbestandteile Berücksichtigung finden, die sich bei Variation der Segmentparameter ändern. Dadurch werden im folgenden ausschließlich die kostentreiberinduzierten Kostenbestandteile berücksichtigt. Nicht-kostentreiber-induzierte Fixkosten finden keine Berücksichtigung. Aktivitätsveränderungen können somit zur Kostenprognose mittels Verbrauchsfunktionen herangezogen werden.[53]
Prinzipiell sind folgende Abhängigkeiten zwischen den zeitabhängigen Kostentreibern und den Aktivitätskosten denkbar:

- Eine proportionale Beziehung bei der die Aktivitätskosten proportional zur Aktivitätszeit zunehmen. Beispiel: Ein Segmentmitarbeiter der eine Drehmaschine bedient. Seine Lohnkosten sind proportional zur Dauer der Aktivität "Bearbeiten" der Komponente Drehmaschine.
- Eine progressive Beziehung zwischen Aktivitätskosten und Aktivitätsdauer, wenn die ent-

52. vgl. Schuh, G./ Steinfatt, E. (1993), S.345
53. vgl. Schuh, G./ Kaiser, A. (1994), S.77

stehenden Kosten mit zunehmender Aktivitätszeit überproportional steigen. Beispiel: Der Kühlmittelbedarf einer Maschine, die sich mit zunehmender Bearbeitungszeit immer heißer läuft.

- Eine degressive Beziehung zwischen Aktivitätskosten und Aktivitätsdauer, wenn die entstehenden Kosten unterproportional steigen. Beispiel: Einsatz von Energie bei einem wärmebehandelnden Verfahren (z.B. Induktionshärten). Am Anfang wird viel Energie benötigt, um die erforderliche Betriebstemperatur zu erreichen. Später muß nur noch so viel zusätzliche Energie eingesetzt werden, daß die optimale Prozeßtemperatur beibehalten wird.
- Der Spezialfall eines regressiven Zusammenhangs zwischen Kosten und Aktivitätsdauer, bei dem die Kosten mit steigender Prozeßdauer sinken sei nur der Vollständigkeit halber erwähnt. Beispiele sind bei spezifischen technischen Prozessen denkbar, wie etwa bei der Wärmemengenzufuhr bei Diffusionsprozessen. Je kürzer der Bearbeitungszeitraum, desto höher die benötigte Wärmemenge. Bei langem Bearbeitungszeitraum diffundieren die Stoffe automatisch, also fast ohne zusätzliche Wärmemengenzufuhr.

Für spezielle Problemfälle sind abschnittsweise Funktionsverläufe denkbar. Beispiel hierfür ist der Verbrauch an Kühlmittel, der mit Hilfe des zeitabhängigen Kostentreibers Maschinenlaufzeit abgebildet wird. Übersteigt die Maschinenlaufzeit beispielsweise einen bestimmten Grenzwert, so steigt der Kühlmittelbedarf an, was sich in einer Steigungsänderung der Verbrauchs- und somit der Kostenfunktion darstellen läßt (vgl. Abb. 53).

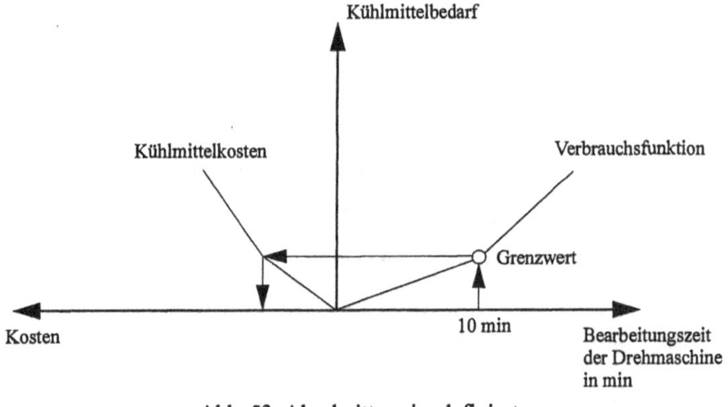

Abb. 53: Abschnittsweise definierte Verbrauchs- und Kostenfunktion

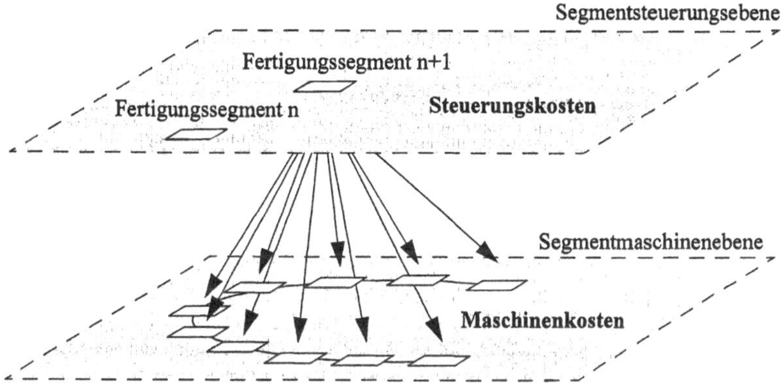

Abb. 54: Komponenten- und Kostenhierarchie

Bestimmung der Komponenten- und Kostenhierarchie

Bereits existierende Modellkomponenten können zu einer Komponente höherer Hierarchiestufe zusammengefaßt werden (vgl. Kapitel 7.1). Durch die Aggregation mehrerer Subkomponenten zu einer Komponente höherer Ordnung ergibt sich bei Fortführung der Vorgehensweise eine hierarchische Struktur. Auch bei Fertigungssegmenten gilt dieses Konzept, so daß sich folglich für das segmentspezifische Kostenmodell eine Hierarchisierung ergibt.
Durch die Zusammenfassung einzelner Komponenten und deren Aktivitäten zu einem Fertigungssegment wird ein neuer übergeordneter Prozeß gebildet für dessen Segmentkosten gilt, daß sie sich aus der Summe aller Aktivitätskosten derjenigen Aktivitäten ergeben, welche nötig sind, um den Segmentprozeß zu erfüllen. Darüberhinaus werden auf einer aggregierten Ebene neue Segmentkosten - wie etwa die Kosten der Fertigungssteuerung - zugewiesen. Diese können nur dem Gesamtsegment zugeordnet werden, wobei hier ebenfalls eine zeitabhängige sowie zeitunabhängige Gliederung der Kostenfaktoren Gültigkeit besitzt. Zu den Aktivitätskosten Bearbeiten, Transport, Lagern und Prüfen können bei einem Fertigungssegment als hierarchieebenenspezifische Prozeßkosten Steuerungskosten angeführt werden, die gesamtheitlich dem Prozeß Segmentdurchlauf zugewiesen werden (vgl. Abb. 54).

Durchführung einer Kostendynamisierung

Die in der Systemtheorie definierte Interaktionsbeziehung zwischen Komponenten beinhaltet

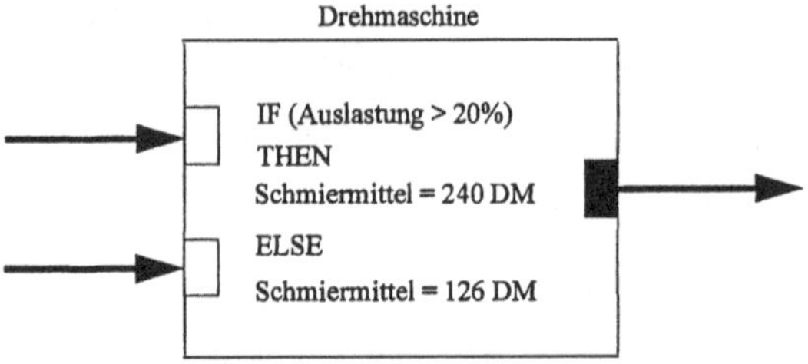

Abb. 55: Beispiel für eine lokale Kostenfaktorendynamisierung

die Einflußnahme von Komponenten (Wirkpotentiale) auf die Wirkpotentiale und gegebenenfalls auf die Beziehungen anderer Komponenten (vgl. Kapitel 7.1.1.1).[54] Hierdurch erfolgt eine ständige, zeitabhängige Veränderung des Systems, was zum dynamischen Systembegriff und in seiner logischen Folge zum dynamischen Kostenbegriff führt.

Statische Bewertungsansätze verändern ihre Bewertung im Zeitablauf nicht. Als statische Größen können im Bereich der kostenintegrierten Segmentsimulation z.B. angeführt werden:

- Werkstoffkosten für ein Anbauteil in der Montagestation
- Kosten eines Zeitlöhners pro Zeiteinheit
- die Flächenkosten einer Maschine pro m^2 Stellfläche

Während der Segmentbetriebsphase ändern sich die Fertigungszustände laufend. Folglich unterliegen auch deren Bewertungsansätze einer Änderung. Beispielhaft lassen sich hier Verzugskosten für einen Fertigungsauftrag anführen. Das Entstehen und die Höhe der Verzugskosten werden durch den Ablauf der Fertigungsprozesse bestimmt. Bei Verzögerung des Auftragsfortschritts kann es zu Lieferterminverspätungen kommen, was Verzugskosten verursacht.

Allgemein wird unter Kostendynamisierung die Änderung von Bewertungsgrößen im Zeitablauf verstanden. Diese Änderung kann sich beziehen auf

- den komponentenspezifischen Kostenfaktor,
- den hierarchieebenenabhängigen, prozeßspezifischen Kostenfaktor,
- den funktionalen Zusammenhäng zwischen Kostenfaktor und Kostentreiber,

54. vgl. Niemeyer, G. (1977), S.3

- sowie die Kostentreiberart.

Dynamische Bewertungsansätze sind zeitvariant. Auslösemechanismus für eine Bewertungsänderung kann ein oder können mehrere Ereignisse sein. Handelt es sich um Ereignisse die ausschließlich in derjenigen Komponente stattfinden die eine Kostendynamisierung zur Folge hat, wird dies als lokale Kostendynamisierung bezeichnet. Werden hingegen Ereignisse unterschiedlicher Komponenten oder ein Ereignis welches nicht in der durch die Kostendynamisierung betroffenen Komponente stattfindet herangezogen, wird von einer globalen Kostendynamisierung gesprochen.
Bei der lokalen Kostenfaktorendynamisierung erfolgt die Zuweisung einzelner Bewertungsgrößen in Abhängigkeit von komponentenspezifischen Ereignissen. Folglich kann die Zuweisung durch die Komponente selbst erfolgen. Beispielhaft sind hier die Schmiermittelkosten einer Drehmaschine aufgeführt. Sinkt die Auslastung der Maschine unter 20% dann wird dem Kostenfaktor Schmiermittel der Komponente Drehmaschine ein Wert von 126,- DM statt wie bisher 240,- DM zugewiesen (vgl. Abb. 55). Diese Dynamisierung ist nicht nur auf die Werte der komponentenspezifischen Produktionsfaktorkosten beschränkt, sondern kann auch auf den Kostentreiber sowie auf dessen funktionalen Zusammenhang ausgedehnt werden.
Bei der globalen Kostenfaktorendynamisierung erfolgt die Zuweisung in Abhängigkeit mehrerer Komponenten, so daß eine zentrale Kostensteuerungskomponente als Zuweisungsorgan benötigt wird. Bei der zentralisierten Kostenrechnung existiert eine eigenständige Komponente, welche alle Kosten berechnet und archiviert. Dazu werden dieser Komponente Daten von den Segmentkomponenten übergeben. Die Hauptfunktion der Kostenberechnung und -auswertung liegt somit bei der zentralen Kostenrechnungskomponente. Alle anderen Komponenten übernehmen zur Kostenbewertung lediglich Hilfstätigkeiten. Vorteile hierbei liegen:

IF (Auftragfertigstellungszeitpunkt Auftrag 1
- derzeitiger Zeitpunkt
- noch verbleibende Prozeßzeit zur Bearbeitung
< 1 Stunde)
THEN Auftragsverspätung ist aktiv

Abb. 56: Beispiel für eine Symptomdefinition

- im kompakten Programmcode - der in den einzelnen Segmentkomponenten auf ein Minimum beschränkt werden kann
- in der Laufzeiteffizienz, da kein Zugriff auf mobile Komponenten erfolgt
- in der guten Erweiterbarkeit des Systems, durch einfaches "Anschließen" von zusätzlichen Segmentkomponenten

Aufgrund der Vorteile einer zentralen Kostensteuerungskomponente gegenüber der Realisationsalternative dezentrale Kostenberechnung in jeder Segmentkomponente, wurde dieser Ansatz für die Implementierung in Kapitel 7.1.3 gewählt.
Jede Komponente, auch die Kostensteuerungskomponente selbst, muß über entsprechende Sprachkonstrukte verfügen, wie sie aus den höheren Programmiersprachen[55] bekannt sind und welche die Auswahl unterschiedlicher Kostenfaktoren als Bewertungsgrößen in Abhängigkeit bestimmter Ereignisse erlauben.
Neben der Verwendung von Fertigungszuständen (z. B. Auslastung Maschine 1 < 20%) ist es auch denkbar, sogenannte Symptome vorzudefinieren, welche die Möglichkeit bieten, die zunächst numerischen Informationen (Auslastungsgrad einer Ressource) in symbolische Informationen (z.B. Auftrag ist verspätet) umzuwandeln (vgl. Abb. 56).[56]
Je nachdem ob sich diese Symptome auf einen Teilbereich des Segments (z.B. Maschine) oder auf das Gesamtsegment beziehen, kann man wiederum zwischen lokalen und globalen Symptomen differenzieren. Durch die Verknüpfung der Fertigungszustände mit den Symptomen können komplexe Entscheidungsregeln der Kostendynamisierung realisiert werden.

7.1.2.3 Kostenexperiment

Nach dem Aufbau eines Struktur- und Prozeßmodells mit anschließender Kostenerfassung und Kostenverrechnung können nun Kostenexperimente mit dem Simulationsmodell durchgeführt werden. Ziel ist es unterschiedliche Planungsalternativen eines Segmentes kostenrechnerisch abzubilden, um entsprechende Planungsentscheidungen zu treffen.
Aus dem Ablauf der Kostenverrechnung in den einzelnen Phasen des kostenorientierten Planungszyklus, wie er in Kapitel 7.1.2.2 dargestellt wurde (vgl. Abb. 57), ergeben sich analog die

---

55. vgl. Hahn, R. (1981), S.124ff
56. vgl. Mebarki, N./Pierreval, H. (1994), S.468ff

Kostenanalyseverfahren der Kostenarten-, Komponentenkosten- sowie der Aktivitätskostenanalyse. Zusätzlich können diese Analyseverfahren je nach Betrachtungsebene in werkstück-, varianten- sowie segmentspezifische Verfahren untergliedert werden (vgl. Abb. 58).
Bisherige Einsatzfälle haben gezeigt, daß besonders die Verfahren der varianten- bzw. der segmentspezifischen Aktivitätskostenanalyse von Bedeutung sind. Im folgenden werden die drei Kostenanalyseverfahren beschrieben, wobei die praktisch relevanten Verfahren in Kapitel 7.2 am Beispiel empirischer Fallstudien im Praxiseinsatz nochmals dargestellt werden.

Kostenartenanalyse

Die Kostenartenanalyse untersucht kostenbewertete Einsatzfaktoren eines Fertigungssegments vor ihrer Weiterverrechnung auf die komponentenspezifischen Aktivitäten hinsichtlich ihrer Kostenstruktur. Hierdurch wird es möglich, die zunächst komponentenspezifisch erfaßten Ressourcenkosten über alle im Segment verwendeten Komponenten zu aggregieren und zu analysieren. Dieses Analyseverfahren betrachtet die Kosten unabhängig von der späteren

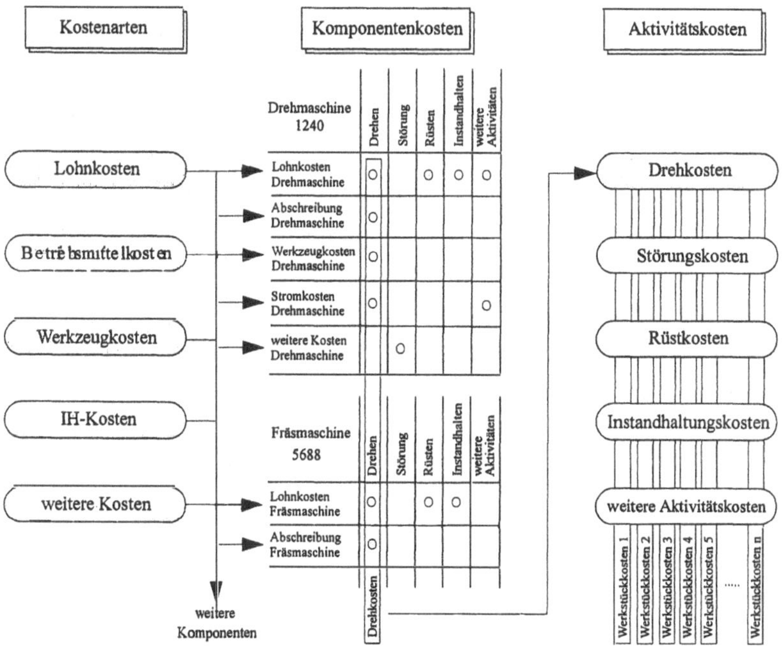

Abb. 57: Kostenzurechnungsphasen

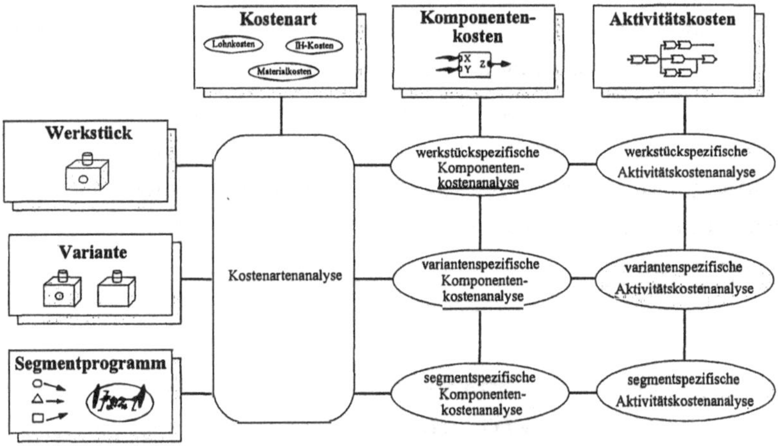

Abb. 58: Kostenanalyseverfahren

simulationsgestützten Aktivitätszuordnung und Dynamisierung. Somit dient dieses Verfahren lediglich zur Aufbereitung der Simulationseingangsdaten durch Aggregation der Kostenart über alle im Segment verwendeten Komponenten, was Überblick über das Gesamtsegment schafft. Durch diese segmentweite Betrachtung wird es möglich bestimmte Kostenstrukturen besser zu erkennen. Beispielhaft können betriebsmittel-, lohn- oder instandhaltungskostenintensive Segmente unterschieden werden.

Eine Differenzierung nach Werkstück, Variante bzw. Segmentprogramm ist bei diesem Verfahren nicht möglich, da die Betrachtung der Kostenart unabhängig von der späteren Verrechnung, auf die im Segment bearbeitenden Werkstücke, erfolgt.

Abb. 59 zeigt die Kostenartenstruktur eines Fertigungssegments vor und nach einer Erhöhung des Automationsgrades. Die Investition in neue Betriebsmittel mit einem höheren Automatisierungsgrad führt zu einer Steigerung der Betriebsmittel-, Werkzeug- sowie Instandhaltungskosten bei gleichzeitiger Reduktion der Lohnkosten. Der relative Materialkostenanteil reduziert sich, da durch die Automatisierung kapitalintensive Investitionen nötig sind, die nicht vollständig durch die Lohnkosteneinsparung substituiert werden.

Die Kostenartenanalyse ermöglicht eine Zusammenfassung aller Kostenarten über das Segment und verbessert somit die Transparenz der Kostendaten. Gleichzeitig ermöglicht eine Gegenüberstellung der Kostenarten, Komponenten- sowie Aktivitätskosten die Darstellung der Kostenentwicklung über den Planungszyklus hinweg.

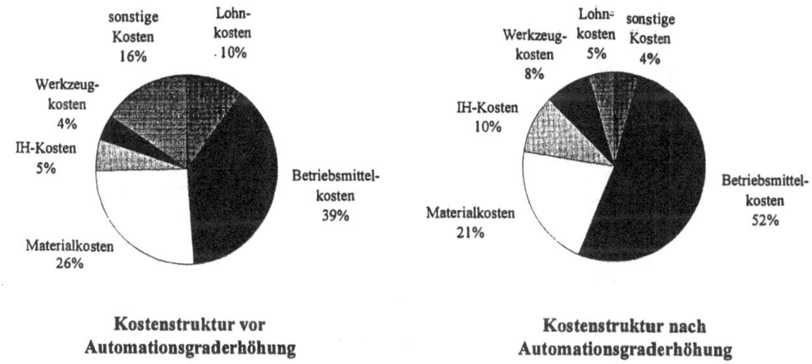

Abb. 59: Beispiel einer Kostenstruktur vor und nach Änderung des Automationsgrades eines Fertigungssegments

Komponentenkostenanalyse

Die Komponentenkostenanalyse betrachtet einerseits die komponentenspezifischen Kostenarten auf der Kosteninputseite und andererseits die komponentenspezifischen Aktivitätskosten nach ihrer Weiterverrechnung über die Verbrauchs- bzw. Kostenfunktion auf der Kostenoutputseite einer Segmentkomponente (vgl. Abb. 57 sowie Kapitel 7.1.2.2). Da die Betrachtung der Kostenarten aggregiert über alle Komponenten durch die Kostenartenanalyse abgedeckt wird, liegt der Betrachtungsfokus bei der Komponentenkostenanalyse auf der Aktivitätskostenseite. Ein Vergleich komponentenspezifischer Aktivitätskosten ermöglicht bei gleicher Leistung Aussagen über die Wirtschaftlichkeit der Komponente. Eine Auswahl unterschiedlicher Komponenten auf Basis der Komponentenkosten ermöglicht Investitionsentscheidungen für die Segmentmaschinen (vgl. hierzu Kapitel 7.2.3). Grundlage hierfür ist die Konstanz des Komponentenoutputs.

Abb. 60 zeigt beispielhaft die Aktivitätskosten eines Bearbeitungszentrums bei unterschiedlicher Verteilung der Bearbeitungsaufgaben auf die einzelnen Segmentmaschinen, was eine entsprechende Flexibilität bei der Maschinenbelegung voraussetzt. Planungsvariante 1 beaufschlagt das Bearbeitungszentrum vermehrt mit denjenigen Segmentvarianten, welche Dreharbeitsschritte zu ihrer Herstellung benötigen, wohingegen Variante 2 vermehrt fräsintensive Varianten beaufschlagt. Der Komponentenoutput ist hinsichtlich der geleisteten Bearbeitungsminuten bei beiden Alternativen über den Untersuchungszeitraum identisch.

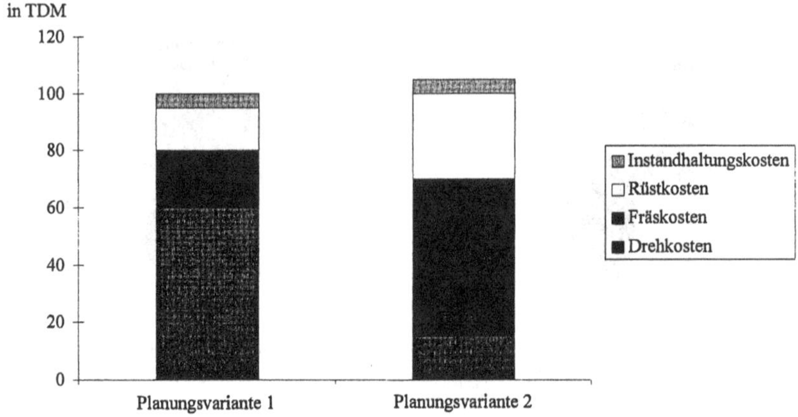

Abb. 60: Komponentenkostenanalyse eines Bearbeitungszentrums

Ein Kostenvergleich zeigt höhere Bearbeitungszentrumskosten bei Variante 2. Erhöhte Rüstkosten basieren auf der vermehrten Beaufschlagung des Bearbeitungszentrums mit Fräsaktivitäten, da hierfür Mehraufwendungen bei Rüstzeiten sowie -hilfsmittel nötig sind.
Somit erscheint bei gleichem Segmentausstoß Belegungsalternative 1 als die attraktivere Planungsvariante gegenüber Belegung 2. Die fertigungsplanerische Implikation hiervon wäre beispielsweise die Auslegung des Bearbeitungszentrums für Drehoperationen, bezüglich der Auswahl des Werkzeugmix (Anzahl Drehmeisel, Fräsköpfe), der Spann- sowie der Transporthilfsmittel entsprechend zu gestalten.

Aktivitätskostenanalyse

Untersuchungsobjekt jeder Aktivitätskostenanalyse ist die Wertentwicklung der Werkstücke bzw. auf einer höheren Betrachtungsebene der Varianten und des Segmentprogramms. Sie entspricht dem in Kapitel 4.1.11 beschriebenen Verfahren der Wertzuwachskurvenanalyse, bei der die Wertschöpfung eines Werkstücks während des Erstellungsprozesses in Zusammenhang zur Segmentdurchlaufzeit abgebildet wird.
Analysefokus sind die im Segment bearbeiteten Werkstücke zu deren Fertigstellung eine Kette von physischen und nicht-physischen Aktivitäten ausgeführt wird (vgl. Kapitel 7.1.1.2). Jedes Werkstück wird im Planungsbeispiel mit Hilfe einer mobilen Komponente (vgl. Kapitel

7.1.1.1) abgebildet. Werkstücke haben zwei Funktionen. Neben der Tatsache, daß sie notwendig sind um den Materialfluß zu ermöglichen, dienen sie als Informationsträger.[57] Das Werkstück selbst besitzt keine physischen Aktivitäten (z.B. Rüsten, Bearbeiten), die direkt zuweisbar sind. Nur durch die im Segment befindlichen Komponenten und deren komponentenspezifischen, physischen Aktivitäten erfolgt die Bearbeitung.[58] Durch die Kapitalbindung, die während des Bearbeitungsfortschritts am Werkstück stattfindet, indem Ressourcen beim Segmentdurchlauf in Anspruch genommen werden, kann dem Werkstück die wertmäßige Aktivität "Liegen" zugewiesen werden.
Während des Segmentdurchlaufs steigt die Wertschöpfung des Werkstücks. Nach jedem Wertzuwachs werden, mittels der Zeitspanne bis zur letzten Wertänderung (t_2 -t_1) sowie durch Eingabe eines für die im System befindlichen Werkstücke allgemein gültigen Kalkulationszinssatz (i) pro Zeiteinheit, kalkulatorische Kosten berechnet. Die Kapitalbindungskosten (KBK_{12}) eines Werkstücks zwischen den Zeitpunkten t_1 und t_2 betragen:[59]

KBK_{12} [DM]= (t_2 -t_1) [Std] * i * 0,5 * (Werkstückwert zum Zeitpunkt t_2 [DM/Std]+ Werkstückwert zum Zeitpunkt t_1 [DM/Std]), wobei i = Kalkulationszinssatz [%] * 1/100 [1/%]

Für den Kalkulationszinssatz verwendet man einen Zinssatz der sich bei alternativer Kapitalverwendung und gleichem Risiko am Kapitalmarkt oder als Realinvestition innerhalb des Unternehmens ergeben hätte (vgl. Kapitel 7.1.3.3). Obige Berechnungsformel postuliert einen linearen Wertzuwachs zwischen dem Zeitpunkt t_1 und t_2, wobei die Verzinsung auf das durchschnittlich gebundene Kapital erfolgt.
Durch die Berücksichtigung nicht-wertschöpfender Aktivitäten (Kapitalbindung) der Werkstücke und wertschöpfender Aktivitäten, welche die einzelnen Segmentkomponenten an den Werkstücken ausführen, wird eine vollständige Erfassung und durchgängige Bewertung der innerhalb eines Segments gefertigten Werkstücke im simulationsgestützen Planungs- und Bewertungsmodell möglich.
Zur aktivitätsorientierten Bewertung der Werkstücke bedarf es zusätzlich einer Bezugsgröße, anhand derer eine Kostenumlage erfolgt. Diese Bezugsgröße soll, zur Unterscheidung des Kostentreibers (erste Stufe) zwischen Komponentenkosten und Aktivität (vgl. Kapitel 7.1.2.2),

57. vgl. Shi, Ch. (1994), S.59
58. auch die Aktivität Transport wird dem Transportsystem und nicht dem Werkstück selbst zugewiesen
59. alle nachfolgend dargestellten Angaben in runden Klammern stellen die in den Berechnungsformeln verwendeten Variablennamen dar, Angaben in eckigen Klammern geben die jeweilige Einheit an

als Werkstückkostentreiber bezeichnet werden. Hierfür wird die Zeit herangezogen, die jedes Werkstück während seines Segmentdurchlaufs bei der jeweiligen physischen bzw. nicht-physischen Segmentaktivität benötigt. Für den funktionalen Verlauf zwischen Aktivitätszeit und den Aktivitätskosten wird eine lineare Funktion angenommen. Die zugrundeliegende Kostenhypothese basiert auf der Tatsache, daß Werkstücke Segmentressourcen und deren Kosten proportional um so länger beanspruchen, je länger sie von diesen bearbeitet werden.
Durch Betrachtung der Aktivitätskette ergibt sich folgende Berechnung für den dynamischen Wert eines Werkstücks:

$$V_i = \sum_{k=1}^{n} a_k \bullet t_{ki}$$

V_i: aktueller Wert des Werkstücks i

a_k: Aktivitätskostensatz pro Zeiteinheit für Komponente k
(vgl. zur Berechnung Kapitel 7.1.3.3)

t_{ki}: Aktivitätszeit welche für Werkstück i an Komponente k benötigt wurde

n: Anzahl von Aktivitäten welche für die vollständige Herstellung von Werkstück i benötigt werden

Die Aktivitätskostenanalyse kann sich neben dem einzelnen Werkstück auch auf eine oder mehrere Varianten bzw. auf das gesamte Segmentprogramm beziehen.[60] Hieraus lassen sich mehrere für die Segmentplanung wichtige Zielgrößen und Kennzahlen ablesen:[61]

- die schrittweisen Wertzuwächse des Werkstücks, der Variante bzw. des Segmentprogramms entlang des gesamten Segmentdurchlaufs, bestehend aus wertschöpfenden und nicht-wertschöpfenden Tätigkeiten
- die Liegekostenanteile bei nicht-wertschöpfenden Tätigkeiten

Abb. 61 zeigt beispielhaft die Entwicklung der Aktivitätskosten bzw. die Wertzuwächse dreier Segmentvarianten. Die Steigung der Aktivitätskostenkurve spiegelt den Grad des Wertzuwachses wider. Waagrechte Abschnitte der Aktivitätskostenkurve zeigen die Liegezeitanteile der Variante. Deren Summe über die Segmentdurchlaufzeit gibt den Anteil nicht-physischer Akti-

---

60. vgl. Wildemann, H. (1988 a), S.177
61. vgl. Renner, A. (1991), S.176

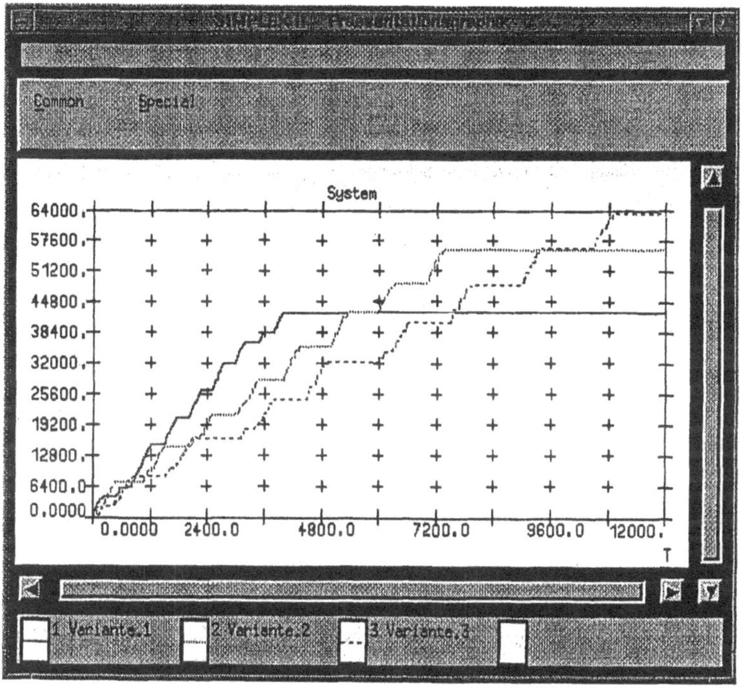

Abb. 61: Beispiel einer Aktivitätskostenanalyse dreier Segmentvarianten

vitäten wieder bei denen keine Ressourceninanspruchnahme stattfindet.[62]

Jede Wertzuwachskurve, die mittels der Aktivitätskostenanalyse ermittelt wurde, spiegelt die Segmentorganisation wider und läßt somit Rückschlüsse auf die Vorteilhaftigkeit einer Planungsentscheidung zu.

Unterstützungsfunktionen der Kostenexperimente

Zur Durchführung einzelner Kostenexperimente wird in SIMPLEX II angegeben, welche Sachverhalte während eines Simulationslaufes mittels sogenannter Observervariablen beobachtet und protokolliert werden. Die Vielzahl der möglichen Kosteninformationen macht es erforderlich, daß eine Vorauswahl an relevanten Observervariablen getroffen werden muß.

62. Nicht-physische, wertmäßige Kapitalbindungskosten fallen in diesem Zeitraum an. Aufgrund der in diesem Beispiel geringen Höhe ergibt sich bei diesem Auflösungsgrad keine grafische Veränderung der Aktivitätskosten während der Liegezeiten.

Die auf diese Weise erzeugten Daten werden auf ein Datenarchiv geschrieben. Zu jedem Unterbrechungszeitpunkt kann auf diese aufgesammelten Daten zugegriffen werden, um sie darzustellen oder einem Auswerteverfahren (Kostenauswertung) zuzuführen.
Die Bedienung eines Kostenexperiments kann mit Hilfe sogenannter Experimentbeschreibungssprachen wesentlich vereinfacht werden.[63] Hierzu kann z.B. die Experimentbeschreibungssprache SIMPLEX EDL herangezogen werden. Mit Hilfe einer festgelegten Kommandofolge können Kostenexperimente automatisiert durchgeführt werden. Die Ergebnisse des Kostenexperiments (z.B. Werkstückkosten Variante 23 > 200 DM) haben direkten Einfluß auf die automatisierte Parameterwahl der Modellvariablen (z.B. Erhöhe Kapazität von Segmentmaschine 55 um 10%). Der Zyklus wird solange durchlaufen bis ein bestimmter Zielfunktionswert erreicht wurde (z.B. Segmentkosten < 400.000 DM). Die Vorgehensweise ermöglicht dem Segmentplaner den Zeitaufwand zur Durchführung unterschiedlichster Kostenexperimente drastisch zu reduzieren.
Zur grafischen Ergebnispräsentation werden die Standardmethoden von SIMPLEX II herangezogen.[64]

7.1.2.4 Ergebnisinterpretation

Die Auswertung und Interpretation der Ergebnisse eines Kostenexperiments führt zu einer zielorientierten Veränderung der betroffenen Segmentvariablen. Das gewählte Ziel ist von der jeweiligen segmentplanerischen Fragestellung abhängig. Abb. 62 zeigt beispielhaft Fragestellungen und geeignete Analyseverfahren der Fertigungssegmentplanung.
Prinzipiell gilt, daß ein einmal aufgebautes Simulationsmodell eines Fertigungssegments unterschiedlichste Planungsaufgaben lösen kann. Dazu ist es notwendig die technischen Parameter (z.B. Anzahl der eingesetzten Maschinen, Arbeitspläne, Art der Materialbereitstellung, usw.) sowie die Kostenparameter (Abschreibungskosten der Maschinen, Lohnkosten der Bediener, usw.) des Modells entsprechend der jeweiligen fertigungsplanerischen Fragestellung zu parametrisieren. Jedes Experiment und seine spezifischen Parameterausprägungen (z.B. Eingangspuffergröße Drehmaschine = 5) wurde auf Basis einer bestimmten segmentplanerischen Entscheidung ausgewählt und kann nicht automatisch auf andere Entscheidungssituationen übertragen werden. Ein bestimmtes Simulationsergebnis muß daher immer im Kontext der

---

63. vgl. Schmidt, B. (1994 b), S.12
64. hierzu zählen Funktionsverläufe, parametrisierte Kurven (zweidimensional), Tortendiagramme, Häufigkeitstabellen, zeitlich gewichtete Verteilungen sowie Wertebereiche von Modellvariablen

Segmentplanerische Fragestellung	Fertigungswirtschaftliches Problem	Eingesetztes Kostenanalyseverfahren
Welches ist die variantenspezifische optimale Losgröße?	Optimale Losgröße	Variantenspezifische Aktivitätskostenanalyse
Wie viele Engpässe im Segment sollen unter Wirtschaftlichkeitsüberlegungen beseitigt werden?	Engpaßoptimierung	Segmentspezifische Aktivitätskostenanalyse
Welches ist die Wirtschaftlichste aller bisher gefundenen Segmentalternativen? Wie stabil sind diese Lösungen hinsichtlich Parameterveränderungen?	Investitionsplanung	Varianten-/ Segmentspezifische Aktivitätskostenanalyse

Abb. 62: Segmentplanerische Fragestellungen mit den entsprechenden Kostenanalyseverfahren

planerischen Entscheidungssituation interpretiert werden.

Wie die Ergebnisse der in Kapitel 7.1.2.3 beschriebenen Kostenanalyseverfahren bei konkreten segmentplanerischen Fragestellungen der Struktur- und Prozeßplanung (Kostenoptimale Losgröße), der Auslegungsplanung (Kostenorientierte Engpaßoptimierung) und der Investitionsplanung (Kostenorientierte Investitionsentscheidung) zu interpretieren sind, wird in Kapitel 7.2 anhand von realen Planungssituationen bei der Fertigungssegmentierung aufgezeigt.

7.1.3 Realisierung des simulationsgestützten Planungs- und Bewertungsansatzes zur Fertigungssegmentplanung mit der Modellbank OSIRIS

Zur Realisierung des im Rahmen dieser Arbeit entwickelten Konzepts zur simulationsgestützten Planung und Bewertung von Fertigungssegmenten wurde die Modellbeschreibungssprache Simplex-MDL gewählt. Hiermit können sowohl zeitkontinuierliche als auch zeitdiskrete Modelle beschrieben werden. Zusätzlich besteht die Möglichkeit der Modellierung von Warteschlangen und Transportmodellen. Der Sprachumfang umfaßt:

- Differentialgleichungen zur Beschreibung kontinuierlicher Vorgänge
- Ereignisse zur Beschreibung diskreter Vorgänge
- Algebraische Gleichungen zur Beschreibung statischer Zusammenhänge
- Locations mit Mobilen Komponenten zur Beschreibung von Warteschlangen- und Transportsystemen

„Simplex II bietet alle Werkzeuge, die erforderlich sind, um einen bausteinorientierten Simulator zu erstellen. Besonders nützlich ist in diesem Fall das sogenannte Modellbankkonzept. In einer Modellbank werden alle Bausteine eines Anwendungsgebietes als sogenannte Komponenten abgelegt. Eine intelligente Modellbankverwaltung sorgt sich um die Konsistenz. Das heißt, sie überwacht die Vereinbarkeit der Schnittstellen."[65]
Bisher existieren die folgenden Modellbanken unter Simplex II:

- ARASIM: Modellbank zur Beschreibung von Abwasserreinigungsanlagen
- RegioPlan+: Dient zur modellgestützten Regionalplanung
- OSIRIS: Fertigungswirtschaftliche Modellbank für Fertigung, Montage, Lager und Transport

Die Simplex-Modellbank OSIRIS wurde zur Simulation fertigungswirtschaftlicher Systeme geschaffen und zeichnet sich durch folgende Eigenschaften aus:[66]

- Sie verfügt über den vollen Funktionsumfang von SIMPLEX II.
- Sie ermöglicht einen schnellen und fehlerarmen Modellaufbau mit Hilfe der Bausteintechnik.
- Sie stellt eine anwendernahe Modellbeschreibungssprache zur Verfügung, mit deren Hilfe bereits bestehende Bausteine modifiziert oder neue Bausteine geschaffen werden können.
- Die SIMPLEX-Modellbank OSIRIS verfügt über eine C-Schnittstelle, die den Anschluß an CAD, PPS-Systeme und dergleichen ermöglicht.

OSIRIS ist ein bausteinorientierter Simulator der folgende Komponenten zur Verfügung stellt:

- Bearbeitungsstation
- Montagestation
- Demontagestation
- Lager
- Prüfstation
- Reparaturstation

65. Schmidt, B. (1993 a), S.6
66. vgl. Schmidt, B./ Shi, Ch. (1992), S.168ff

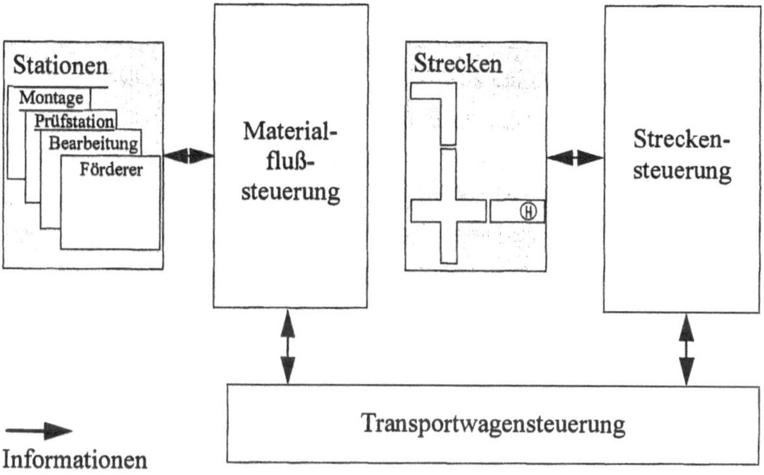

Abb. 63: Struktur der Modellbank OSIRIS

- Transportsystem (Strecken, Transportwagen, Parkplatz, Förderband)
- Quellen und Senken

Durch die Verwendung dieser Komponenten kann ein Großteil der in der Praxis vorkommenden Fertigungssysteme abgebildet werden. Neben den physischen Bausteinen existieren drei Steuerungstypen, um die einzelnen Komponenten zielgerecht miteinander zu verbinden (vgl. Abb. 63).

Die Materialflußsteuerung übernimmt die gesamte Ablaufkontrolle der Produktion.[67] Nach dem Erreichen des Bearbeitungszeitendes eines Werkstücks innerhalb einer Station wird dies an die Materialflußsteuerung gemeldet, welche strategiespezifisch die Nachfolgestation nach Arbeitsplan auswählt, um das Werkstück dorthin weiterzuleiten.

Die Transportwagensteuerung hingegen ist für die Verwaltung des Transportwagensystems verantwortlich, bestehend aus Transportwägen und Parkplätzen, auf denen die Transportwägen bei Nichtbenutzung geparkt werden. Sie beteiligt sich nicht am eigentlichen Materialfluß, sondern dient lediglich als Mittler zwischen dem Materialfluß sowie der Streckensteuerung. Wird ein Transportsystem verwendet, so gibt die Materialflußsteuerung eine Information an die

67. vgl. Shi, Ch. (1994), S.92ff

Transportwagensteuerung, welche die einzelnen Transportaufträge verwaltet und sie gegebenenfalls strategieabhängig an die freien Transportwägen verteilt.
Erfolgt ein Transportauftrag so übernimmt die sogenannte Streckensteuerung, welche die freien Transportwägen an die Beladestation führt, wo sie anschließend beladen werden. Die Streckensteuerung führt die Transportwägen über das Streckennetz. Nach Erreichen des Zielortes wird der Transportwagen entladen und das Werkstück steuerungstechnisch der Materialflußsteuerung übergeben und gleichzeitig der Transportwagensteuerung die freien Transportkapazitäten rückgemeldet.[68]
Da die Modellbankkomponenten von OSIRIS vollständig in SIMPLEX MDL erstellt werden, können problemlos Änderungen der standardmäßig vorgegebenen Bausteine erfolgen. Diese hohe Flexibilität des Fertigungssimulators ermöglicht den Einsatz bei der Modellierung spezieller fertigungstechnischer Sachverhalte, wie beispielsweise die Abbildung spezifischer Steuerungsstrategien.[69]

7.1.3.1 Ausgangssituation der Einsatzstudie

Die im folgenden beschriebene Einsatzstudie erfolgte in Zusammenarbeit mit dem Lehrstuhl für Operations Research und Systemtheorie, Prof. B. Schmidt der Universität Passau sowie einem Großunternehmen der Automobilzulieferindustrie, welches im Bereich der Fahrzeuggetriebetechnik tätig ist.
Erklärtes Unternehmensziel war die vollständige Umstrukturierung einer PKW-Radsatzfertigung nach den Prinzipien der Fertigungssegmentierung. Grund hierfür waren die steigenden Kundenanforderungen hinsichtlich Lieferzeit und Qualität seitens der Abnehmer. Die Ausgangssituation bestand in der gemeinsamen Fertigung aller Radsatzvarianten für Bau-, Land- sowie Personenkraftfahrzeuge nach dem traditionellen Organisationsprinzip der Werkstattfertigung, welches seit Jahrzehnten in dem zu untersuchenden Unternehmen Anwendung fand. Die erheblichen Auslegungsunterschiede der einzelnen Radsatzvarianten, aufgrund der Heterogenität des Produktionsspektrums, hinsichtlich Geometrie und Bearbeitungsstechnologie sowie die Verwendung des Werkstattfertigungskonzepts, führten zu komplexen und damit intransparenten Materialflußbeziehungen im Fertigungsbereich. Darüberhinaus verhinderten die hohen Transport- und Liegezeiten im System eine Reduktion der Lieferzeiten, was aus wettbewerbs-

68. vgl. Shi, Ch. (1994), S.114ff
69. vgl. Toussaint, A. (1993), S.237ff

politischen Gründen nicht mehr akzeptabel war. Verstärkt wurde diese problematische Situation durch enorme Umsatzsteigerungen, die über viele Jahre hinweg mit unverändertem Organisationsprinzip der Fertigung bewältigt wurden. Die Folge war ein enormer Steuerungsaufwand bei gleichzeitig hohen Durchlaufzeiten sowie hierdurch implizierten Terminverzögerungen.

Um die vom Kunden geforderte Leistung zu erfüllen, wählte man das Prinzip der Fertigungssegmentierung als neues Organisationsprinzip für den Bereich der PKW-Radsatzfertigung.[70] Zum Aufbau eines Fertigungssegments PKW-Radsatzfertigung, wurde ein neuer Fabrikhallenbereich zur Verfügung gestellt. Logistisches Ziel war die Verbesserung der gesamten Logistikleistung mit den Schwerpunkten Lieferfähigkeit und Liefertreue, eine Senkung der Durchlaufzeiten bei gleichzeitiger Reduktion der Umlaufbestände sowie die Erstellung eines Fertigungslayouts unter Verwirklichung kurzer Transportwege. Die Neuorganisation des Fertigungsbereiches für PKW-Radsatzvarianten, mit einem Stückzahlanteil von 42% an der gesamten Radsatzproduktion, wurde als Pilotprojekt ausgewählt, mit dem Ziel einer zukünftigen flußorientierten Reorganisation der gesamten Radsatzfertigung. Konkrete kostenorientierte Fragestellungen, die beantwortet werden sollten, lauten:

- Wie verändern sich die Variantenkosten der im Segment gefertigten Radsätze gegenüber der bisherigen Organisationform der Werkstattfertigung?
- Entstehen Engpässe, die Auswirkungen auf die Gesamtdurchlaufzeit nach dem Prinzip des Ausgleichsgesetzes der Planung haben? Welche Kostenimplikationen hat die Beseitigung dieser Engpässe?
- Wie müssen die variantenspezifischen Losgrößen gewählt werden, um ein Kostenoptimum zu erreichen?
- Welche Segmentalternative ist die wirtschaftlichste Produktionsform?

Das Hauptsegment PKW-Radsatzfertigung gliedert sich in vier Teilsegmente. Die Gliederung ergibt sich einerseits aus den beiden Komponenten Tellerrad und Kegelrad eines Radsatzes sowie durch die beiden Hauptfertigungsbereiche Weich- und Hartbearbeitung (vgl. Abb. 64). Während in den Weichbearbeitungssegmenten die Übermaße der gesenkgeschmiedeten Rohlinge mit Hilfe spanender Fertigungsverfahren abgenommen werden, findet im Hartbearbeitungsbereich eine Korrektur des Wärmeverzugs statt, welcher durch die Wärmebehandlung

---

70. vgl. Markmiller, R. (1995), S.25

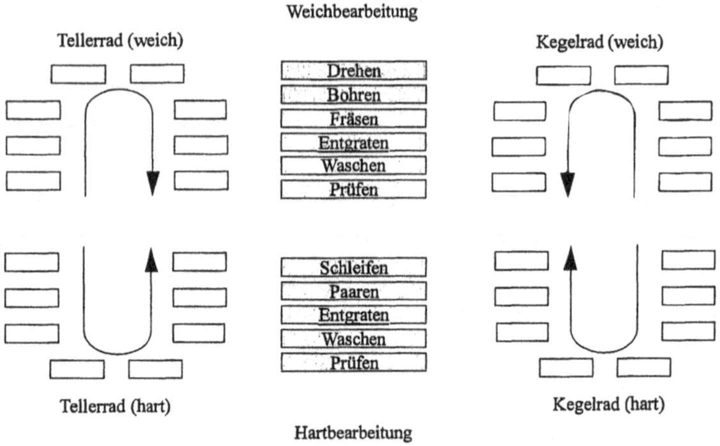

Abb. 64: Fertigungssegment PKW- Radsatzfertigung

beim Härten aufgetreten ist. Der Härtebereich, der sich zwischen den Weich- und Hartbearbeitungssegmenten befindet, wurde in der Simulation als "black box" abgebildet. Er stellt einen räumlich getrennten sowie technologisch andersartigen Fertigungsbereich dar, der nicht zum Untersuchungsbereich gehört. Kegel- und Tellerrad durchlaufen die einzelnen Segmentmaschinen flußorientiert, wobei aber einige Varianten das Fertigungssegment verlassen müssen, um auf Maschinen bearbeitet zu werden, welche sich in anderen Fertigungsbereichen befinden. Diese Maschinen fanden ebenfalls Berücksichtigung im Simulationsmodell, so daß sich ein geschlossener Materialkreislauf ergibt.

Insgesamt werden 23 Radsatzvarianten auf 86 Stationen bearbeitet mit je einem Eingangs- und Ausgangspuffer, dabei fallen pro Variante zwischen 15 und 30 Arbeitsgänge an.

7.1.3.2 Modellaufbau

Grundlage des Modellaufbaus war ein vom Projektpartner bereitgestelltes Blocklayout, das eine erste Basislösung aufgrund von Erfahrungswerten der zukünftigen Maschinenausstattung und -anordnung im Segment darstellte. Sukzessive wurden unterschiedliche Planungsalternativen auf Basis des simulationsgestützten Planungs- und Bewertungsansatzes generiert, die in enger Zusammenarbeit mit den verantwortlichen Fertigungs- und Logistikfachleuten abgestimmt wurden.

Abb. 65 zeigt das mit Hilfe des Modelleditors von Simplex II erstellte Grundmodell der vier

Fertigungssegmente (Tellerrad weich, hart - Kegelrad (Ritzel) weich, hart), das die Ausgangsbasis für anschließende Planungsdurchläufe bildete. Zur Abbildung des geplanten Fertigungssegments im Simulationsmodell wurde ausschließlich die Komponente Bearbeitungsstation verwendet, mit der alle anfallenden Bearbeitungsschritte, wie beispielsweise Drehen, Fräsen, Laufprüfen, abbildbar waren. Transportsysteme kamen nicht zum Einsatz, da zwischen den Maschinen ein manueller Transport durch den Maschinenbediener erfolgte. Jede Bearbeitungsstation ist mit einem Ein- sowie Ausgangspuffer versehen, wodurch maschinennahe Warteplätze für die Werkstücke abgebildet werden.

Folgende Segmentkomponenten wurden zusätzlich zu den Werkzeugmaschinen abgebildet:

Handarbeitsplätze Abgraten

Hier werden manuell Späne an den Werkstücken entfernt

Waschmaschine

Hier werden Öl und Späne entfernt, die durch die Dreh-, Fräs-, Bohr-, Entgratungs- und Schleifvorgänge den Teilen anhaften. Der Waschvorgang erfolgt bei allen Varianten auf die

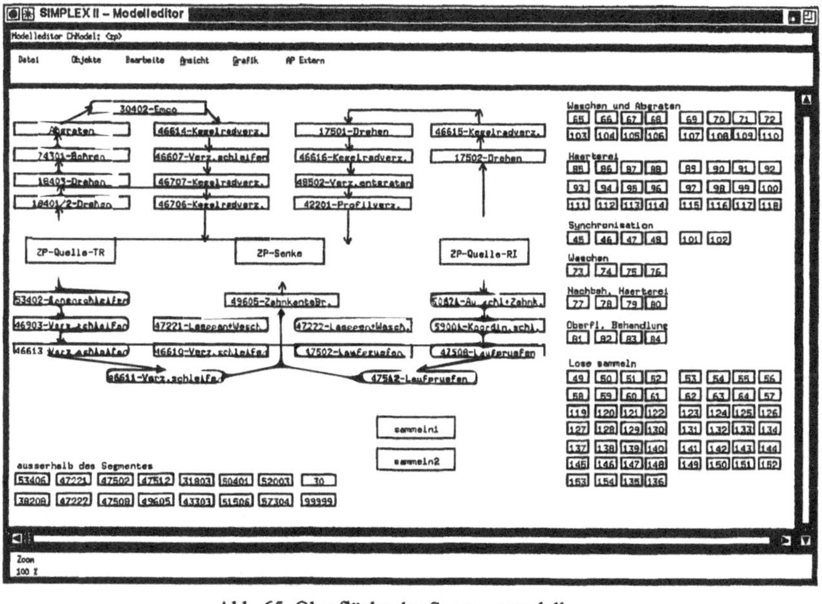

Abb. 65: Oberfläche des Segmentmodells erstellt mit dem Modelleditor von Simplex II

gleiche Weise, so daß hier keine Umrüstung erforderlich ist.

Härterei und “Lose sammeln“

In der Härterei stehen Öfen zur Verfügung, um die Werkstücke auszuhärten. Diesem Prozeß werden immer ganze Lose geschlossen unterzogen. Da sich die benötigten Härtetemperaturen von Variante zu Variante unterscheiden, müssen die Lose meist einige Zeit warten, bis ein Ofen die benötigte Härtetemperatur erreicht hat. Dieses Sammeln der Lose erfolgt mit der eigens für diese Auswertung geschaffenen Komponente “Lose sammeln“.

Zusätzlich wurden die Werkzeugmaschinen, die außerhalb der Segmente aufgrund der seltenen Beanspruchung eingesetzt wurden, abgebildet.

Der spezielle Bearbeitungsschritt des Paarens von Teller- und Kegelrad (Läppen), bei dem beide Teile aufeinander abgestimmt werden, um später gemeinsam in ein Hinterachsgetriebe eingebaut zu werden, macht eine Synchronisation der Teile erforderlich. Dies geschieht mittels einer speziellen Synchronisationskomponente.

Segmentmaschine und Aktivitäten

Jede Station besitzt einen Ein- und Ausgangspuffer (Locations) sowie einen oder mehrere Bearbeitungsplätze (Locations). Folgende komponentenspezifischen Aktivitäten können bei einer Bearbeitungsstation unterschieden werden:[71]

- Bearbeiten: Hier wird eine zeitverbrauchende Aktivität realisiert, die ein Werkstück aufnimmt und solange verzögert, bis die Bearbeitungszeit abgelaufen ist. Die Bearbeitung kann nur erfolgen, wenn die Bedieneinheit noch freie Kapazitäten hat und nicht gerade gerüstet wird.
- Rüsten: Hier wird die Bearbeitungsstation nach der Bearbeitung einer Werkstückvariante auf die Bearbeitung einer neuen Variante vorbereitet.
- Blockiert: Sind alle Werkstücke in der Bedieneinheit fertigbearbeitet und der Ausgangspuffer voll, so warten die Werkstücke auf ihre Weitergabe und die Bearbeitungsstation geht über in die Aktivität “Blockiert“.
- Störung: Die Bedienstation ist während dieser Phase nicht funktionsfähig, so daß alle weite-

71. vgl. Shi, Ch. (1994), S.150f

ren Ereignisse bis zum Störende eingestellt werden.

- Leer: Befindet sich kein Werkstück im Bearbeitungsplatz geht die Station in die Aktivität "Leer" über.

Die Eingabe der technischen sowie der Kostenparameter erfolgt mittels entsprechender Eingabemasken während des Modellaufbaus.[72] Nach der Definition der technischen Parameter jeder Segmentmaschine wie z.B. der Kapazität der Eingangs- und Ausgangspuffer sowie der Bearbeitungseinheit erfolgt die Kostenparametereingabe. Hierfür besitzt jede Segmentstation eine Option Kostenerfassung Ja/Nein (vgl. Abb. 66). Nach Anwahl von "Ja" erscheint ein Kostenerfassungsschemata welches zur Eingabe der erforderlichen komponentenspezifischen Aktivitätskosten auffordert (vgl. Abb. 67).

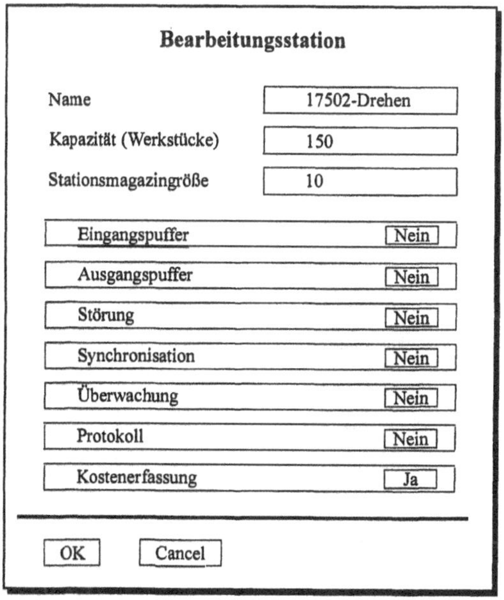

Abb. 66: Eingabemaske zur Parametrisierung einer Bearbeitungsstation

72. Alle technischen und kostenrechnerischen Daten wurden in einer vorgeschalteten simulationsspezifischen Datenerhebungsphase ermittelt, bei der alle relevanten Daten mittels der im Unternehmen verfügbaren Datenquellen erhoben und bei Bedarf den modellspezifischen Gegebenheiten angepaßt wurden.

7.1.3.3 Kostenerfassung und Kostenverrechnung

Bei der Kostenerfassung wurde das bisher im Unternehmen eingesetzte Verfahren der Maschinenstundensatzrechnung dahingehend berücksichtigt, daß die Gliederung der Kostenarten übernommen wurde. Die Kosteneingabemaske basiert daher auf bereits erfaßten Kostenarten, was eine zeit- und kostenaufwendige Neuerfassung der Kostendaten verhinderte.

Prinzipiell zeigt sich bei der Verwendung bereits im Unternehmen erfaßter Kostendaten für Planungs- und Bewertungszwecke der Fertigungssegmentierung die in Abb. 68 aufgezeigte Zielkonkurrenz zwischen der Vorgabe einer realistischen Kostendatenerfassung und der Minimierung der Planungskosten eines Fertigungssegments. Das Problem des optimalen Erfassungsumfangs kann nur individuell in Abhängigkeit von der jeweiligen Planungssituation gelöst werden.

Aktivitätskostenparameter
Bearbeitungsstation

Wiederbeschaffungswert in DM	1.500.000
Nutzungsdauer in Jahren	7
Kalkulationszinsatz in %	9,5
Flächenbedarf in m^2	30,0
Flächenkosten pro m^2	25,0
Stromkosten pro kwh	1,5
mittlere kw-Leistung	65
IH-Kosten Maschine in %	10,0
Werkzeugkosten pro Jahr	2.200
IH-Kosten Werkzeug in %	6,0
Betriebsstoffkosten pro Jahr	8.900
Lohn- und Lohnnebenkosten	20.000
Leistungsgrad in %	100

OK Cancel

Abb. 67: Eingabemaske Aktivitätskostenparameter Bearbeitungsstation

Die Rahmenbedingungen des Projekts machten die weitestgehende Verwendung bereits erfaßter Kosten erforderlich. Die maximale Flexibilität des in Kapitel 7.1 dargestellten Erfassungs- und Verrechnungsansatzes bezüglich der eingesetzten Kostenarten, Kostentreiber und Kostenfunktionen konnte somit nicht voll ausgeschöpft werden. Beispielhaft seien hier die Instandhaltungskosten erwähnt, die nicht maschinenspezifisch erfaßt wurden. Hierdurch wurde es erforderlich diesen Kostenbestandteil als prozentualen Anteil des Abschreibungswertes abzubilden.

Folgende Aktivitäten, die prinzipiell für den Segmentkostenanfall verantwortlich sind, können unterschieden werden (vgl. Kapitel 7.1.2.2):

- Bearbeiten
- Rüsten
- Blockiert
- Gestört
- Leer

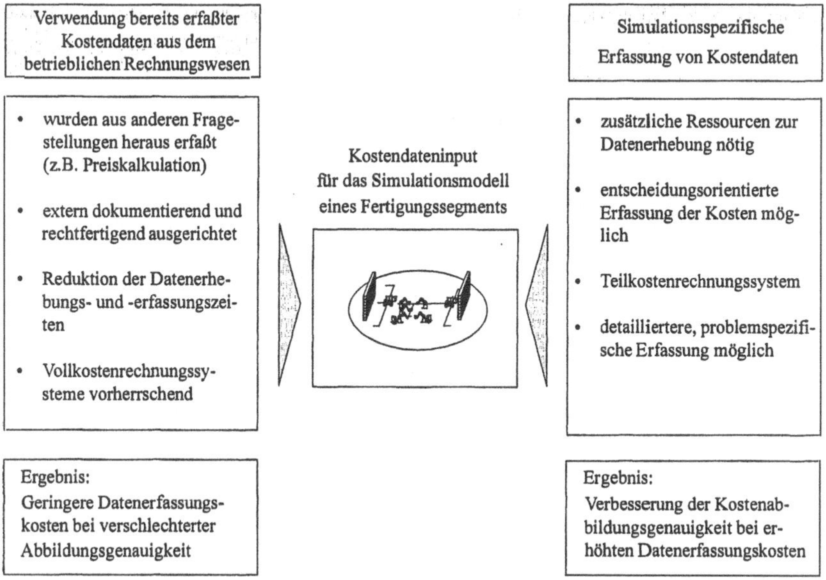

Abb. 68: Zielkonkurrenz bei der simulationsspezifischen Kostenerfassung

Aktivität "Bearbeiten"

Für die Aktivität "Bearbeiten" der Segmentmaschinen wurden die in Abb. 69 dargestellten Kostenfaktoren zugeordnet.

Kalkulatorische Abschreibungskosten

Das Betriebsmittel "Bearbeitungsstation" ist ein Potentialfaktor dessen Nutzenpotential sich nur durch mehrmaligen Einsatz und somit über einen mehrperiodigen Einsatzzeitraum abnutzt.[73] Während die bilanzielle Abschreibung primär von handels- und steuerrechtlichen Gesichtspunkten geleitet wird, stellen die kalkulatorischen Abschreibungen auf den betriebsnotwendigen, anteiligen Verzehr der Nutzenpotentiale ab.[74] Der Güterverzehr einer Bearbeitungsstation beinhaltet sowohl eine Mengen- als auch eine Wertkomponente.
Der Mengenverzehr kann mittels des Nutzungspotentials einer Bearbeitungsstation gemessen werden. Der Nutzungspotentialabbau ist dabei auf verschiedene Verzehr-, Verschleiß- oder Abnutzungsursachen zurückzuführen die in Abb. 70 dargestellt sind. „In der Regel wird die Nutzungspotentialabnahme, also der Güterverzehr von Betriebsmitteln, durch mehrere Ver-

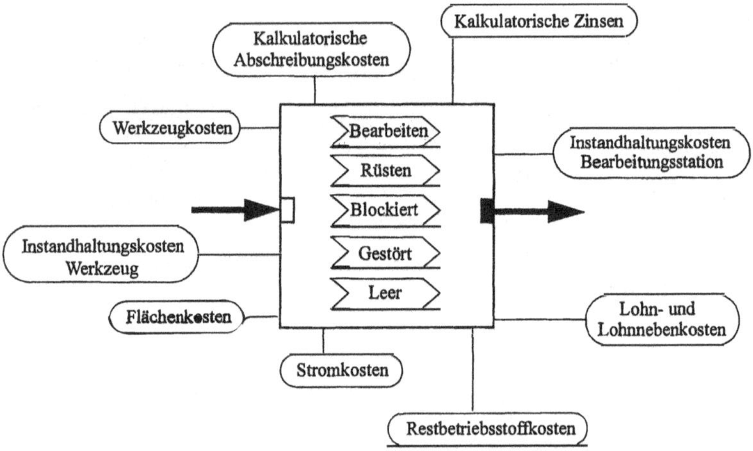

Abb. 69: Zuordnung der Kostenfaktoren zur Aktivität "Bearbeiten" der Bearbeitungsstation

73. vgl. Kern, W. (1980), S.182
74. vgl. Hummel, S./ Männel, W. (1986), S.163

zehrursachen hervorgerufen, ohne daß der Zusammenhang zwischen dem Verzehr und dessen Ursachen exakt oder annähernd bestimmt werden kann. Es sind infolgedessen Hypothesen über diesen Zusammenhang aufzustellen, die weitgehend allein oder miteinander kombiniert auftretende Verzehrursachen und ihr Ausmaß auf den Güterverzehr angeben."[75]

Der Wiederbeschaffungswert der Maschine dient in diesem Ansatz als Wertkomponente. Für die Verwendung des Wiederbeschaffungswertes einer Bearbeitungsstation statt des Anschaffungswertes spricht die Tatsache der Berücksichtigung von Preisentwicklungen am Beschaffungsmarkt, während der Nutzungsdauer einer Maschine. Die Bewertung einer möglichen Ersatzinvestition bei Maschinenausfall muß so erfolgen, daß ein Totalausfall der Maschine keinerlei produktionsverteuernde Auswirkungen besitzt. Technische Minderleistungen der Altmaschine gegenüber der artgleichen und gleichgroßen Ersatzmaschine müssen berücksichtigt werden. Die Ermittlung erfolgt mit Hilfe von Schätzungen des Fertigungsplaners sowie durch Informationen des Einkaufs über aktuelle Entwicklungen am Maschinenmarkt.

Als Mengenkomponente (Nutzungspotential) wird die Nutzungszeit der Maschine verwendet, welche in eine wirtschaftliche und eine technische gegliedert werden kann.[76] Nachfolgend wird ein spezieller Ansatz zur Berechnung kalkulatorischer Abschreibungen dargestellt. Es ist zu beachten, daß der hier verwendete entscheidungsorientierte Kostenbegriff von der jeweiligen Entscheidungssituation abhängig ist. Allgemein gilt, daß kalkulatorische Abschreibungs-

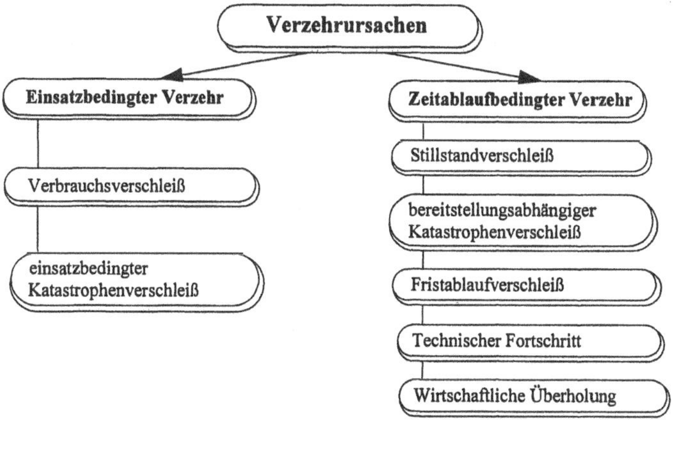

Abb. 70: Mögliche Verzehrursachen

75. Kloock, J./ Sieben, G./ Schildbach, Th. (1987), S.84
76. vgl. Kloock, J./ Sieben, G./ Schildbach, Th. (1987), S.83

ansätze von unternehmensindividuellen Gewinnkonzeptionen bzw. den Zielvorgaben der Segmentierung (vgl. Kapitel 2.2), den Finanzierungsvorstellungen und den Kapitalstrukturen abhängig sind.[77]

Als Kostentreiber, welcher den Zusammenhang zwischen den Abschreibungskosten und der Aktivität "Bearbeiten" widerspiegelt, wird die effektive Nutzlaufzeit der Maschine gewählt, die sich durch Multiplikation der Berechnungsgrößen Geplante Nutzungsdauer, Maschinenlaufzeit und Dynamische Maschinenauslastung ermitteln läßt:[78]

Geplante Nutzungsdauer [Jahren] (NUTZDAU)

Diese Größe wird durch die Planungsprämissen der Segmentplanung vorgegeben. Normalerweise kann hier auf Erfahrungswerte gleichartiger Maschinen zurückgegriffen werden, die entsprechend der Planungssituation zu interpretieren sind. Hierzu ein Beispiel: Es ist geplant eine Sonderbohrmaschine für das Fertigungssegment anzuschaffen. Vergleichbare Analgen hatten bisher eine wirtschaftliche Nutzungsdauer von 10 Jahren. Da allerdings überlegt wird, gewisse Fertigungsumfänge hinsichtlich Eigen- und Fremdfertigung zu überdenken und die betroffene Segmentvariante, die ausschließlich mit dieser Sondermaschine bearbeitet wird, in fünf Jahren fremdvergeben wird, wurde die wirtschaftliche Nutzungsdauer - aufgrund der fehlenden Einsatzflexibilität dieser Maschine - entsprechend reduziert.

Maschinenlaufzeit [Stunden/Jahr] (NUTZLAU)

Bei der bisher im Unternehmen eingesetzten Kalkulation nach Maschinenstunden wurde die sogenannte effektive Maschinenlaufzeit pro Jahr verwendet, die sich aus der theoretisch möglichen Laufzeit (Anzahl der Schichten x Arbeitszeit pro Schicht) abzüglich der unproduktiven Zeiten, wie etwa Rüst-, Reinigungs-, Erhol- oder Störzeiten berechnet. Bei der simulationsgestützten Segmentplanung besteht nun der Vorteil die theoretische Maschinenlaufzeit mit der jeweils für eine bestimmte Segmentbelastung geltenden Maschinenauslastung zu Dynamisieren.

Dynamische Maschinenauslastung [%/100] (AUSLAST)

Durch die Simulation ergibt sich die Möglichkeit der Berücksichtigung eines Verlustes der leistungsunabhängigen Nutzungsfähigkeit der Maschine, z.B. auf Grund von Bedarfsverschie-

---

77. vgl. Hummel, S./ Männel, W. (1986), S.168
78. alle nachfolgend dargestellten Angaben in runden Klammern stellen die in den Berechnungsformeln verwendeten Variablennamen dar, Angaben in eckigen Klammern geben die jeweilige Einheit an

bungen, Preisänderungen oder Kostensteigerungen im Zeitablauf. Sinkt die Auslastung einer Maschine, so steigt das Risiko, daß ein vorzeitiger, leistungsunabhängiger Nutzungsverschleiß eintritt und somit die Anzahl der geleisteten Maschinenstunden unterhalb des technisch Möglichen liegt. Allgemein gilt für die Abschreibungskosten einer Maschine pro Zeiteinheit:

Kalkulatorische Abschreibungskosten [DM/Zeiteinheit] = Wert der Maschine [DM] / (Nutzungszeit [Zeiteinheit] * K)

wobei K einen Korrekturfaktor darstellt, der die technische Nutzungszeit der Maschine in seine wirtschaftliche überführt, d.h. in diejenige Nutzungszeit, welche nicht technisch möglich sondern aus Wirtschaftlichkeitsüberlegungen sinnvoll ist.
Die Wahl des Korrekturfaktors ist abhängig von:

- der Charakteristik des Beschaffungsmarktes, hier spielen Faktoren wie Anzahl der möglichen Maschinenlieferanten, Markttransparenz, Produktlebenszyklen der Maschine usw. eine Rolle
- der Einschätzung des Unternehmens hinsichtlich zukünftiger Marktentwicklungen, die das Nutzungspotential der Maschine vermindern könnten
- technischen Entwicklungen im Maschinenherstellungs- und verfahrenstechnischen Bereich, welche zu leistungsfähigeren Maschinen mit verbesserten Einsatz-Ausbringungs-Relationen führen[79]
- Änderungen der Absatzmarktsituationen, wie etwa Kundengruppenverschiebungen, Geschmacksänderungen usw.

Je größer die Gefahr der Abweichung zwischen technischer und wirtschaftlicher Nutzungszeit ist, um so größer muß der aktuelle Abschreibungsbetrag bzw. um so kleiner der Korrekturfaktor gewählt werden.
Die Simulation bietet die Möglichkeit der Berücksichtigung solcher Effekte durch Dynamisierung der Maschinenlaufzeiten. Für die Realisierung des simulationsgestützten Planungs- und Bewertungsansatzes wurde folgender Zusammenhang zwischen Abschreibungskosten der Bearbeitungsstation und dem Auslastungsgrad der Maschine getroffen. Das Simulationssystem fragt die aktuelle Maschinenauslastung (AUSLAST) ab und verwendet sie zur anschließenden

79. vgl. Hummel, S./ Männel, W. (1986), S.164

Abschreibungskostenberechnung. Eine Steigerung der Komponentenauslastung führt hierbei zu einer Reduktion der kalkulatorischen Abschreibung, was damit zu begründen ist, daß durch eine Auslastungssteigerung der Maschine das Weiternutzungsrisiko der Maschine sinkt. Hierbei wird von ganz speziellen Annahmen ausgegangen, was zur Folge hat, daß derartige Kostenfaktoren-Kostentreiberhypothesen nur für spezifische segmentplanerische Entscheidungen eingesetzt werden können.

Die Verwendung der aktuellen Komponentenauslastung zur Abschreibungskostenberechnung führt zu einer laufenden Neuberechnung, was sich auf das Laufzeitverhalten von OSIRIS negativ auswirkt. Aus diesem Grund wurde folgende Regelung getroffen. Als Startwert benötigt der Segmentplaner eine Startauslastung, da zu diesem Zeitpunkt noch keine aktuellen Auslastungswerte der einzelnen Segmentkomponenten vorliegen. Hierbei kann auf Erfahrungswerte zurückgegriffen werden, wenn diese vorhanden sind. Da es sich aber in der Regel um Neuplanungen handelt, müssen die Werte zunächst geschätzt werden. Die anfänglich unrealistischen Abschreibungskosten gleichen sich nach einiger Zeit an die realen Gegebenheiten an, da sich nach dem Vollaufen der logistischen Kette, die Auslastungssituation im System den realen Bedingungen annähert. Hierbei handelt es sich analog der Systemeinschwingphase, wie sie bei jedem Simulationslauf auftritt, um eine Kosteneinschwingphase. Dem Benutzer wird die Möglichkeit gegeben, diese explizit zu berücksichtigen. Nach dieser Anlaufphase des Fertigungssegments wird dann mit der eigentlichen Kostenanalyse begonnen, um eine Kostenverzerrung aufgrund des Einschwingverhaltens des Segmentmodells zu vermeiden.

Der Anwender kann durch die Angabe einer prozentualen Schwankungsbreite die Häufigkeit der Neuberechnung bestimmen. Ändert sich die Auslastung dieser Komponente um diesen Betrag, dann wird eine automatische Neuberechnung vom System durchgeführt. Je kleiner die Belastungsschwankungsschranke gewählt wird, desto größer sind die Erfassungskosten aufgrund der erhöhten Rechenzeiten. Zusätzlich hat der Benutzer die Möglichkeit von einer gleichbleibenden Maschinenauslastung auszugehen, wenn es seine Kostenhypothese verlangt. Prinzipiell wäre hier auch die Verwendung anderer Auslastungswerte der Komponente Bearbeitungsstation denkbar, wie beispielsweise die durchschnittliche Auslastung. Dabei würde sich eine Dämpfung der Abschreibungskosten ergeben.

Zusammenfassend ergibt sich folgender Kostentreiber-Kostenfaktor Zusammenhang für die Abschreibungskosten pro Einheit (Std) der Aktivität "Bearbeiten".

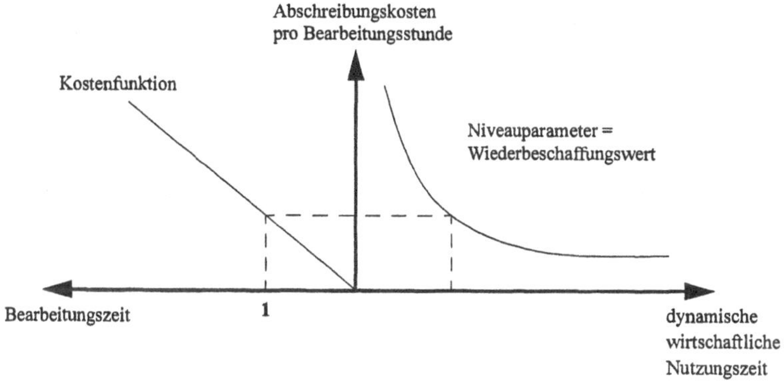

Abb. 71: Zusammenhang zwischen den Kosten pro Aktivitätseinheit und der Kostenfunktion

Kalkulatorische Abschreibungskosten [DM/Std] = WBW [DM] / (NUTZDAU [Jahren] * NUTZLAU [Std/Jahr] * (AUSLAST [%] / 100))

Die Abschreibungskosten sowie alle nachfolgend dargestellten Kostenfaktoren wurden auf eine Aktivitätseinheit (1 Stunde Bearbeiten) normiert, was die rechentechnische Weiterverarbeitung im Kostenrechnungssystem (vgl. Kapitel 7.1.3.4) erleichtert. Der Zusammenhang zur Kostenfunktion ist in Abb. 71 ersichtlich. Hierbei zeigt sich, daß der jeweilige Wert für die Abschreibungskosten pro Zeiteinheit der Steigung der Kostenfunktion entspricht, wie sie in Kapitel 7.1.2.2 beschrieben wurde. Sinkt beispielsweise die dynamische wirtschaftliche Nutzungszeit der Segmentmaschine, z.B. aufgrund eines Auftragsrückgangs, erhöht sich gleichzeitig die Steigung der Kostenfunktion und somit der später auf die Werkstücke verrechnete Kostenanteil.

Kalkulatorische Zinsen

Das für die Investition einer Segmentmaschine notwendige Kapital wird dem Unternehmen von Eignern und gegebenenfalls Gläubigern zur Verfügung gestellt, die für deren Überlassung eine Nutzungsgebühr verlangen, die als Zins bezeichnet wird.[80] Probleme ergeben sich allerdings bei der Feststellung des Zinssatzes. Die gesamtunternehmerische Aufteilung in Eigen- und Fremdkapital kann nicht investitionsprojektspezifisch zugewiesen werden, so daß in der

80. vgl. Kloock, J./ Sieben, G./ Schildbach, Th. (1987), S.103

Regel auf andere Methoden der Zinssatzermittlung zurückgegriffen werden muß. Üblicherweise verwendet man einen Alternativzinssatz, der sich bei alternativer Kapitalverwendung und gleichem Risiko am Kapitalmarkt oder als Realinvestition innerhalb des Unternehmens ergeben hätte. Die Risikoermittlung muß problemadäquat über die Sensitivität und die Wiedergewinnungszeit erfolgen.[81] Der Kostentreiber Kalkulationszinsfuß ergibt durch Multiplikation mit dem durchschnittlich gebundenen Kapital die sog. Kapitalkosten. Für die Berechnung gilt:

Kalkulatorische Zinsen [DM/Std] = (WBW [DM]/2) * (KALKZINS [%]/ 100) / (NUTZDAU [Jahren] * NUTZLAU [Std/Jahr] * (AUSLAST [%] / 100))

Hierbei wurde eine modifizierte Durchschnittswertverzinsung unterstellt, bei der davon ausgegangen wird, daß während der gesamten wirtschaftlichen Nutzungsdauer eines Segments im Durchschnitt die Hälfte des Wiederbeschaffungswertes der Maschine als Kapital in diesem Betriebsmittel gebunden ist. Als zweiter Kostentreiber wurde die bei den Abschreibungskosten dargestellte dynamische wirtschaftliche Nutzungsdauer der Maschine herangezogen. Daher gilt, daß mit steigender Nutzungsdauer der Anlage auch die Kapitalbindung pro Zeiteinheit und somit die hierdurch verursachten Kosten sinken.

Flächenkosten

Als Kostentreiber wurde der Flächenbedarf der Maschine gewählt:

Flächenbedarf in m^2 (FLAECHEB)

Hierzu zählen sowohl die von der Bearbeitungsstation direkt und indirekt benötigten Stellflächen innerhalb des Fertigungssegments, wie z.B. Kanbanflächen sowie der Platzbedarf für dezentrale Versorgungseinrichtungen, wie Werkzeuglager oder Werkzeugwechsel und -spannplätze.

Flächenkosten pro m^2 (FLAECHEK)

Dieser Kostensatz ist in der Regel betriebsgrößenabhängig und wird pauschal für ganze Werke ermittelt.

Somit gilt:

81. vgl. Wildemann, H. (1988 c), S.252

Flächenkosten [DM/Std] = (FLAECHEB [m^2] * FLAECHEK [DM/m^2]) / (NUTZDAU [Jahren] * NUTZLAU [Std/Jahr] * (AUSLAST [%] / 100))

Wiederum wurde als zweiter Kostentreiber die dynamische wirtschaftliche Nutzungsdauer der Maschine herangezogen. Eine Erhöhung der Nutzungsdauer bedeutet eine Reduktion der pro Zeiteinheit verursachten Flächenkosten, aus den obig erwähnten Gründen.

Stromkosten

Für die Stromkosten wurde als Kostentreiber die mittlere kw-Leistung (*MLEIS*) aller elektrischen Verbraucher der Bearbeitungsstation wie geregelte Antriebe, Pumpen oder Steuerungseinheiten gewählt. Da technische Systeme meist nicht mit Vollast fahren, wird bei der Berechnung der Energiekosten die langfristige und durchschnittliche Leistungsabgabe in kw berücksichtigt, was zu folgender Berechnungsformel führt:

Stromkosten [DM/Std] = MLEIS [kw] * STROMK [DM/kwh]

STROMK stellt hierbei den aktuellen kwh-Tarif für die Industrie dar.

Werkzeugkosten

Die Modellbank OSIRIS bildet den Einsatz von Werkzeugen nicht explizit ab. Um eine Vergleichbarkeit unterschiedlicher Planungsalternativen von Fertigungssegmenten zu ermöglichen, werden diese aufgrund der Entscheidungsrelevanz der Werkzeugkosten berücksichtigt.[82] Da der Werkzeugeinsatz nicht modelliert werden kann, wurde der Bearbeitungsumfang der Bearbeitungsstation als Kostentreiber bestimmt, so daß es sinnvoll erscheint diese Kostenposition als Durchschnittswert eines Jahres (*WEKOST*) anzugeben.

Werkzeugkosten [DM/Std] = WEKOST [DM/Jahr] / (NUTZLAU [Std/Jahr] * (AUSLAST [%] / 100))

82. vgl. Haarmann, C. (1994), S.92

Instandhaltungskosten Bearbeitungsstation

Als Kostentreiber der Instandhaltungskosten Bearbeitungsstation wurde die wirtschaftliche Nutzungsdauer der Segmentmaschine sowie der Wiederbeschaffungswert der Maschine gewählt. Da sich aufgrund altersbedingter Verschleißerscheinungen die Instandhaltungskosten bei steigender Nutzungsdauer der Maschine erhöhen, wird hier ein Durchschnittswert ermittelt und in Prozent des technischen Abschreibungswertes (*IHMKOST*) angegeben. Eine verbesserte Lösung zur Bewertung der Instandhaltungskosten wäre die Angabe der geplanten Instandhaltungskosten für jedes Nutzungsjahr sowie die Zuordnung zur Aktivität "Instandhalten" mit dem Kostentreiber Instandhaltungszeit.

Instandhaltungskosten Bearbeitungsstation [DM/Std] = (IHMKOST [%]/100) * (WBW [DM] / (NUTZDAU [Jahren] * NUTZLAU [Std/Jahr])

Instandhaltungskosten Werkzeug

Auch hier werden die Instandhaltungskosten auf Basis des Kostentreibers Werkzeugkosten ermittelt (*IHWKOST*) und durch folgende Berechnungsformel beschrieben.
Instandhaltungskosten Werkzeug [DM/Std] = (IHWKOST [%]/100) * WEKOST [DM/Std]

Restbetriebsstoffkosten

In dieser Position werden alle Restbetriebsstoffkosten, wie etwa Schmier- oder Kühlmittel erfaßt. Stromkosten welche ebenfalls Betriebsstoffkosten darstellen, wurden wegen ihrer größeren Bedeutung und der besseren Zurechenbarkeit aufgrund der Datenverfügbarkeit des Stromverbrauches gesondert erfaßt und mit Hilfe des Kostentreibers wirtschaftliche Nutzlaufzeit der Maschine zugerechnet. Durch Angabe des Verbrauchswertes pro Jahr (*BESTKOST*) ergibt sich:

Restbetriebsstoffkosten [DM/Std] = BESTKOST [DM/Jahr] / (NUTZDAU [Jahren] * NUTZLAU [Std/Jahr])

Lohn- und Lohnnebenkosten

Lohn- sowie Lohnnebenkostenanteile (*LOHNKOST*) werden stationsspezifisch zugewiesen, was unter Berücksichtigung des Leistungsgrades *(LEIGR)* zu erfolgen hat. Leistungstreiber ist die Personaleinsatzzeit, die bei diesem Ansatz noch statisch aufgrund der in OSIRIS fehlenden Komponente Werker zu erfassen ist.

Lohnkosten [DM/Std] = LOHNKOST [DM/Std] / LEIGR [ ]

Der Leistungsgrad stellt das Verhältnis aus der vom Werker erbrachten und beobachteten Ist-Leistung und der vom Werker auf Dauer und im Mittel der Schichtzeit erbrachten Normalleistung dar.[83]

Durch eine geplante Erweiterung des Fertigungssimulators OSIRIS um eine Werkerkomponente, wird es möglich sein, die Lohnkosten und Lohnnebenkosten auf die Komponenten Werker direkt zu beziehen.

Aktivität "Rüsten"

Bei der Umstellung der Segmentmaschine auf eine neue Bearbeitungsaufgabe fallen Rüstkosten an, um die Maschine nach der Bearbeitung eines Werkstücks auf eine neue Fertigungsaufgabe des Folgeauftrags umzustellen bzw. in dessen Grundzustand rückzuversetzen. Dabei

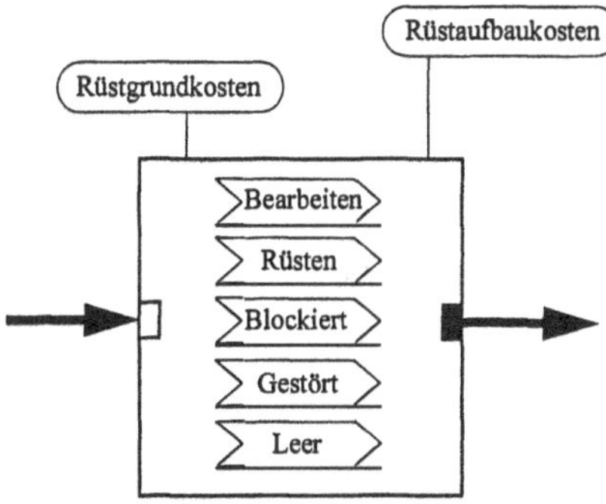

Abb. 72: Zuordnung der Kostenfaktoren zur Aktivität "Rüsten" der Bearbeitungsstation

83. vgl. Kern, W. (1980), S.273

können beispielsweise Lohn-, Betriebsmittel- und Werkstoffkosten berücksichtigt werden die pro Rüstvorgang anfallen. Generell können Rüstkosten sowohl von der Bearbeitungsstation als auch von der Segmentvariante, welche den Rüstvorgang ausgelöst hat, beeinflußt werden. Folglich wurde eine Trennung in maschinenspezifische aber zeit- und variantenunabhängige Rüstgrund- sowie in maschinenunabhängige aber zeit- und variantenabhängige Rüstaufbaukosten vorgenommen, die mittels unterschiedlicher Kostentreiber verrechnet werden (vgl. Abb. 72).

Als Kostentreiber wurde bei den Rüstgrundkosten die Anzahl der Rüstvorgänge und bei den Rüstaufbaukosten zusätzlich die Rüstzeit herangezogen. Für den funktionalen Zusammenhang zwischen Kostentreiber und Kostenfaktoren ergibt sich für die Rüstkosten einer Bearbeitungsstation zunächst eine stationsspezifische, diskrete Zuordnung beim Rüstereignis mit konstanten Rüstgrundkosten und anschließend eine variantenabhängige und rüstzeitabhängige Rüstaufbaukostenzuordnung wie es in Abb. 73 dargestellt wurde.

Da die Rüstgrund- sowie -aufbaukosten für eine Anzahl von Werkstücken einer bestimmten Variante anfallen, die nach einer Aufrüstung gefertigt wurden, können sie bei einer anschließenden Kostenanalyse nur bei den varianten- bzw. segmentspezifischen Kostenanalyseverfahren zugeordnet werden (vgl. Kapitel 7.1.2.3).

Aktivität "Blockiert", "Gestört" und "Leer"

- die Aktivitäten "Blockiert" sowie "Störung" werden durch die Berechnung der Kapitalbindungskosten berücksichtigt (vgl. hierzu die Ausführungen zur Aktivitätskostenanalyse in Kapitel 7.1.2.3).

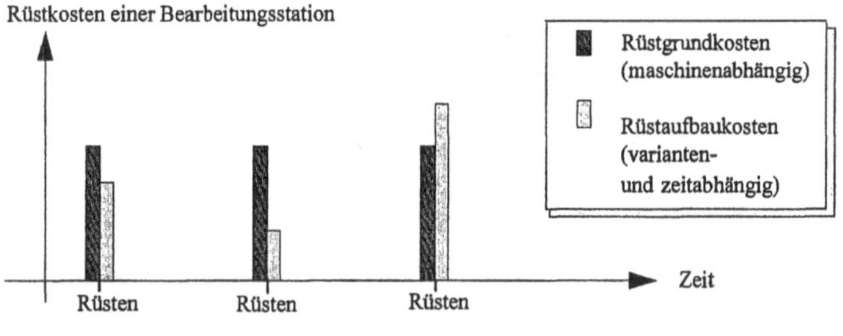

Abb. 73: Funktionaler Zusammenhang zwischen Rüstkosten und Rüstereignis bei Betrachtung einer Bearbeitungsstation

Kostenfaktor	Verwendete Kostentreiber	Kostenfunktionsverlauf pro Aktivitätseinheit	Kosten-treiberart
Kalkulatorische Abschreibungskosten	dyn. wirtschaftliche Nutzungszeit	regressiv	Zeit
Kalkulatorische Zinsen	Kalkulationszinssatz dyn. wirtschaftliche Nutzungszeit	proportional regressiv	Wert Zeit
Flächenkosten	Flächenbedarf dyn. wirtschaftliche Nutzungszeit	proportional regressiv	Menge Zeit
Stromkosten	Stromverbrauch	proportional	Menge
Werkzeugkosten	dyn. wirtschaftliche Nutzungszeit	regressiv	Zeit
Instandhaltungskosten Bearbeitungsstation	Wiederbeschaffungswert wirtschaftliche Nutzungszeit	proportional regressiv	Wert Zeit
Instandhaltungskosten Werkzeug	Werkzeugkosten	proportional	Wert
Restbetriebsstoffkosten	wirtschaftliche Nutzungszeit	regressiv	Zeit
Lohn- und Lohnnebenkosten	Leistungsgrad	regressiv	Wert
Rüstgrundkosten	Anzahl der Rüstaktivität	diskret	Anzahl
Rüstaufbaukosten	Rüstanzahl Rüstzeit	diskret proportional	Anzahl Zeit

Abb. 74: Zuordnung Kostentreiber - Kostenfaktor

- die Aktivität "Leer" wird nicht als kostentreibend betrachtet und findet daher für eine spätere Kostenkalkulation keine direkte Berücksichtigung. Durch die Auswirkungen der Aktivität "Leer" auf die aktuelle Auslastungssituation, die wiederum bei der Kostenberechnung Verwendung findet, wird allerdings ein indirekter Zusammenhang zu anderen Kostenfaktoren hergestellt.

Die verwendeten Kostenfaktoren, deren Kostentreiber, die Art des Kostenfunktionsverlaufs pro Aktivitätseinheit sowie die Kostentreiberarten wurden für die Komponente Bearbeitungsstation der Aktivitäten "Bearbeiten" und "Rüsten" nochmals in Abb. 74 zusammengefaßt dargestellt.

7.1.3.4 Programmablauf des Kostenrechnungssystems

Konfiguration des Kostenrechnungssystems

Nachdem alle für die erforderlichen Segmentmaschinen relevanten Kosteninformationen während der Modellerstellung eingegeben wurden, folgt in einem nächsten Schritt die individuelle Konfiguration des Kostenrechnungssystems für die Kostenexperimente (vgl. Abb. 75). So kann der Start- und Endzeitpunkt der Kostenberechnung frei definiert werden. Die Erfassung und Berechnung der Kosten erfolgt dann innerhalb dieses Zeitintervalls. Dadurch kann, bei der dynamischen Kostensatzberechnung (vgl. Kapitel 7.1.3.3), die Kosteneinschwingphase eleminiert werden oder spezielle Kostenanalysen bestimmter Zeiträume stattfinden.

Da die Einheit der Simulationszeit in OSIRIS dimensionslos ist, besitzt der Benutzer die Möglichkeit die Kosten auf Basis von Sekunden, Minuten oder Stunden berechnen zu lassen. Als Voreinstellung wird eine Stundenauflösung angenommen.

Aufgrund der programmtechnischen Steuerung des Simulators auf Basis eines sogenannten "Event Scheduling Approach", bei dem erst mit dem Eintreten eines neuen Ereignisses (z.B. Beginn Bearbeitung Werkstück 3) jeweils die entsprechenden Modellvariablen aktualisiert werden, kann es bei der Kostenberechnung zu Zeitverzögerungen kommen. Dies hat zur Folge,

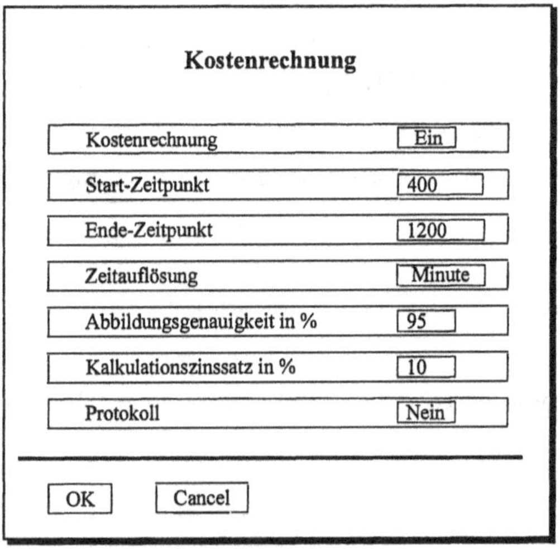

Abb. 75: Eingabemaske zur Parametrisierung der Kostenrechnung

daß erst mit der Endemeldung einer bestimmten Aktivität, die an einem Werkstück ausgeführt wurde, die Berechnung der Werkstückkosten erfolgt. Diese Berechnungsverzögerung führt zu einer Kostenverzerrung, die sich in Abb. 76 als Differenz zwischen tatsächlicher und berechneter Kostenkurve ergibt. Mit Hilfe der Option "Abbildungsgenauigkeit in %" kann diese Kostenverzerrung gesteuert werden. Der prozentuale Wert gibt die Abweichung an, bei der die berechnete Kostenkurve in Relation zur tatsächlichen Kostenkurve aktualisiert wird. Hierdurch wird z.B. vor dem Erreichen des Bearbeitungsendes eines Werkstücks zum Zeitpunkt t_2 bereits ein Anteil der in dieser Bearbeitungszeit entstandenen Kosten dem Werkstück zugeschlagen.

Die Option "Kalkulationszinssatz" in der Kostenrechnungsmaske dient der Berechnung der Kapitalkosten, welche durch die Kapitalbindung der Werkstücke verursacht werden, die sich während des Kostenexperimentes innerhalb des untersuchten Fertigungssegments befinden (vgl. Kapitel 7.1.2.3).

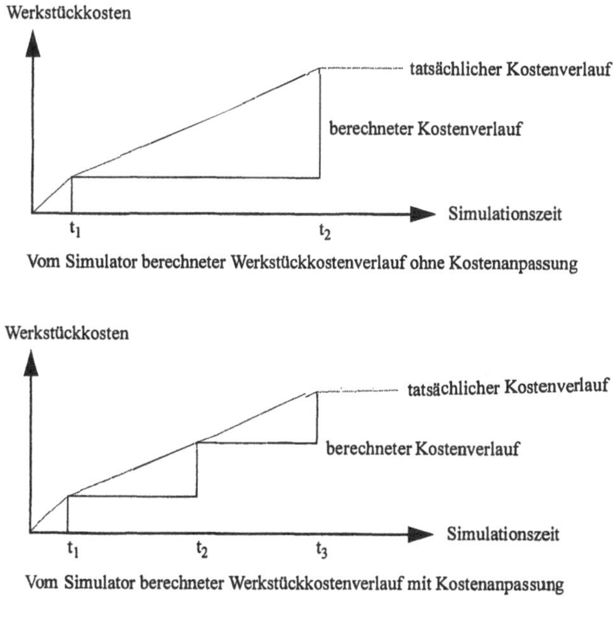

Abb. 76: Kostenvergleichsberechnung mit und ohne Anpassung

Interaktion der Kostenrechnungskomponenten

Aufgrund der Vorteile des in Kapitel 7.1.2.2 dargestellten Konzepts einer zentralen Kostenrechnungskomponente, wurde dieser Ansatz bei der programmtechnischen Realisation mit Simplex MDL gewählt. Mit Hilfe von Meldungen werden alle kostenrelevanten Informationen jeder Segmentkomponente während der Simulation von Segmentprozessen an eine zentrale Kostenrechnungskomponente übergeben und weiterverarbeitet.
Jede Meldung besteht aus vier Variablen:[84]

Aktivität [INTEGER]
Anzahl [INTEGER]
Variantennummer [INTEGER]
Meldung [LOGICAL]

Die Variable Aktivität beschreibt die derzeitige Aktivitätsart, die an der meldenden Komponente ausgeführt wird (z.B. Aktivität [2] = Bearbeiten). Mittels der Anzahlvariable wird die Anzahl der gleichzeitig in einer Segmentmaschine bearbeiteten Werkstücke beschrieben, was durch die Kapazität jeder Bearbeitungsstation parametrisiert wird (vgl. Abb. 66). Da unterschiedliche Segmentvarianten bearbeitet werden, muß jede bearbeitete Variantenart gekennzeichnet werden, um eine variantenspezifische Kostenanalyse zu ermöglichen. Dies geschieht mittels der Variablen Variantennummer. Ergänzt wird jede Meldung durch eine Logikvariable, welche die Gültigkeit der Meldung anzeigt.
Die eigentliche Berechnung der Aktivitätszeit (Zeitraum zwischen dem Ereignis Beginn und Ende einer Aktivität) wird von der zentralen Kostenrechnungskomponente aufgrund der Differenz der Meldungen Beginn und Ende einer Aktivität ermittelt. Meldungen treten daher immer paarweise auf, d.h. eine Meldung über das Ende einer Aktivität kann nur nach vorheriger Meldung über den Anfang derselben Aktivität erfolgen. Andererseits bedingt eine Meldung über den Anfang einer Aktivität auch deren Endmeldung. Auf diese Weise wird vom Kostenrechnungssystem eine Konsistenzprüfung vorgenommen. Die Bestimmung der Herkunft einer Meldung erfolgt über den Index der Feldvariablen der Meldung. Gleichzeitig werden auch die aktuellen Aktivitätskosten mittels eines Index von jeder Segmentkomponente an die zentrale

---

84. Eine INTEGER-Variable beschreibt eine beliebige ganzzahlige Zahl. Eine LOGICAL-Variable kann die boolschen Werte wahr oder falsch annehmen.

Kostenrechnungskomponente übermittelt.

Die Schnittstellen der zentralen Kostenrechnungskomponente zu den Maschinenkomponenten wurden so entworfen, daß alle Komponenten in der Regel diesselbe Parametermaske verwenden, d.h. unabhängig von der jeweiligen Komponente findet die zentrale Kostenrechnung identische Schnittstellenvariablen vor. Somit können zusätzliche Komponenten auf einfache Weise an die zentrale Kostenrechnungskomponente angeschlossen werden. Die eigentliche Parameterübergabe der Kosteninformationen der einzelnen Komponenten erfolgt mit Hilfe von sogenannten Sensor Variablen. Hierbei erfolgt ein Lesezugriff der zentralen Komponente auf die dezentralen Segmentkomponenten nach dem sogenannten "Glass Box Prinzip".

Dieses Prinzip besagt, daß eine Sensor Variable einer fremden Komponente zwar gelesen, jedoch nicht modifiziert werden kann. Es herrscht also ausschließlich Lesezugriff auf diese Variable, die sich bildlich in einem gläsernen Kasten befindet. Zur Übermittlung der Kosteninformation sind daher keine mobilen Komponenten nötig, was eine drastische Verbesserung des Laufzeitverhaltens von OSIRIS bewirkt.[85]

Eine Kostenmeldung wird durch die Definition von Meldungsvariablen in jeder Segmentkomponente realisiert, die bei Bedarf, d.h. wenn Kosten entstehen, mit den entsprechenden Werten belegt werden. Die zentrale Kostenrechnungskomponente liest nun zur Verarbeitung einer Meldung die entsprechenden Werte nach dem Taktkonzept von SIMPLEX MDL ein. Hierbei wird eine Meldung für die Dauer eines Taktes von der entsprechenden Komponente gesetzt. Innerhalb dieses Taktes wird sie von der zentralen Kostenrechnung gelesen. Im nachfolgenden Takt wird die Meldung dann wieder zurückgesetzt, falls keine weiteren Meldungswünsche vorliegen, bzw. mit Werten einer nachfolgenden Meldung belegt werden. Haben zu einem Zeittakt alle Segmentmaschinen ihre Meldungswünsche geäußert, so prüft die Kostenrechnung im nachfolgenden Takt erneut die Meldungswünsche aller Komponenten. Zeigt eine dieser Variablen nun eine aktuelle Meldung an, so wird die Information eingelesen und verarbeitet.[86]

Zusätzlich zu den bereits beschriebenen Meldungsvariablen werden die dynamischen Aktivitätskosten (vgl. Kapitel 7.1.3.3) von jeder Segmentmaschine mittels Sensor Variablen bereitgestellt.

Der eigentliche Programmablauf der Kostenrechnung gliedert sich in zwei Stufen. Auf der ersten Stufe senden alle Segmentkomponenten des Simulationsmodells Meldungen über lau-

85. Untersuchungen zum Laufzeitverhalten von OSIRIS haben ergeben, daß das Erzeugen, der Zugriff und das Bewegen von mobilen Komponenten, im Verhältnis zur Anzahl mobiler Komponenten im System polynomiales Laufzeitverhalten aufweist.

86. Das Taktkonzept von SIMPLEX MDL liefert die Grundlage und Garantie für eine reibungslose und fehlerfreie Kommunikation zwischen den Komponenten.

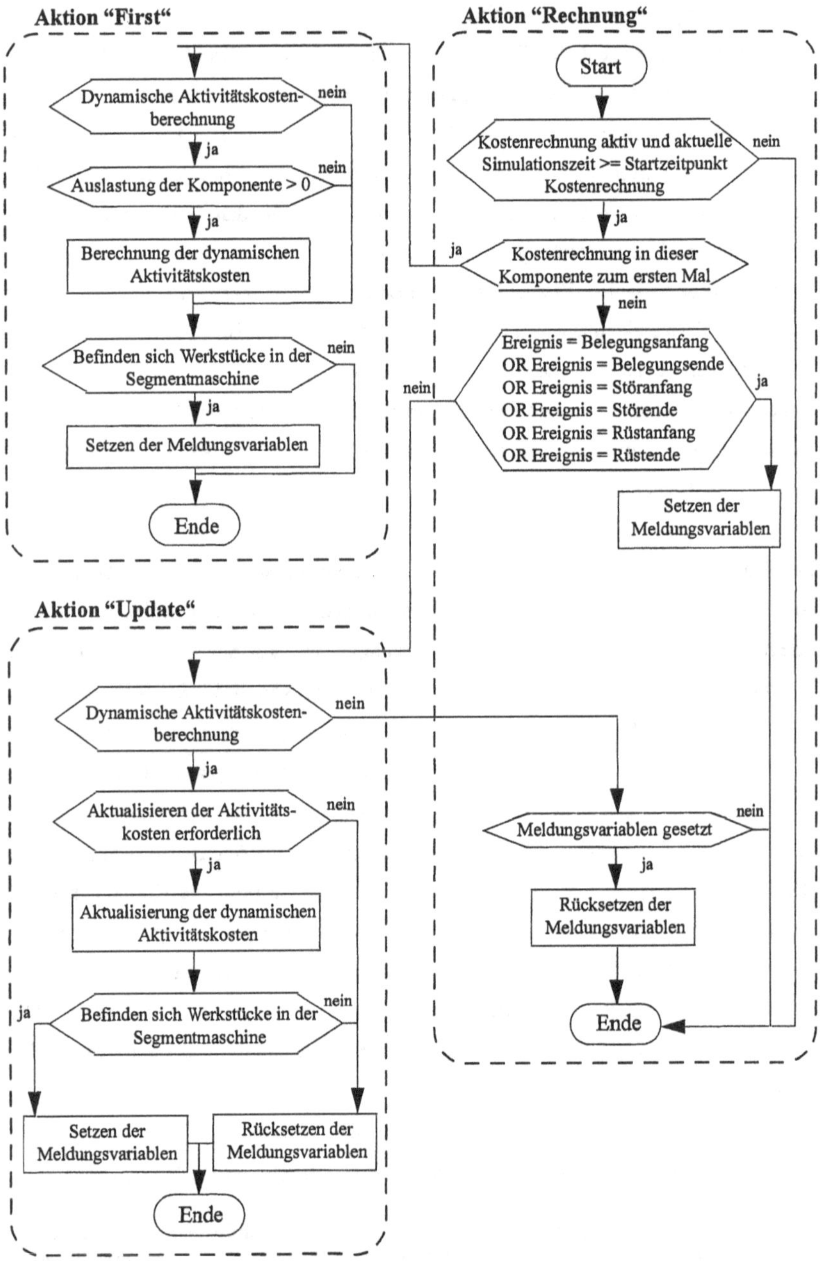

Abb. 77: Programmablaufschritte der Segmentkomponenten

fende Segmentereignisse an die zentrale Kostenrechnungskomponente. Auf der zweiten Stufe werden diese Meldungen von der zentralen Kostenkomponente entgegengenommen und verarbeitet. Auf eine mögliche Rückmeldung an die sendende Station über erfolgreiche Bearbeitung der Nachricht wurde zu Gunsten eines besseren Laufzeitverhaltens verzichtet.

Der Programmablauf der Kostenrechnung wird zusammengefaßt in Abb. 77 dargestellt. Nach einer Überprüfung ob die Kostenrechnungsfunktion aktiviert wurde (vgl. Abb. 66) sowie dem Erreichen der Kostenberechnungszeit, wird abgefragt ob zum ersten Mal eine Kostenberechnung in der Segmentkomponente stattfindet. In dieser Aktion "First" werden Meldungen eventueller Bearbeitungs- oder Rüstvorgänge der zentralen Kostenrechnung jeder im Segmentmodell eingesetzten Maschine zugänglich gemacht. Außerdem wird im Falle einer dynamischen Aktivitätskostenberechnung eine auslastungsabhängige Berechnung der Kosten vorgenommen.[87] Wurden die entsprechenden Meldungsvariablen gesetzt, erfolgt in der Aktion "Rechnung" die eigentliche Bearbeitung der Kosteninformationen durch die zentrale Kostenrechnungskomponente. Während der Simulation überprüft eine Funktion der zentralen Kostenrechnungskomponente zu jedem Ereigniszeitpunkt, ob sie Meldungen von Segmentmaschinen erhalten hat. Um einen Einblick in die Simulationssprache Simplex MDL zu geben wird diese Funktion nachfolgend beispielhaft dargestellt:[88]

```
FUNCTION Exist (ARRAY [N] LOGICAL : Meldung --> INT)
DECLARE
    POS (INT) := 0
BEGIN
    FOR i FROM 1 TO N
    REPEAT
        IF Meldung [i]
        DO
        Pos := i;
        EXIT;
        END
    END_LOOP
```

87. Zusätzlich besteht die Möglichkeit einen einmal berechneten Aktivitätskostensatz für die Gesamtdauer der Kostenberechnung konstant zu halten. Diese Vorgehensweise ermöglicht beispielsweise das Aufzeigen von Bewertungsunterschieden zwischen einer statischen und dynamischen Kostenrechnung.

88. Zu einer ausführlichen Darstellung von SIMPLEX MDL vergleiche Schmidt, B. (1990)

```
RETURN (Pos);
END_FUNC
```

Findet die zentrale Kostenkomponente eine Meldung vor, so muß diese innerhalb dieses Taktes von ihr verarbeitet werden. Dazu wird die Aktion "Rechnung" ausgeführt. Ist keine Meldung zu verarbeiten, so muß überprüft werden ob zu diesem Zeitpunkt eine außerordentliche Kostenberechnung durchgeführt werden muß, um die vom Benutzer gewünschte Abbildungsgenauigkeit erfüllen zu können (vgl. Abb. 66). Entsprechend den gesetzten Meldungsvariablen werden unterschiedliche Variablenzuweisungen vorgenommen, die eine auswerteunabhängige Erfassung der relevanten Kostenabläufe im Segment ermöglichen.
Die Aktion "Update" aktualisiert die dynamischen Aktivitätskosten, die nach jeder Neuberechnung durch Setzen der entsprechenden Sensor Variable der zentralen Kostenrechnung zur Verfügung gestellt werden.

7.2 Fallstudien zur simulationsgestützten Planung und Bewertung von Fertigungssegmenten mit der Modellbank OSIRIS

Die Auswahl der Fallstudien erfolgte anhand der in Abb. 78 dargestellten sukzessiven Planungsphasen eines Fertigungssegments.[89]
Nach einer Vorphase, in der die Bearbeitungsaufgaben innerhalb eines Segmentes analysiert werden, erfolgt die technologische Planung. In diesem Planungsschritt werden Fertigungsverfahren zur Erfüllung der Bearbeitungsaufgaben ermittelt und ausgewählt. Bei der Planung des Radsatzsegments wurde hierbei auf die bisherigen Erfahrungen mit radsatzrelevanten Fertigungsverfahren zurückgegriffen.[90] Die technische Machbarkeit unter Berücksichtigung der Wirtschaftlichkeit bildet die Grundlage für den nachfolgenden Planungsschritt der Struktur- und Prozeßplanung.
Aufgabe dieser Planungsphase ist die Festlegung der günstigsten Anordnung und Verknüpfung der einzelnen Segmentstationen. Das beschriebene Planungsbeispiel bezieht sich auf die organisatorische Verknüpfung der Segmentmaschinen. Das Zusammenspiel der Segmentmaschinen wird durch die optimale variantenspezifische Losgröße bestimmt, die es in dieser

89. vgl. Hartberger, H. (1991), S.35f; Milberg, J./ Reinhart, G. (1996), S.10-36ff
90. Hierbei handelt es sich um das Fertigungsverfahren "Trennen" - im Speziellen um das nach DIN 8580 definierte "Spanen mit geometrisch bestimmter Schneidenform", wie z.B. Drehen, Bohren, Fräsen.

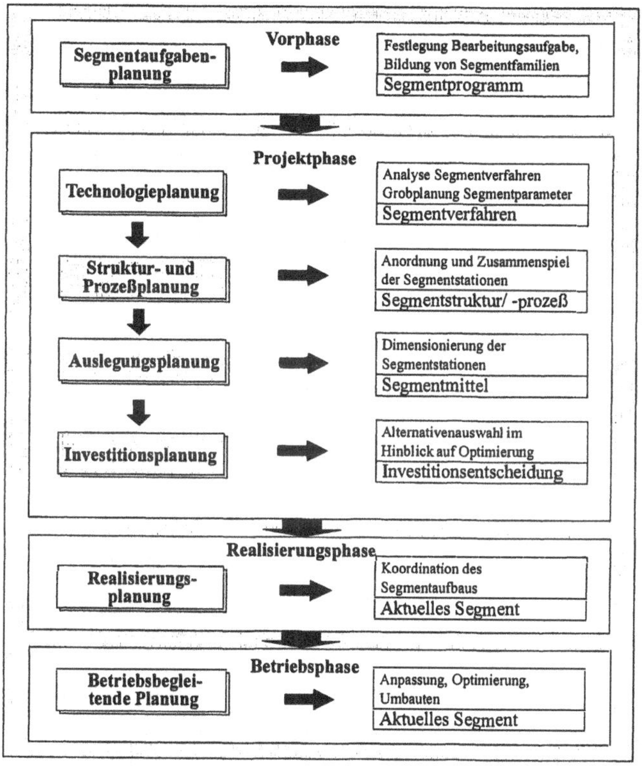

Abb. 78: Planungsphasen eines Fertigungssegments

Planungsphase zu bestimmen gilt. Als Kostenanalyseverfahren wurde die variantenspezifische Aktivitätskostenanalyse gewählt, die beispielhaft für eine spezielle Radsatzvariante beschrieben wird (vgl. Kapitel 7.1.2.3)

Die anschließende Phase der Auslegungsplanung, bei der es um die Dimensionierung der Betriebsmittel geht, wird am Beispiel einer Kostenoptimierung der Engpaßsituationen beschrieben. Mögliche Engpässe werden simulationsgestützt ermittelt und anschließend hinsichtlich ihrer Kostenwirksamkeit überprüft. Die segmentspezifische Aktivitätskostenanalyse wurde für diese Projektplanungsphase als Analyseverfahren ausgewählt.

Im einem letzten Projektplanungsschritt wird die Vorteilhaftigkeit unterschiedlicher Planungsalternativen mittels einer varianten- und segmentspezifischen Aktivitätskostenanalyse untersucht. Dabei werden investitionstheoretische Fragestellungen anhand von Kostengrößen erörtert, wobei die Auswahl der kostengünstigsten Segmentalternative erfolgt.

Ausgangsbasis aller Planungsbeispiele ist das in Kapitel 7.1.3.2 beschriebene Simulationsmodell - erstellt mit der Modellbank OSIRIS - das den in Abb. 32 beschriebenen Simulationszyklus mit Validierungs- und Verifikationsschritten durchlaufen hat. Dabei gilt, daß jeder Planungsschritt auf den Ergebnissen der vorangegangenen Planungsstufe aufbaut.

7.2.1 Beispiel zur Struktur- und Prozeßplanung - Kostenoptimale Losgröße[91]

Planungsproblem	Kostenoptimierung der variantenspezifischen Fertigungs- und Transportlosgrößen
Analyseverfahren	Variantenspezifische Aktivitätskostenanalyse
Variationsparameter	Anzahl der Werkstücke die mit einer Maschinenaufspannung/ bei einem Transportvorgang gefertigt bzw. transportiert werden
Konstante Segmentparameter	Anzahl eingesetzter Segmentmaschinen (82) Segmentlayout (laut Layoutplan) Segmentsteuerung (Bringprinzip) Segmentvarianten (23) Maschinenverfügbarkeit (100%) Planungszeitraum (6 Monate) Fertigungssegmentprogramm (laut Kundenaufträge der letzten 6 Monate)
Simulationsparameter	Simulationsläufe (25) Simulationsgesamtdauer (22 Stunden)

Abb. 79: Simulationsdaten: Struktur- und Prozeßplanung

91. Unter dem Begriff Optimierung bzw. Optimum wird in Zusammenhang mit der Simulation kein mathematisch exaktes, absolutes Optimum im analytischen Sinne verstanden. Hierbei handelt es sich um eine "gute Lösung", die mit vertretbarem Aufwand zu finden ist und alle Randbedingungen erfüllt.

Die Struktur- und Prozeßplanung eines Fertigungssegments beschäftigt sich mit der Anordnung und Verknüpfung der innerhalb eines Segments eingesetzten Arbeitsstationen.[92] Struktur- und prozeßbestimmende Kriterien sind die in Kapitel 3.3. beschriebenen organisatorischen, betriebsmittel-, material- sowie mitarbeiterbezogenen Gestaltungsmaßnahmen. Da beim Konzept der Fertigungssegmentierung die Struktur der Fertigungssegmente an den Vorgangsfolgen der Segmentfamilien ausgerichtet ist, stehen die Segmentprozesse in engem Zusammenhang mit der Struktur.[93] Unterschiedliche Strukturalternativen haben somit unmittelbare Auswirkungen auf die im Segment ablaufenden Prozesse.

Dieser Tatsache wurde bereits beim Entwurf und der Implementierung des simulationsgestützten Planungs- und Bewertungsansatzes Rechnung getragen. Dabei wird zunächst ein Strukturmodell erstellt - durch Abbildung des Fertigungssegments mittels strukturbildender Komponenten und deren Verbindungen - und anschließend in ein prozeßorientiertes Aktivitätskettenmodell überführt, das mittels Kostenfaktoren bewertet wird (vgl. Kapitel 7.1). Somit besteht die Möglichkeit strukturelle Planungsprobleme in prozeßorientierten Aktivitätsketten abzubilden und einer anschließenden Kostenbewertung zugänglich zu machen.

Ein wesentlicher Bestandteil der Prozeßplanung ist die sogenannte Losbildung. Hierbei wird die Frage beantwortet, wie häufig der Materialfluß im Segment unterbrochen und welche geschlossene Auftragsmenge einer Segmentvariante hergestellt bzw. transportiert wird.[94] Das folgende Planungsbeispiel beschäftigt sich mit der Ermittlung einer optimalen Losgröße für Fertigung und Transport (vgl. Abb. 79). Hierunter versteht man die Anzahl derjenigen Tellerräder bzw. Antriebskegelräder welche gemeinsam mit einer Aufrüstung der Segmentmaschine gefertigt bzw. zwischen den Segmentstationen mittels fahrbarer Spezialbehälter weitergegeben werden. Um Handlingskosten innerhalb des Segments zu reduzieren, wurde die variantenspezifische Fertigungs- und Transportlosgröße gleichgesetzt. Erst durch den Einsatz eines speziell für die spezifischen Segmentanforderungen konstruierten Transportbehälters mit flexibler Ladekapazität konnte dies ermöglicht werden. Kleine Kapazitätsquerschnitte innerhalb der Tellerrad- und Antriebskegelradsegmente sind der Grund für den Einsatz kleiner und somit auch fahrbarer Transportbehälter.[95] Hierbei handelt es sich um von der Grundfläche standardisierte Schiebewagen mit Stahlgitteraufbauten, an denen je nach Losgröße eine unterschiedliche Anzahl von Halterungen (Tellerräder) bzw. Einlegeböden (Antriebskegelräder) angebracht

92. vgl. Milberg, J./ Reinhart, G. (1996), S.10-44
93. vgl. Milberg, J./ Reinhart, G. (1996), S.10-47
94. vgl. Zäpfel, G. (1982), S.192
95. vgl. Wildemann, H. (1988 c), S.220

wird. Eine einmal festgelegte Fertigungs- bzw. Transportlosgröße pro Variante bleibt aus ablauforganisatorischen Gründen während des gesamten Segmentdurchlaufs konstant.
Die Verwendung fahrbarer Behälter, welche durch die Segmentmitarbeiter bedient werden, führt zu folgenden Vorteilen:[96]

- Durch den Einsatz fahrbarer Behälter werden keine zusätzlichen Transportmittel benötigt, was die Transportkosten verringert
- Die dezentrale Verantwortlichkeit der Segmentmitarbeiter für den Transport führt zu einer direkten Zurechenbarkeit der Personalkosten für den Transport zur jeweiligen Segmentstation[97]
- Aufgrund der Entkopplung von Mensch und Maschine können Transporte während der Hauptnutzungszeit der Maschine durchgeführt werden (vgl. Kapitel 3.3.4.1)
- Fahrbare Behälter haben einen geringeren Handlingsaufwand, da Zusatzarbeiten der Bereitstellung und Vorbereitung geeigneter Transportmittel entfallen
- Zusätzlich ergibt sich der psychologische Effekt der offensichtlichen Mobilität durch die Verwendung fahrbarer Behälter, was Exkulpationsmöglichkeiten der Segmentmitarbeiter bei Transportverzögerung vermindert

Wurde ein Los vollständig gefertigt und anschließend der Transportbehälter beladen, wird er vom jeweilig verantwortlichen Maschinenbediener an die nächste Arbeitsstation befördert. Die Verwendung dieses sogenannten Bringprinzips zur Teilesteuerung folgt aus der Tatsache, daß die Auftragsmenge starken Schwankungen unterworfen ist.[98] Simulative Voruntersuchungen haben bereits auf Basis der Werkstückdurchlaufzeiten sowie der Maschinenauslastung ergeben, daß der Einsatz von selbststeuernden Regelkreisen mit entsprechendem Holprinzips, wegen auftretender Systeminstabilitäten mit der Folge von Lieferterminüberschreitungen, nicht praktikabel ist (vgl. Kapitel 3.3.1.3).
In der Praxis wird die optimale Losgröße meist auf der Grundlage einiger weniger statischer Kostenfaktoren bestimmt. „Die Anzahl der die optimale Losgröße beeinflussenden Faktoren liegt jedoch meist um ein Vielfaches höher und die verschachtelten Zusammenhänge können

---

96. vgl. Wildemann, H. (1988 c), S.223
97. Aufgrund der fehlenden Komponente Werker wird der Personalkostenanteil für die Transportfunktion direkt der Bearbeitungsstation zugeordnet (vgl. Kapitel 7.1.3.3).
98. Der Grund hierfür liegt in der Tatsache, daß die Endkunden Automobilhersteller zyklischen Nachfrageschwankungen unterliegen.

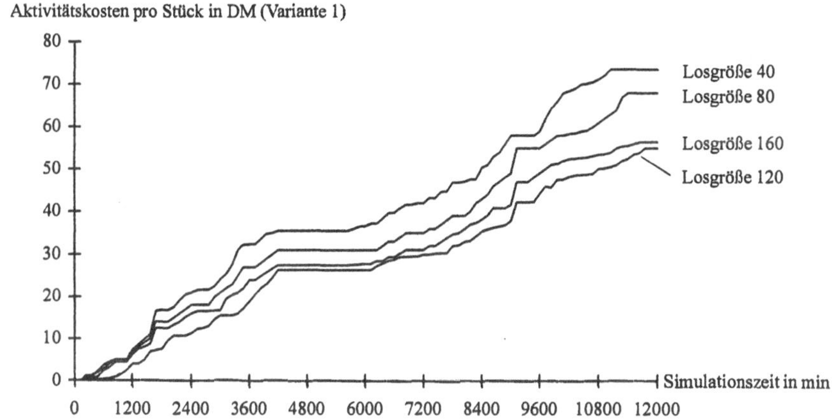

Abb. 80: Aktivitätskostenentwicklung bei unterschiedlichen Losgrößen einer Radsatzvariante

häufig nicht durch mathematische Formeln allein beschrieben werden."[99] Bei der Berechnung der optimalen Losgröße werden alle zu durchlaufenden Segmentmaschinen berücksichtigt. Gleichzeitig bildet das Simulationsmodell stochastische Einflüsse ab, wie beispielsweise den Auf- und Abbau von Beständen vor und nach Maschinen sowie die auf Zufallsverteilungen basierende Einlastung der Aufträge in das Fertigungssegment. Die im Nachfolgenden beschriebene Lösung der Bestimmung der optimalen Losgröße kann somit als ein mehrstufiger, stochastischer Losgrößenansatz betrachtet werden.

Die Variation der variantenspezifischen Losgrößen führt analog den bekannten Verfahren der klassischen Losgrößenoptimierung zu folgender ambivalenter Kostenveränderung:[100]

- Je geringer die Losgröße, desto mehr Rüst- und Transportvorgänge sind nötig um die vorgegebenen Kundenbedarfe im Planungszeitraum zu befriedigen. Dies erhöht die Rüst- sowie Transportkosten.
- Je geringer die Losgröße, desto geringer sind Pufferzeiten vor Bearbeitung und Transport. Dies senkt die Durchlaufzeit bzw. die Kapitalbindungskosten der Werkstücke.

Abb. 80 zeigt die Entwicklung der Aktivitätskosten der Radsatzvariante 1 für unterschiedliche

99. Wiendahl, H.P. (1996), S.14-89
100. vgl. Zäpfel, G. (1982), S.194

Losgrößen während des gesamten Segmentdurchlaufs. Die Variation der Losgröße erfolgt auf Basis einer sogenannten Startlösung. Diese Lösungsalternative erfüllt alle Planungsprämissen, wie z.B. Output, Durchlaufzeiten, Investitionsvolumen, etc. und bildet die Basis für alle folgenden kostenorientierten Optimierungen der Segmentauslegung.

Bei Erhöhung der Losgröße von 40 auf 120 Einheiten sinken zunächst die Aktivitätskosten pro Stück. Bei einer weiteren Erhöhung der Losgröße steigen die Aktivitätskosten sukzessive an. Eine Erhöhung der Losgröße für Variante 1 von 40 auf 120 Einheiten impliziert folgende Segmentparameteränderungen (vgl. Abb. 81 und Abb. 82):

- Die sukzessive Erhöhung der Fertigungs- und Transportlosgröße der Variante 1 von 40 auf 120 Einheiten reduziert die Anzahl der Rüstvorgänge, bei einem Periodenbedarf von 480 Einheiten und 22 beanspruchten Segmentmaschinen, von 264 auf 88 Rüstvorgänge. Analog reduzieren sich die Rüststückkosten aus Degressionsgründen von 3,6 DM auf 1,2 DM.[101]
- Gleichzeitig erfolgt mit der Losgrößensteigerung eine Erhöhung der durchschnittlichen

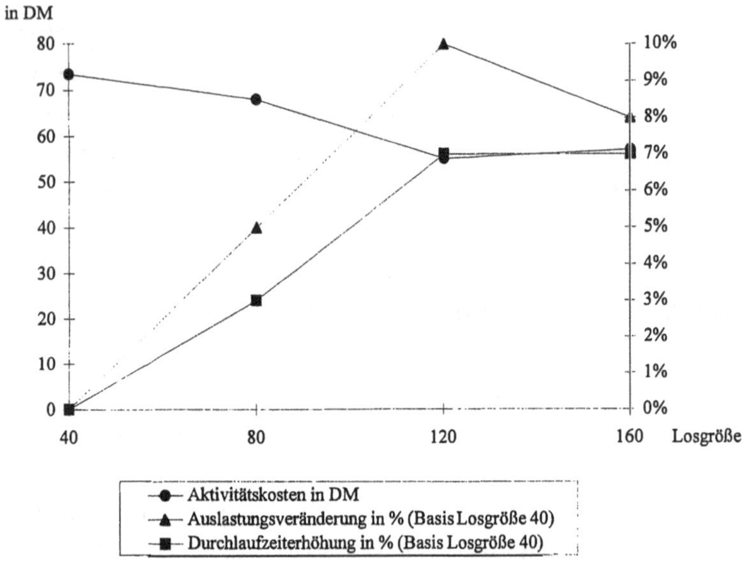

Abb. 81: Entwicklung der Aktivitätskosten, Auslastung und Durchlaufzeit bei Variation der Losgröße

101. Bei der Ermittlung der Rüstzeitmatrizen, welche die variantenspezifischen Rüstzeiten enthalten, wurden nur geringe Zeitunterschiede festgestellt, so daß aus Vereinfachungsgründen eine konstante Rüstzeit für alle Varianten verwendet wurde. Rüstaufbaukosten sind somit nur varianten- und nicht zeitabhängig (vgl. Kapitel 7.1.3.3).

	Losgröße 40	Losgröße 80	Losgröße 120	Losgröße 160
Durchschnittliche Durchlaufzeit in min	11040	11400	11760	11800
Durchschnittliche Segmentauslastung in %	75%	80%	85%	83%
Anzahl Rüstvorgänge bei Periodenbedarf 480 (22 Segmentmaschinen)	12 x 22	6 x 22	4 x 22	3 x 22
Durchschnittliche Rüstkosten pro Stück in DM	3,6	1,8	1,2	0,9
Durchschnittliche Kapitalbindungskosten pro Stück in DM	0,1	0,1	0,1	0,1
Durchschnittliche Bearbeitungskosten pro Stück in DM	69,8	66,1	53,7	55,5
Aktivitätskosten pro Stück in DM	73,5	68,0	55,0	56,5

Abb. 82: Segmentparameterentwicklung bei Variation der Losgröße

Wartezeit der Werkstücke auf Bearbeitung. Dadurch steigt die durchschnittliche Durchlaufzeit pro Werkstück von 11040 Minuten auf 11760 Minuten. Da die Kapitalbindungskosten lediglich 2,5% der gesamten Stückkosten ausmachen, wirkt sich dieser Effekt allerdings nur marginal auf die Kapitalbindung aus. Die Kapitalbindungskosten bleiben daher konstant auf 0,1 DM pro Stück.

- In dem Maße wie die unproduktiven Rüstzeiten reduziert werden (bei zunehmender Losgröße), werden die Nutzungszeiten der Maschine gesteigert. Aufgrund der Dynamisierung der Bearbeitungskosten (vgl. Kapitel 7.1.3.3) in Abhängigkeit der aktuellen Maschinenauslastung, sinken die durchschnittlichen Bearbeitungskosten von 69,8 DM auf 53,7 DM.

Eine erneute Ausdehnung der Losgröße für Variante 1 von 120 auf 160 Einheiten impliziert folgende Segmentparameteränderungen (vgl. Abb. 81 und Abb. 82):

- Aufgrund der geringen Rüsthäufigkeit von 66 Rüstvorgängen können die Rüstkosten pro Stück erneut um 0,3 DM gesenkt werden.
- Gleichzeitig sinkt die durchschnittliche Segmentauslastung von 85% auf 83%. Dieser Effekt begründet sich aus der Tatsache, daß mit dem Erreichen einer bestimmten Grenzlosgröße Diskontinuitäten zwischen den einzelnen Variantenlosgrößen auftreten. Die Auslastungsreduktion spiegelt sich aufgrund der Dynamisierung der Aktivitätskosten in einer Steigerung der Bearbeitungskosten um 1,8 DM wider.

Diese Ausgleichsprobleme konnten auf Basis einer detaillierten Untersuchung, der im Segment ablaufenden Vorgänge, genauer analysiert werden. Die atypische Auslastungsreduktion bei Losgrößensteigerung läßt sich durch folgenden Prozeß begründen:

- Die Unabgestimmtheit der untersuchten Radsatzvariante 1, im Vergleich zu den anderen Variantenlosgrößen, die durchschnittlich bei 100 Einheiten liegen, wurde beim Überschreiten der Grenzlosgröße von 120 signifikant.
- Das Einsteuern einer Variante mit Losgröße 160 führte dazu, daß die logistische Kette nachgelagerter Maschinen, die durch die zuvor gefertigten Varianten mit geringerer Losgröße belegt wurden, leerzulaufen drohte.
- Gleichzeitig ergab sich allerdings ein Rückstau neu eingesteuerter Varianten, was die Kapazitätsauslastung der betroffenen Segmentmaschinen erhöhte.
- Diese Kapazitätserhöhung fällt im Durschnitt geringer aus als die durchschnittliche Kapazitätssenkung aufgrund des Leerlaufens der logistischen Kette, so daß die Segmentauslastung insgesamt sinkt.

Das Planungsbeispiel zeigt den Unterschied zu den einstufigen und statischen Verfahren der Losgrößenplanung auf. Diese berücksichtigen nicht, daß mit dem Erreichen einer bestimmten Losgröße Diskontinuitäten im logistischen Fluß und somit indirekte Auswirkungen auf vor- bzw. nachgelagerte Segmentmaschinen auftreten können, die den zunächst positiven Effekt der Rüstkostensenkung bei Losgrößensteigerung überkompensieren.
Analog dieser Vorgehensweise wurde eine Losgrößenbestimmung für alle 23 Radsatzvarianten durchgeführt. Anschließende Kostensensitivitätsanalysen (vgl. Kapitel 7.2.3) haben für den Großteil der Varianten eine hohe Kostenstabilität gegenüber Parameteränderungen ergeben.

7.2.2 Beispiel zur Auslegungsplanung - Kostenorientierte Engpaßoptimierung

Die Auslegungsplanung beinhaltet die Auswahl und Dimensionierung der Betriebsmittel, die zur Durchführung der gegebenen Segmentaufgaben notwendig sind (vgl. Abb. 83).[102] Ein Ziel der Auslegungsplanung ist die Harmonisierung der Leistungspotentiale aller einzelnen Segmentmaschinen nach dem Gestaltungsprinzip der produktorientierten Flußoptimierung (vgl. Kapitel 3.3.1.1), was sich wie folgt beschreiben läßt: Ist das Leistungsvermögen einer Seg-

102. vgl. Milberg, J./ Reinhart, G. (1996), S.10-55

Planungsproblem	Kostenorientierte Engpaßoptimierung
Analyseverfahren	Segmentspezifische Aktivitätskostenanalyse
Variationsparameter	Segmentmaschinenkapazität
Konstante Segmentparameter	Anzahl eingesetzter Segmentmaschinen (82) Segmentlayout (laut Layoutplan) Segmentsteuerung (Bringprinzip) Segmentvarianten (23) Maschinenverfügbarkeit (100%) Planungszeitraum (6 Monate) Fertigungssegmentprogramm (laut Kundeaufträge der letzten 6 Monate)
Simulationsparameter	Simulationsläufe (15) Simulationsgesamtdauer (30 Stunden)

Abb. 83: Simulationsdaten: Auslegungsplanung

mentmaschine A beispielsweise auf die Menge x_a begrenzt und das der im Fertigungssegment nachgeschalteten Maschine B auf die Menge x_b, so vermag der Segmentbereich, gebildet aus A und B, nur soviel Einheiten zu erzeugen wie das schwächste "Glied der Kette" herzustellen vermag. Dies kommt im Ausgleichsgesetz der Planung[103] zum Ausdruck, nach dem sich alle Planung jeweils auf den schwächsten Segmentbereich, auf den Minimumsektor, einnivelliert.[104]

Prinzipiell zeigt sich, daß nach der Beseitigung eines Segmentengpasses, z.B. durch eine Erweiterungsinvestition bei der Engpaßmaschine, ein erneuter Engpaß im Segment auftaucht, der wiederum den Gesamtoutput bestimmt. Die Engpaßbeseitigung ist durch klassische Verfahren der Kapazitätserweiterung (intensitätsmäßig, zeitlich, quantitativ) erreichbar, was zusätzliche Investitionen und somit Kosten verursacht. Da mit jeder Beseitigung eines Engpas-

103. vgl. Gutenberg, E. (1983), S.164f
104. vgl. Kern, W. (1980), S.20

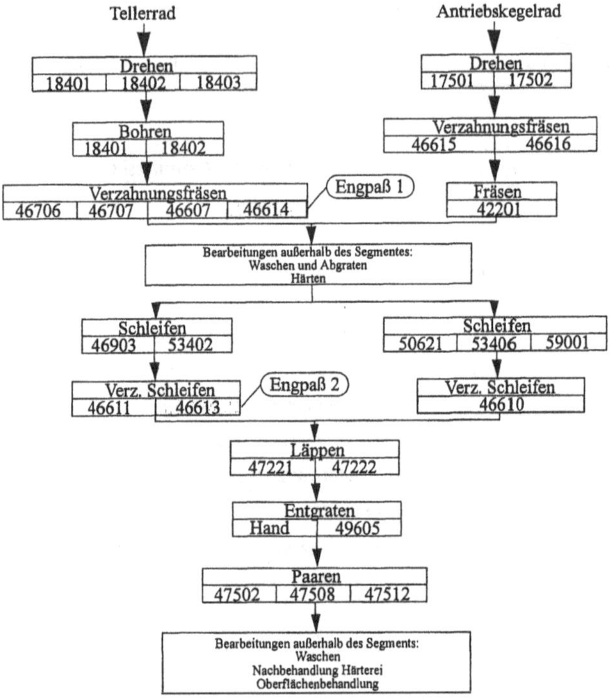

Abb. 84: Engpaßsituation im Grobmaterialfluß des Kegelradsatzes

ses sowohl eine Kostenerhöhung (z.B. Kosten der Erweiterungsinvestition) als auch eine Kostensenkung (z.B. Reduktion der Kapitalbindungskosten des Umlaufvermögens) verbunden ist, gilt es ein Optimum zu finden. Als Optimierungskriterium gilt, daß die Engpässe eines Fertigungssegments solange beseitigt werden, bis die entscheidungsrelevanten Gesamtkosten des Segments ein Minimum erreichen.

Abb. 84 zeigt den Grobmaterialfluß der Kegelradsatzfertigung im Fertigungssegment auf, wobei folgende Engpaßsituationen simulativ ermittelt wurde. Die Startlösung - basierend auf den Ergebnissen der Struktur- und Prozeßplanung - weist zunächst eine Engpaßsituation bei der Verzahnungsfräsmaschine 46614 im Bereich der Tellerradfertigung auf, die sich nach Beseitigung auf das ebenfalls prozeßzeitintensive Verzahnungsschleifen im Hartbearbeitungssegment (Verzahnungsschleifmaschine 46613) verlagert.

Als mögliche Anpassungsmaßnahme im speziellen Einsatzfall wurde aus fertigungsplanerischer Sicht die quantitative Anpassung durch Erweiterung der jeweiligen Engpaßmaschinenkapazität gewählt. Diese Erweiterungsinvestition bewirkt zunächst zwei Kostenimplikationen,

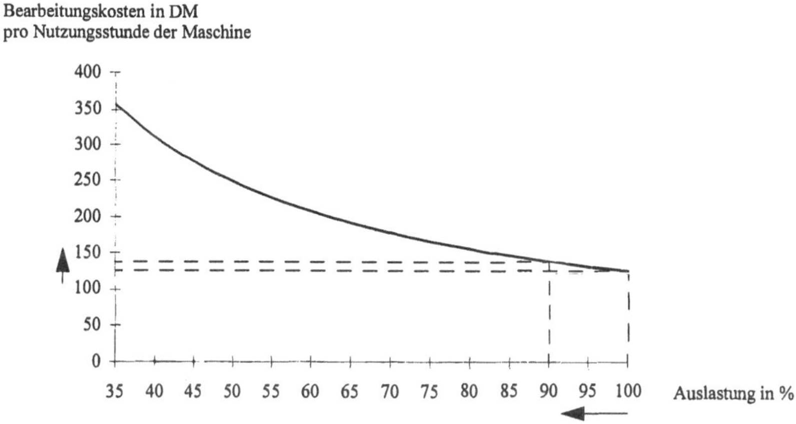

Abb. 85: Bearbeitungskosten der Engpaßmaschine in Abhängigkeit von der Auslastungssituation

die im Segmentmodell abgebildet wurden. Eine Steigerung der Engpaßmaschinenkapazität führt einerseits zu erhöhten Investitionskosten für die Zusatzkapazität. Andererseits ermöglicht die Beseitigung der Engpaßsituation (100% Auslastung der Maschine) eine Auslastungsreduktion der Verzahnungsfräsmaschine. Aufgrund dieser verringerten Maschinenauslastung steigt allerdings das Risiko der Weiternutzung dieser Maschine über die wirtschaftliche Nutzungsdauer hinaus. Dieser Sachverhalt wird mittels einer Änderung der Kostenfunktion aufgrund der beschriebenen Kostendynamisierung der auslastungsabhängigen Kostenfaktoren der Bearbeitungsstation abgebildet (vgl. Kapitel 7.1.3.3).[105] Abb. 85 zeigt die Funktion der Aktivitätskosten "Bearbeiten" pro beanspruchter Kostentreibereinheit (dynamische wirtschaftliche Nutzungszeit) vor und nach der Erweiterungsinvestition. Während die Aktivitätskosten "Bearbeiten" pro Kostentreibereinheit Nutzungszeit der Engpaßmaschinen vor Beseitigung der Engpaßsituation bei 125 DM pro Bearbeitungsstunde lagen, kann nach der Engpaßbeseitigung ein Aktivitätskostensatz "Bearbeiten" von 139 DM festgestellt werden. Grund ist die durchschnittliche Auslastungsreduktion der untersuchten Maschine um 10%.

Eine mögliche Rüstkostensteigerung bei Variation des Segmentparameters Maschinenkapazität konnte bei Beseitigung der ersten Engpaßsituation nicht nachgewiesen werden, da keine Losteilung erfolgte und somit die gleiche Anzahl von Rüstvorgängen bei konstantem Auftrags-

105. Die Aktivitätskosten "Bearbeiten" setzten sich aus den Kostenfaktoren kalkulatorische Abschreibungen, kalkulatorische Zinsen, Flächenkosten sowie Werkzeugkosten zusammen, die alle die dynamische wirtschaftliche Nutzungszeit der Maschine als Kostentreiber verwenden und somit zu einer Kostenfunktion aggregiert werden können (vgl. Abb. 74).

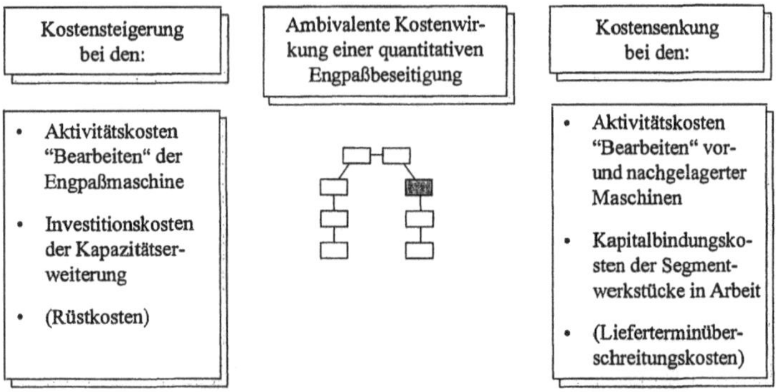

Abb. 86: Kostenwirkung einer Engpaßbeseitigung durch quantitative Anpassung

spektrum vor und nach der Engpaßbeseitigung nötig waren.

Die Kostensteigerungen der Engpaßbeseitigung sind gleichzeitig auch mit Kostensenkungen in den vor- und nachgelagerten Segmentbereichen verbunden. Einerseits konnte die Auslastungssituation vor- und nachgelagerter Segmentmaschinen verbessert werden, was sich in niedrigeren Bearbeitungskosten pro Bearbeitungszeit aufgrund erhöhter Auslastungswerte niederschlägt. Andererseits bedeutet eine mit der Engpaßbeseitigung einhergehende Durchsatzleistungssteigerung pro Zeiteinheit geringere Durchlaufzeiten der Radsatzvarianten, was sich direkt in einer Senkung der Kapitalbindungskosten widerspiegelt.[106]

Diese ambivalente Kostenwirkung einer Engpaßbeseitigung im Fertigungssegment wurde in Abb. 86 zusammenfassend dargestellt. Diese Kostenentwicklung muß nun in einem Simultanplanungsansatz Berücksichtigung finden. Optimierungskriterium sind die segmentspezifischen Aktivitätskosten, die es zu minimieren gilt. Abb. 87 zeigt die Entwicklung der Segmentkosten aller 23 Radsatzvarianten über einen Zeitraum von 1 Monat, bei einer stufenweisen Beseitigung der Engpässe 1 und 2.

Die Beseitigung der Engpaßsituation 1 zeigt im Verhältnis zur Ausgangssituation eine deutliche Reduktion der Segmentkosten um 11%, was vorwiegend durch eine Kostenreduktion der Bearbeitungskosten von 450 TDM auf 400 TDM erreicht wurde. Die Auslastungsreduktion der Engpaßmaschine (+ 5 TDM) sowie zusätzlichen Investitionen in maschinenbauliche Maßnahmen zur Erweiterung bestehender Kapazitäten, die sich in erhöhten Bearbeitungskostensät-

106. Die Kapitalbindungskosten werden von der Kostenrechnungskomponente auf Basis des in der Kostenrechnungsmaske angegebenen Kalkulationszinssatzes berechnet (vgl. Kapitel 7.1.2.3)

zen widerspiegeln (+ 20 TDM), werden durch den kostendämpfenden Effekt der Leerkostenreduktion vor- und nachgelagerter Segmentmaschinen (- 75 TDM) überkompensiert. Die Rüstkosten blieben dabei konstant, da lediglich die Maschinenkapazität erhöht wurde, was keine Änderung der Rüstgrund- sowie -aufbaukosten zur Folge hatte. Bei den Kapitalbindungskosten zeigte sich aufgrund der Erhöhung des Fließvermögens (vgl. Kapitel 4.2.2) innerhalb des Fertigungssegments eine Kostenreduktion um 5 TDM.

Die Beseitigung von Engpaß 2 im nächsten Schritt führt zu einer Gesamtkostensteigerung um 25 TDM im Verhältnis zur Vorgängerlösung. Hauptgrund hierfür ist die drastische Bearbeitungskostensteigerung der Verzahnungsfräsmaschine (Engpaßmaschine) für Tellerräder. Da aus beschaffungsmarkttechnischen Gründen keine Maschine mit geringerer Kapazität verfügbar ist, wäre die Anschaffung einer zweiten identischen Werkzeugmaschine erforderlich. Damit erhöhen sich die Bearbeitungskosten um 27 TDM. Dies wird hervorgerufen durch zusätzliche Bearbeitungskosten der Zweitmaschine von 15 TDM in Bezug zu den ursprünglichen Bearbeitungskosten auf Maschine 1 sowie einer kostensteigernden Auslastungsreduktion der ursprünglichen Verzahnungsfräsmaschine um 20 TDM. Die ebenfalls auftretende Auslastungssteigerung vor- und nachgelagerter Maschinen führt in ihrer Summe lediglich zu einer Kostendämpfung von 8 TDM. Die Rüstkosten bleiben auch hier unverändert, da keine Lose gesplittet wurden, sondern das Gesamtauftragsspektrum, bei den entsprechenden Bearbeitungsschritten, lediglich auf zwei Maschinen verteilt wird. Dies hat keine Auswirkung auf Anzahl und Dauer der Rüstvorgänge. Die erneute Erhöhung der Durchsatzleistung führt zu einer zusätzlichen Kapitalkostenreduktion von 2 TDM.

Ein Vergleich der Segmentkosten bei unterschiedlichen Engpaßsituationen zeigt ein Kostenop-

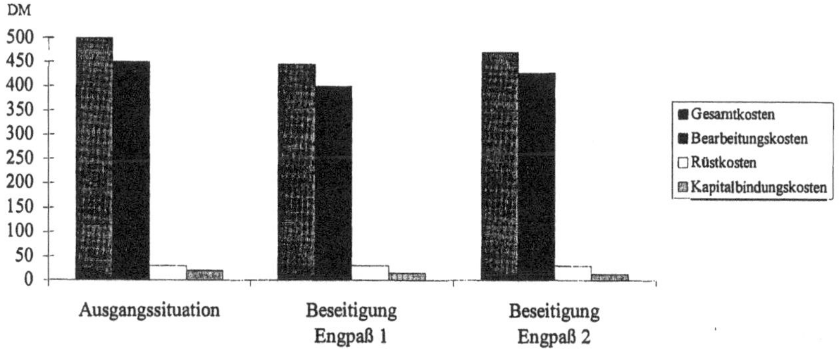

Abb. 87: Entwicklung der entscheidungsrelevanten Segmentkosten bei stufenweiser Engpaßbeseitigung

timum durch Beseitung des ersten dargestellten Engpasses im Weichbearbeitungssegment Tellerrad. Diese kostenoptimale Segmentkonstellation, realisiert durch eine Erweiterungsinvestition der Verzahnungsfräsmaschine 46614, wurde nach Durchführung einer simulationsgestützten Sensitivitätsanalyse[107] - im Rahmen der folgend beschriebenen Investitionsplanungsphase - letztendlich im Untersuchungsbereich realisiert.

7.2.3 Beispiel zur Investitionsplanung - Kostenorientierte Investitionsentscheidung

Planungsproblem	Kostenorientierte Investitionsentscheidung
Analyseverfahren	Varianten-/ Segmentspezifische Aktivitätskostenanalyse
Variationsparameter	Kombination aus Maschinenkapazität, Fertigungslosgröße und Einlastzeitpunkt der Lose
Konstante Segmentparameter	Anzahl eingesetzter Segmentmaschinen (82) Segmentlayout (laut Layoutplan) Segmentsteuerung (Bringprinzip) Segmentvarianten (23) Maschinenverfügbarkeit (100%) Planungszeitraum (6 Monate) Fertigungssegmentprogramm (laut Kundeaufträge der letzten 6 Monate)
Simulationsparameter	Simulationsläufe (40) Simulationsgesamtdauer (50 Stunden)

Abb. 88: Simulationsdaten: Investitionsplanung

Das folgende Einsatzbeispiel zeigt auf, wie Investitionsentscheidungen bei der Fertigungssegmentierung mittels eines simulationsgestützten Planungs- und Bewertungsansatzes unterstützt

107. vgl. Wildemann, H. (1988 c), S.253f

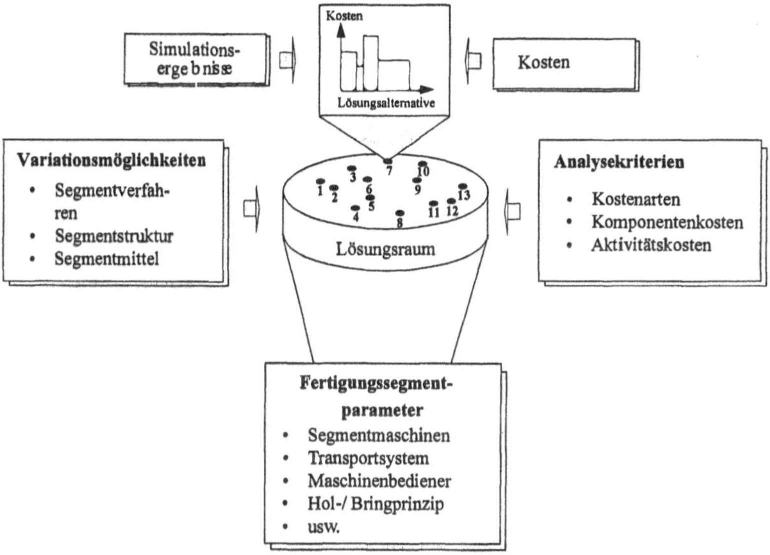

Abb. 89: Beurteilung einzelner Segmentalternativen bei der Investitionsentscheidung

werden können (vgl. Abb. 88). In den vorgelagerten Planungsphasen der Struktur-/Prozeß- sowie der Auslegungsplanung wurde jeweils ein Segmentparamter variiert (Losgröße bzw. Maschinenkapazität). Die Phase der Investitionsplanung baut auf diesen Lösungen auf und untersucht daraus generierte Segmentalternativen hinsichtlich ihrer Wirtschaftlichkeit. Anschließend werden diese mittels einer Sensitivitätsanalyse[108] auf ihre Kostenstabilität gegenüber Parameteränderungen überprüft.

Ziel der Investitionsplanung ist die Bewertung unterschiedlicher Segmentalternativen mit anschließender Auswahl einer Realisationsalternative. Die Integration eines Kostenbewertungsansatzes ermöglicht die Vergleichbarkeit dieser Alternativen.[109] Diese Vorgehensweise wird in der betriebswirtschaftlichen Theorie als Investitionsproblem angesehen.

Abb. 89 zeigt die Bewertung einzelner Segmentalternativen bei der Investitionsentscheidung. Unterschiedliche Variationsmöglichkeiten des Segments werden auf Basis kostenorientierter Analysekriterien bewertet. Die ausschließliche Betrachtung der Kostenseite ist möglich, da das Fertigungsprogramm für alle Variationsmöglichkeiten identische Erlöse impliziert, deren

108. vgl. Wildemann, H. (1988 c), S.253f
109. vgl. Firnkorn, J./ Fuchs, E. (1985), S.580f

explizite Berücksichtigung bei der Investitionsentscheidung sich dadurch erübrigt.[110] Ein grundsätzliches Optimierungsziel ist die Minimierung der entscheidungsrelevanten Segmentkosten bei gegebenem Leistungsoutput.[111] Entscheidungsrelevanz bedeutet, daß die erfaßten Kosten der einzelnen Investitionsalternativen ausschließlich durch die fertigungsplanerischen Entscheidungen beeinflußt werden. Die letztendlich ausgewählte Segmentalternative ist keine Optimallösung im strengen Sinne, sondern eine befriedigende Lösung, die ein bestimmtes Anspruchsniveau - die Fertigung eines vorgegebenen Segmentprogramms mit den geringsten entscheidungsrelevanten Kosten unter den zu vergleichenden Alternativen - erfüllt.[112]

Segmentalternativen wurden bisher unter der Annahme der Konstanz bestimmter Segmentparameter wie Segmentprogramm, Segmentlayout, usw. ermittelt. Ausgewählte Parameter werden nun anschließend variiert und auf ihre Kostenwirksamkeit hin überprüft. Ziel ist es, neben der Ermittlung einer kostenoptimalen Lösung ebenfalls eine gewisse Kostenstabilität gegenüber Parameteränderungen zu erreichen. Dabei wird überprüft unter welchen Voraussetzungen das Ergebnis der Investitionsrechnung optimal bleibt.[113]

Die traditionelle Investitionstheorie baut Entscheidungen auf den finanzwirtschaftlichen Zahlungsströmen der Ein- und Auszahlungen auf.[114] Aufgrund meist fehlender Praktikabilität wird in der Praxis vom investitionstheoretisch exakten Begriff der Zahlungsrechnung abgewichen. Hierfür werden kostenorientierte Investitionsrechnungsverfahren eingesetzt. Diese kostenorientierten Ansätze wurden aus reinen Praktikabilitätsüberlegungen heraus entwickelt, da es in der Unternehmung in der Regel zu erheblichen Datenerfassungsproblemen von zukünftigen Ein- und Auszahlungsströmen kommt. Die Verwendung des Kostenbegriffs in der Investitionsrechnung wurde durch den hohen Kapitalbindungsanteil bei Investitionen in neue Technologien verstärkt, da hier bereits 80% der Kosten festgelegt werden und somit nicht mehr beeinflußbar sind.[115]

Abb. 90 zeigt ein bekanntes Schema existierender Investitionsrechnungsarten, die zunächst in Abhängigkeit ihrer Berücksichtigung von zeitlichen Unterschieden in sogenannte statische und dynamische Investitionsrechnungsarten untergliedert werden.[116] Eine weitere Differenzierungsmöglichkeit der Verfahren ergibt sich durch die zugrundeliegende Theorie. Während die

110. vgl. Eberwein, R.D. (1989), S.145
111. vgl. Maaß, J./ Schlöglmann, W. (1989), S.4
112. vgl. Knoop, J. (1986), S.126
113. vgl. Wildemann, H. (1987 b), S.226
114. vgl. Firnkorn, J./ Fuchs, E. (1985), S.580f
115. vgl. Siegwart, H./ Raas, F. (1989), S.11
116. vgl. Hörschgen, H. (1992), S.200f

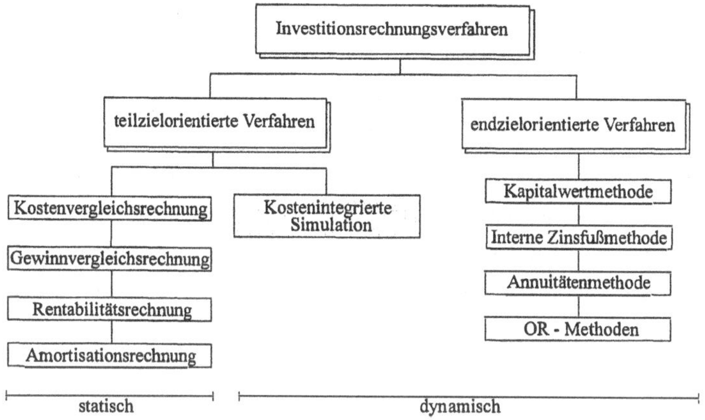

Abb. 90: Kostenintegrierte Simulation als dynamisches Investitionsrechnungsverfahren

statischen Verfahren auf den Grundlagen der Kostentheorie basieren, können die traditionellen Verfahren der Kapitalwert-, der internen Zinsfuß- sowie der Annuitätenmethode, wie auch die neueren Verfahren des Operations Research, als kapitaltheoretische Verfahren bezeichnet werden.

Bei den Kostenvergleichsmethoden handelt es sich um statische Verfahren, weil sie den Zeitfaktor überhaupt nicht oder nur unvollkommen berücksichtigen, sich also meist nur auf eine Periode beziehen.[117] Planungsprämissen wie Verfügbarkeit, Auslastung, Teilespektrum werden als über die gesamte Nutzungszeit unabänderlich angesehen.[118] Der simulationsgestützte Planungs- und Bewertungsansatz hingegen ermittelt die Segmentkosten im Zeitablauf, in Abhängigkeit von der aktuellen Segmentsituation, was eine Einordnung bei den dynamischen, teilzielorientierten Investitionsrechnungsverfahren ermöglicht. Ein wesentlicher Vorteil hierbei ist die Praktikabilität dieses Verfahrens bei gleichzeitiger Überwindung aller Nachteile, welche die bisher praktizierten statischen Investitionsrechnungsverfahren gegenüber den dynamischen Verfahren besitzen (vgl. Kapitel 6.1). Ein Hauptvorteil ist die Berücksichtigung sich im Zeitablauf ändernder Segmentparameter (wie z.B. Auftragsmix, Ressourcenverfügbarkeit, usw.), welche bei den statischen Verfahren durch die Verwendung von Durchschnittswerten außer Acht bleiben.[119]

117. vgl. Weber, J. (1996 a), S.18-69
118. vgl. Wildemann, H. (1995 a), S.107
119. vgl. Wildemann, H. (1995 a), S.107

„Investitionsrechnungen haben die Aufgabe, Planung, Steuerung und Kontrolle von Investitionen mit Informationen zu versorgen. Sie liefern damit Informationen bezüglich der Wirtschaftlichkeit und beurteilen in dieser Hinsicht die absolute und relative Vorteilhaftigkeit von Investitionsprojekten."[120] Die simulationsgestützte Planung und Bewertung von Fertigungssegmenten liefert keinen absoluten Maßstab für die Beurteilung der Wirtschaftlichkeit eines Fertigungssegments, sondern dient zur Auswahl einer von mehreren Segmentalternativen.[121] Um die Unterscheidung zu den bekannten Verfahren der statischen Kostenvergleichsrechnung zu verdeutlichen wird der in Abb. 57 dargestellte Ablauf der Kostenverrechnung nochmals erläutert (vgl. Kapitel 7.1.2).

Nach der Erfassung der unterschiedlichen Segmentressourcen und deren Bewertung mittels Kostenfaktoren, werden diese über eine aktivitätsspezifische Betrachtung auf die einzelnen Segmentkomponenten verrechnet. Während die klassische Investitionsrechnung lediglich die Kostenarten vor ihrer spezifischen Aktivitätsumlage betrachtet, werden bei der dynamischen Kostenvergleichsrechnung alle Komponentenkosten nach ihrer simulationsunterstützten Umlage auf die einzelnen Segmentwerkstücke bzw. -varianten herangezogen, was zu folgender Entscheidungssituation führt:

- Investitionsobjekt ist nicht eine einzelne Maschine sondern das gesamte Fertigungssegment während der Planungsphase.
- Neben den einzelnen Komponenten eines Segments wird simultan die ablauforganisatorische Verknüpfung berücksichtigt, so daß sich letztendlich die Investitionsentscheidung nicht nur auf die betriebsmittel-, material- und mitarbeiterbezogenen Maßnahmen bezieht, sondern auch auf die organisatorischen Maßnahmen (vgl. Kapitel 3.3). Rechnungsgrundlage sind die varianten- bzw. segmentspezifischen Aktivitätskosten, die alle Komponentenkosten sowie zusätzlich werkstückspezifische Kapitalbindungskosten (Liegekosten) berücksichtigen. Hierdurch wird es möglich neben den reinen Maschinenkosten auch Kostenimplikationen organisatorischer Maßnahmen (Kapazitätsabstimmung, Losgrößenauswahl, Steuerungsprinzipien, etc.) in einem Entscheidungsmodell abzubilden. Nur unter Einbeziehung der organisatorischen Bedingungen des Fertigungsablaufs kann eine zielgerichtete Auswahl geeigneter Segmentalternativen vorgenommen werden.[122]

---

120. Weber, J. (1996 a), S.18-69f
121. vgl. Weber, J. (1996 a), S.18-70
122. vgl. Knoop, J. (1986), S.125

Der Begriff einer dynamischen Kostenvergleichsrechnung mittels des hier vorgestellten Planungsansatzes gilt somit in zweierlei Hinsicht. Einerseits bezieht er sich auf die Tatsache, daß die Segmentkosten über einen Planungszeitraum verteilt werden,[123] andererseits sind die jeweiligen Kostengrößen ihrerseits in Abhängigkeit bestimmter Segmentbedingungen variabel und somit im Zeitablauf veränderlich (vgl. hierzu den dynamischen Kostenbegriff in Kapitel 7.1.2.2).

Drei Segmentparameter wurden als besonders entscheidungsrelevant angesehen:

- Maschinenkapazität
- Fertigungs-/ bzw. Transportlosgröße
- Einlastzeitpunkte der Lose

Während die Parameter Maschinenkapazität sowie Losgröße in den beiden vorangegangenen Planungsschritten der Struktur-/ Prozeß- bzw. der Auslegungsplanung behandelt wurden, liegt bei der Investitionsplanung der Betrachtungsfokus bei den Einlastzeitpunkten, bei gleichzeitigen Veränderungen der Maschinenkapazität sowie der Losgrößen. Dies zeigt die bereits

	Variantenstückkosten in DM				
Radsatz-variante	Segment-alternative 1	Segment-alternative 2	Segment-alternative 3	Segment-alternative 4	Segment-alternative 5
1	39	35	31	42	46
2	13	12	11	13	18
3	39	40	42	36	50
4	14	13	10	10	12
5	45	45	55	50	55
6	10	13	14	8	14
7	43	41	35	34	36
8	6	6	8	7	7
9	32	30	32	29	35
10	8	10	12	13	15
11	40	38	37	42	45
12	45	50	55	40	55
13	65	70	65	60	70
14	18	22	26	26	28
15	28	29	35	30	35
16	60	55	50	50	55
17	54	54	54	54	54
18	35	40	44	30	45
19	60	62	65	55	57
20	15	16	18	20	22
21	27	25	30	35	27
22	30	32	35	29	35
23	35	38	42	38	32

Abb. 91: Aktivitätsstückkosten der 23 Radsatzvarianten bei fünf unterschiedlichen Segmentalternativen

123. Dies geschieht mittels der in Kapitel 7.1.3.2 dargestellten Aktivitätskosten pro Zeiteinheit.

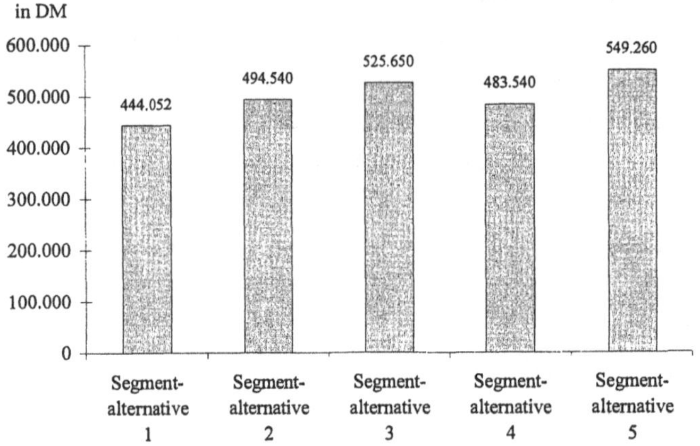

Abb. 92: Fertigungssegmentkosten von fünf Planungsalternativen mit identischem Produktionsprogramm

erwähnte Miteinbeziehung organisatorischer Gestaltungsmaßnahmen in den Investitionsentscheidungsprozeß. Als Ausgangslösung dienen die bisher gefunden Lösungen aus den vorangegangenen Planungsschritten. Abb. 91 zeigt die Entwicklung der Variantenstückkosten aller im Radsatzsegment gefertigten 23 Radsatzvarianten auf Basis von fünf unterschiedlichen Planungsalternativen. Diese wurden aus 125 möglichen Segmentparameterkonstellationen ermittelt. Die Anzahl ergibt sich aus der Tatsache, daß für die Maschinenkapazität und die Losgröße jeweils fünf unterschiedliche Variationsstufen der bisher ermittelten Lösungen ausgewählt wurden. Die Variationsstufen basieren auf einer prozentualen Veränderung der Maschinenkapazitäten bzw. der Losgrößen um jeweils -10%, -5%, 0%, +5% sowie +10% der bisher gefundenen Lösungen. Zusätzlich wurden die Alternativen mit fünf unterschiedlichen Einlastmöglichkeiten kombiniert, welche sich aus vom Vertrieb vorgegebenen Auftragsprofilen ableiten lassen.[124] Aus Laufzeitgründen wurden die 125 möglichen Lösungen auf fünf Planungsalternativen reduziert, die auf Basis von Expertengesprächen ausgewählt wurden.

Bei der Berechnung der Variantenstückkosten auf Grundlage der varianten- bzw. segmentspezifischen Aktivitätskosten steht nicht die Untersuchung der Wertentwicklung im Vordergrund (vgl. Kapitel 7.1.3.3) sondern die Bestimmung der Variantenendkosten nach dem Segmentdurchlauf. Um zu einer Aussage über die Vorteilhaftigkeit einzelner Segmentalternativen zu gelangen, müssen die jeweiligen Variantenstückkosten mit den geplanten Produktionsmengen

124. Hieraus errechnen sich 5 Variationsstufen Maschinenkapazität x 5 Variationsstufen Losgröße x 5 Variationsstufen Einlastungszeitpunkt = 125 mögliche Segmentkonstellationen

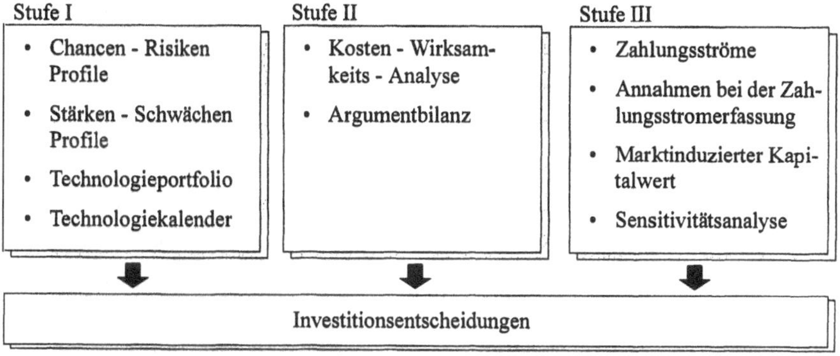

Abb. 93: Entscheidungsgrundlagen für die Investitionsentscheidung

multipliziert werden. Die sich hieraus ergebenden Segmentkosten bei Fertigung eines vom Vertrieb vorgegebenen Produktionsprogramms für einen Planungszeitraum von einem Monat sind in Abb. 92 dargestellt. Planungsvariante 1 weist mit Segmentkosten in Höhe von 444 TDM den geringsten Wert auf. Bei dieser Planungsalternative handelt es sich um die beste Lösung aus der vorangegangenen Auslegungsplanungsstufe (Maschinenkapazitätsveränderung = 0%, Losgrößenveränderung = 0%) deren Einlastungsspektrum verändert wurde. Die Tatsache, daß das neue Kostenminimum lediglich um 1 TDM geringer ist als die bisherige beste Lösung (445 TDM in der Auslegungsplanung) zeigt die hohe Kostenstabilität der bisher gefundenen Lösung.

Dieses Kostenoptimum gilt unter der Prämisse eines bestimmten Segmentprogramms. Zukünftige Änderungen des Fertigungsprogramms müssen bei Bedarf berücksichtigt werden.[125]

Bisherige Ergebnisse stellen einen ersten Schritt im Prozeß der Investitionsentscheidung dar. Abb. 93 zeigt die unterschiedlichen Entscheidungsgrundlagen für eine Investition. Hieraus wird ersichtlich daß die Kostenbetrachtung auf der zweiten von drei Investitionsstufen angesiedelt ist. Für eine endgültige Investitionsentscheidung bedarf es daher der zusätzlichen Berücksichtigung von Rahmenbedingungen der Finanzierung sowie Prognosen über die Ertragsentwicklung des Segmentprogramms.[126]

Aufgrund der Möglichkeit des Einsatzes eines simulationsgestützten Kostenansatzes für Investitionsentscheidungen muß geklärt werden, welche Ergebnisunterschiede zu den klassischen kapitaltheoretischen Verfahren entstehen. Die Verwendung unterschiedlicher Rechnungsgrößen bei der Kosten- und Leistungsrechnung einerseits sowie der Investitionsrechnung auf der

125. vgl. Hermann, P. (1983), S.269
126. vgl. Knoop, J. (1986), S.126

anderen Seite wirft die Frage auf, welche Ergebnisunterschiede bei Anwendung der Verfahren zur Wirtschaftlichkeitsbewertung von Fertigungssegmenten auftreten. „Wird eine dynamische Investitionsrechnung mit kurzfristigen Erfolgsgrößen durchgeführt, ist zu erwarten, daß sie zu einem anderen Ergebnis führt als eine zahlungsorientierte Rechnung. Der Grund dafür liegt im inhaltlichen Unterschied von Zahlungs- und kurzfristigen Erfolgsgrößen."[127]

Eine exakte Aussage durch Beweis liefert das sogenannte Lücke Theorem mit folgendem Ergebnis.[128] Der Kapitalwert einer Zahlungsreihe entspricht dem Barwert einer Erfolgsreihe, wenn zusätzlich zu den Erfolgsgrößen der Basisinvestition kalkulatorische Zinsen auf die Kapitalbindung verrechnet werden.[129] Das Lücke Theorem beweist somit, daß der Kostenbegriff sehr wohl Grundlage eines Investitionsrechnungsverfahrens sein kann. Es zeigt sich, daß es zu keinerlei Ergebnisunterschieden kommt, wenn eine Übergangsfunktion - Lücke nennt sie Ausgleichsfunktion - die zugleich eine Zinsfunktion ist und die Dynamik der Zinsverrechnung mit einschließt - berücksichtigt wird.[130] Da bei einer zahlungsorientierten Rechnung die Anschaffungsausgaben für eine Investition im Kalkulationszeitpunkt verrechnet und bei einer dynamischen Rechnung mit Kostengrößen die Anschaffungsauszahlung hingegen über die Laufzeit der Anlage verteilt werden, kommt es bei einer Abdiskontierung zu Ergebnisunterschieden mit dem Anschaffungsbetrag, was durch die Verrechnung von Zinsen ausgeglichen wird.[131] „Die kalkulatorischen Zinsen sind das Ausgleichsventil, das den Unterschied zwischen den Ergebnissen der Ausgaben-Diskontierungsreihe und der Kosten-Diskontierungsreihe verschwinden läßt."[132] Das Lücke Theorem liefert desweiteren die exakte Begründung für die Verwendung von kalkulatorischen Kosten.

Die derzeitige fehlende Integration der Investitionsrechnung in die Kostenrechnung sieht Siegwart als einen der wichtigsten Gründe für das Scheitern eines einwandfreien Nachweises der Wirtschaftlichkeit von Investitionen in neue Produktionsorganisationen.[133] Die kostenintegrierte Simulation liefert sicherlich einen entscheidenden Beitrag für den investitionstheoretischen Ansatz der Kostenrechnung, den es durch weitere Entwicklungen in diesem Bereich auszubauen gilt. Ziel für künftige Arbeiten auf diesem Gebiet sollte es daher sein, durch die Weiterentwicklung und den Einsatz der kostenintegrierten Simulation ein praktikables und marktfähiges Investitionsrechnungsverfahren für die Praxis bereitzustellen.

127. Adam, D. (1994), S.63
128. vgl. Lücke, W. (1955), S.310-324
129. vgl. Adam, D. (1994), S.63f
130. vgl. Schmitt, H.J. (1994), S.111
131. vgl. Adam, D. (1994), S.63
132. Adam, D. (1994), S.63f
133. vgl. Siegwart, H./ Singer, U. (1991), S.63

8. Zusammenfassung und Ausblick

Die starke Wechselwirkung zwischen technischen, organisatorischen und personellen Aspekten bei der Planung von Fertigungssegmenten lassen diese zu einem komplexen und dynamischen Entscheidungsproblem werden.
Praxisorientierte Planungsmethoden weisen ein breites Spektrum der eingesetzten Verfahren auf, was durch eine empirische Analyse von 40 Segmentierungsprojekten nachgewiesen werden konnte. Deren punktuelle Anwendung auf spezielle Planungsprobleme in Verbindung mit statischen Betrachtungen führt zur Forderung der Entwicklung eines durchgängigen Planungsansatzes, der dem dynamischen Verhalten eines Fertigungssegments gerecht wird.
Theoretische Verfahren der Segmentplanung besitzen hingegen große Potentiale bei den simulationsgestützten Planungsmethoden. Vorteile sind neben der Möglichkeit den gesamten Planungszyklus eines Segments zu unterstützten auch die Abbildung des dynamischen Segmentverhaltens, bei gleichzeitiger Berücksichtigung stochastischer Prozesse.
Die bisherige, einseitige Analyse von Fertigungssegmenten nach technischen Kriterien führte in seiner Folge zu Ineffizienzen. Durch die Berücksichtigung betriebswirtschaftlicher Bewertungsgrößen, wie sie die Kosten darstellen, wird die Planungsqualität gesteigert. Die in der Betriebswirtschaftslehre entwickelten Kostenrechnungsansätze gehen allerdings von anderen Zielsetzungen aus, wie sie die Segmentplanung stellt. Primäres Ziel der im Unternehmen im Einsatz befindlichen Kostenrechnungsverfahren ist die Produktkalkulation zur operativen Preis- und Ergebnisberechnung von Kostenträgern.
Neuere Verfahren der Kostenrechnung bieten allerdings Bewertungspotentiale für eine realistische Abbildung aller Ressourcenverbräuche eines Fertigungssegments. Besonders die durch die prozeßorientierte Kostenrechnung ermöglichte detaillierte Abbildung des Wertschöpfungsprozesses sowie der entscheidungsorientierte Kostenbegriff in Kombination mit den simulativen Verfahren bieten die ideale Ausgangsbasis zur Entwicklung eines simulationsgestützten Planungs- und Bewertungsansatzes zur Segmentplanung. Dies ermöglichte es, die Abbildungsgenauigkeit realwirtschaftlicher Prozesse durch die Fertigungssimulation mit den realistischen Bewertungsansätzen prozeßorientierter Kostenrechnungsverfahren zu kombinieren.
Fertigungssegmente werden bei diesem Ansatz in einem Mengen- sowie Kostenmodell abgebildet, welche simultan den quantitativen und wertmäßigen Ressourcenverzehr realer Segmentprozesse widerspiegeln. Dies geschieht mengenseitig durch ein Struktur- und Prozeßmodell auf Komponentenbasis sowie kostenseitig durch ein dynamisches Kostenmodell

auf Aktivitätsbasis. Beide Modelle werden zu einem simulationsgestützten Planungs- und Bewertungsansatz auf Grundlage der objektorientierten Simulationssprache Simplex II integriert. Das zunächst simulationssystemunabhängig entwickelte Konzept wurde anschließend in die fertigungswirtschaftliche Modellbank OSIRIS integriert.

Eine anschließende Einsatzstudie zur Segmentplanung bei einem Automobilzulieferer zeigt anhand von Fallstudien die Praktikabilität des Ansatzes auf. Hierbei wurden die zuvor entwikkelten Kostenanalyseverfahren bei konkreten segmentplanerischen Fragestellungen der Struktur- und Prozeßplanung (Kostenoptimale Losgröße), der Auslegungsplanung (Kostenorientierte Engpaßoptimierung) und der Investitionsplanung (Kostenorientierte Investitionsentscheidung) auf reale Planungssituationen angewandt. Die Untersuchungsergebnisse haben gezeigt, daß der simulationsgestützte Planungs- und Bewertungsansatz erfolgreich als Planungsunterstützung bei der Fertigungssegmentplanung eingesetzt werden kann.

Für den neu entwickelten Ansatz sind neben der Planung und Bewertung von Fertigungssegmenten weitere Einsatzbereiche auf allen hierarchischen Ebenen des Unternehmens denkbar. Dabei können betriebswirtschaftliche Entscheidungen aus strategischer, taktischer und operativer Sicht unterstützt werden.[1] Eine Herausforderung für das Produktionsmanagement liegt in der on-line Anbindung des neu entwickelten Planungs- und Bewertungsansatzes im Unternehmen. Hierdurch kann eine Echtzeitbewertung der im Unternehmen stattfindenden Segmentprozesse erfolgen. Voraussetzung dabei ist ein umfangreiches, schnelles und kontinuierliches Betriebsdatenerfassungssystem.[2] Eine kostenorientierte Regelung von Fertigungsprozessen wird somit ermöglicht, was durch den zukünftigen, verstärkten Einsatz von Simulatoren in PPS- oder Fertigungsleitsystemen unterstützt wird.[3] Aber auch weitere Entscheidungen, wie Programm-, Mengen-, Reihenfolge-, Kapazitätsplanungs-, Personaleinsatzentscheidungen in der Betriebsphase eines Fertigungssegments können hinsichtlich ihrer Kostenwirksamkeit untersucht werden.

Die Bedeutung des simulationsgestützten Planungs- und Bewertungsansatzes von Fertigungssegmenten liegt nicht nur im Fertigungsplanungsbereich begründet, sondern es lassen sich auch Auswirkungen auf die Kostenrechnung selbst denken. Dabei geht es um die Erweiterung der traditionellen Kostenrechnung hin zu einer Führungsrechnung, die dem Produktionsbereich entscheidungsrelevante Daten zur Verfügung stellt. Ziel hierbei sollte es sein, eine informationstechnologische Integration der beiden Bereiche Segmentplanung und Kostenrechnung

1. vgl. Lindner, K.U. (1994), S.11f
2. vgl. Kraemer, W./ Wiechmann, D. (1991), S.311ff
3. vgl. Burger, C. (1992), S.5

zu erreichen, wobei die sich hieraus ergebende, verstärkte Zusammenarbeit zwischen den jeweiligen Verantwortlichen, d.h. zwischen Segmentplaner und Controller, als primäres Ziel angestrebt werden sollte.[4] Daher ist es nötig, die Kostenrechnung aus ihrer teilweise vorhandenen Isolation herauszulösen und als Bestandteil eines umfassenden Führungs- und Informationssystems zu betrachten.[5] Dieser technologieadäquate Umgestaltungsprozeß wird eine der größten Herausforderungen im Kostenrechnungsbereich der nächsten Jahre darstellen, wobei das Gelingen die zukünftige Bedeutung im Rahmen eines erweiterten Produktions-Controlling bestimmt, das auch als Cost-Engineering bezeichnet wird.[6]

---

4. vgl. Siegwart, H. (1991), S.271
5. vgl. Siegwart, H. (1991), S.300
6. vgl. Siegwart, H. (1991), S.298

Projektübersicht

Projekt-nummer	Projektbereich	Unternehmen	Informationsquellen
1	Rotor- und Statorfertigung	MTU München	Deich, A./ Messbacher, A. (1994 a); Deich, A./ Messbacher, A. (1994 b)
2	Industriemöbelmontage	Knürr AG	Knürr, H. (1987); Simon, P. (1987) Projektunterlagen Expertengespräche
3	Gelenkwellenfertigung	MTU Friedrichshafen	Hedrich, C.P. (1993); Hedrich, C.P. (1987)
4	Dieselmotorenfertigung	MTU Friedrichshafen	Hedrich, C.P. (1993); Hedrich, C.P. (1987)
5	Großdieselmotorenfertigung	MTU Friedrichshafen	Hedrich, C.P. (1993); Hedrich, C.P. (1987)
6	Spritzgießmaschinenfertigung und -montage	Krauss-Maffei AG	Nill, B. (1992); Nill, B. (1991); Wollschläger, B. (1989)
7	Telekommunikationsanlagenmontage	Merk Telefonbau GmbH	Haager, K. (1987 a); Haager, K. (1987 b)
8	Brillenfertigung	Optyl Holding GmbH	Schreitmüller, H.J. (1987); Schreitmüller, H.J. (1986)
9	Waagenmontage	Bizerba Werke GmbH	Neumann, E. (1987 a); Neumann, E. (1987 b)
10	Meßsensorfertigung und -montage	Hottinger Baldwin Meßtechnik GmbH	Freitag, W./Abels, S. (1993); Burkhardt, R. (1990); Freitag, W. (1990); Freitag, W. (1989); Freitag, W. (1987); Freitag, W. (1986);
11	Gabelstaplerfertigung	Clark Equipment GmbH	Richter, R. (1987); Richter, R. (1986)
12	Elektronik - Endmontage (S1)	Sick AG	Maruschzik, J. (1997); Fischer, D. (1994)
13	Endmontage Automatisierungstechnik	Sick AG	Maruschzik, J. (1997); Fischer, D. (1994)
14	Elektronikkartenmontage	Sick AG	Maruschzik, J. (1997); Fischer, D. (1994)

Projekt-nummer	Projektbereich	Unternehmen	Informationsquellen
15	Rotationsteilfertigung	Textilmaschinenfabrik Zhengzhou	Zongbin, F./ Möller, J./ Penz, T. (1994)
16	Automatisierungsgerätemontage	Klöckner Moeller GmbH	Burkhardt, R. (1990); Krütt, N. (1989)
17	Leistenfertigung	Deckel AG	Maluche, Ch. (1989)
18	Lackiererei	Deckel AG	Maluche, Ch. (1989)
19	Fahrwerkfertigung und -montage	SIG Schweizerische Industriegesellschaft	Gsell, P. (1994)
20	Spinnmaschinenfertigung und -montage	Schlafhorst AG	Dietz, M. (1994)
21	Fertigung optischer Bauteile	Leica AG	Hänggi, R. (1994); Boutellier, R. (1990)
22	Anhängermontage	Schmitz-Anhänger Fahrzeugbau GmbH & Co	Schmitz, P. (1995)
23	Büromöbelherstellung	VOKO Franz Vogt GmbH&Co KG	Bellinger, M. (1995)
24	E/A-Karten Fertigung	Eberle GmbH	Eberle, M. (1987)
25	Reglermontage	Eberle GmbH	Eberle, M./ Lohwasser, H. (1987); Eberle, M. (1987); Lohwasser, H. (1986)
26	Isoliermaterialfertigung	Von Roll AG (SIB)	Hongler, G. (1995)
27	Meßgerätmontage	Metrawatt GmbH	Neumann, H. (1987)
28	Strohschütter - montage	John Deere Werke Zweibrücken	Martens, W. (1987)
29	Einzelfertigung Brandmeldezentrale	Schrack Telecom AG	Sladek, P. (1990)
30	Serienfertigung Stromversorgung	Schrack Telecom AG	Sladek, P. (1990)

Projekt-nummer	Projektbereich	Unternehmen	Informationsquellen
31	Meßgeräte-montage	Auergesellschaft	Nolting, M.F./ Mertins, K./ Rabe, M./ Könner, S. (1994)
32	Medizintechnik-fertigung	Mittelständischer Medizintechnik-hersteller	Nedeß, Ch./ Mallon, J. (1996)
33	Radsatzfertigung	Zahnradfabrik Passau	Markmiller, R. (1995) Projektunterlagen Expertengespräche
34	elektronische Erodieranlagen-montage	AGIE AG	Hermann, F. (1987); Agustoni, G./ Lütolf, F. (1987)
35	mechanische Erodieranlagen-montage	AGIE AG	Hermann, F. (1987); Agustoni, G./ Lütolf, F. (1987)
36	Pumpenfertigung und -montage	Pompes Guinard S.A./KSB	Jaberg, H./ Mezger, M./ Braun, J. (1995)
37	Fensterheberfer-tigung	Brose SA	Hecht, W./ Müller, J./ Steiner, H./ Zipse, T. (1995) Expertengespräche
38	Waagenmontage	Mettler Toledo	Hüser, M./ Kaun, R. (1995) Expertengespräche
39	Stahlrohrferti-gung	Mittelständischer metallverarbeiten-der Betrieb	Projektunterlagen Expertengespräche
40	Refraktärmetall-fertigung	Metallverarbei-tendes Großunter-nehmen	Projektunterlagen Expertengespräche

Literaturverzeichnis

Adam, D. (1993): Planung und Entscheidung, 3. Auflage, Wiesbaden

Adam, D. (1994): Investitionscontrolling, München

Aggteleky, B. (1981): Fabrikplanung, Band 1, München u.a.

Aggteleky, B. (1987): Fabrikplanung, Band 2, München, u.a.

Agustoni, G./Lütolf, F. (1987): Fertigungsorganisation unter JUST-IN-TIME Gesichtspunkten bei einem Werkzeugmaschinen-Bauunternehmen, in: Just-in-Time Produktion + Zulieferung, Tagungsbericht Böblingen, Band 2, hrsg. von Wildemann, H., München 1987, S.903-946

Altrogge, G. (1984): Flexibilität der Produktion, in: HWProd, hrsg. von: Kern, W., Stuttgart, ungekürzte Sonderausgabe, Sp.604-618

Amann, W./Hartberger, H. (1990): Produktionssysteme modellieren und simulieren, in: ZwF 85 (1990) 7, S.348-351

Amann, W./Zipper, B. (1994): Fertigungsinseln - ein Weg zu kürzeren Durchlaufzeiten, in: VDI-Z 136 (1994), Nr.3, S.40-42

AWF (1984): Flexible Fertigungsorganisation am Beispiel von Fertigungsinseln, Eschborn

Bellinger M. (1995): Freisetzung verborgener Mitarbeiterpotentiale im Rahmen eines Restrukturierungsprogrammes, in: Schnell lernende Unternehmen - Quantensprünge in der Wettbewerbsfähigkeit, hrsg. von Wildemann, H., München, S.603-651

Bohr, K. (1984): Produktionsfaktorsysteme, in: HWProd, hrsg. von: Kern, W. unter Mitarbeit von zahlreichen Fachgelehrten, Stuttgart ungekürzte Sonderauflage, Sp.1481-1493

Boutellier, R. (1990): JIT in der Optik, Elektronik und Feinmechanik bei der Leica Heerbrugg AG, in: Kundennahe Produktion und Zulieferung durch Just-In-Time, Tagungsbericht Sindelfingen 1990, hrsg. von Wildemann, H., München, S.613-634

Bracht, U./ Janisch, H. (1996): Logistikgerechte Fabrikplanung, in: VDI-Z 138 (1996), Nr.7/ 8, S.62-70

Brankamp, K. (1984): Kapazitätsbelegung, in: HWProd, hrsg. von: Kern, W. unter Mitarbeit von zahlreichen Fachgelehrten, Stuttgart ungekürzte Sonderauflage, Sp.882-903

Bühner, R. (1986): Betriebswirtschaftliche Organisationslehre, München, Wien

Burbidge, J.L. (1971): Production Flow Analysis, in: The Production Engineer 1971 (5), S.130-152

Burger, C. (1992): Produktionsregelung mit entscheidungsunterstützenden Informationssystemen, Berlin

Burkhardt, R. (1990): Pfade aus dem Gestrüpp, in: Industriemagazin, Report High-Tech II, Mai 1990, S.8-13

Bußmann, J./ Freist, Chr./ Hesselmann, U./ Schunke, A. (1985): Einsatz der Clusteranalyse zur Investitionsplanung und Fertigungsrationalisierung, in: ZwF 80 (1985) 2, S.67-71

Coenenberg, A.G./ Fischer, T.M. (1991): Prozeßkostenrechnung - Strategische Neuorientierung in der Kostenrechnung, in: DBW 1/91, S.21-38

Cooper, R. (1990 a): Activity-Based-Costing - Was ist ein Activity-Based Cost-System? in: krp 4/1990, S.210-220

Cooper, R. (1990 b): Activity-Based Costing - Einführung von Systemen des Activity-Based Costing, in: krp 6/1990, S.345-351

Cooper, R./ Kaplan, R.S. (1993): Prozeßorientierte Systeme: Die Kosten der Ressourcennutzung messen in: krp 2/1993 Sonderheft, S.7-14

Dankert, U. (1995): Planung des Designs flexibler Fertigungssysteme, Wiesbaden

Deich, A./ Messbacher, A. (1994 a): Neue Fertigungsstrukturen im Triebwerksbau, in: VDI-Z 136 (1994), Nr.6, S.32-37

Deich, A./Messbacher, A. (1994 b): Neuorganisation einer Triebswerksfertigung, in: ZWF 89 (1994) 12, S.610-612

Dietz, M. (1994): Autonome Bereiche in der Fertigung und Just-in-Time Produktion, in: Industriestandort Deutschland - Unternehmen in Deutschland - wie ist der Standort zu retten?, hrsg. von Wildemann, H., München, S.320-329

Dilling, U. (1992): Planung von Fertigungssystemen unterstützt durch Wirtschaftlichkeitssimulation, Berlin, u.a.

Dörner, D. (1989): Die Logik des Mißlingens, 2. Auflage, Hamburg

Domschke, W./Drexl, A. (1991): Einführung in Operations Research, 2.Auflage, Berlin, u.a.

Dunst, K.H. (1979): Portfolio Management, Berlin, u.a.

Eberle, M./Lohwasser, H. (1987): JIT-Konzepte sind bei geringerer Fertigungstiefe weniger kompliziert, in: Just In Time, Handelsblatt - Serie 87, S.53-54

Eberle, M. (1987): Erfahrungen mit Just-In-Time-Projekten in Elektromechanik und Digitaltechnik, in: Just-in-Time Produktion + Zulieferung, Tagungsbericht Böblingen 1987, Band1, hrsg. von Wildemann, H., München, S.126-146

Eberwein, R.D. (1989): Organisation flexibel automatisierter Produktionssysteme: Anwendungsmöglichkeiten der Gruppentechnologie für die Gestaltung von Produktions- und Arbeitssystemen, Heidelberg

El Essawy, I.F. (1971): The Development of Component Flow Analysis in Production Systems Design for Multi-Product Engineering Companies. UMIST, thesis for a doctor of philosophy degree

Eschenbacher, P./Schmidt, B. (1987): Empirische Modellbildung und formale Modellbeschreibung in: Simulation als betriebliche Entscheidungshilfe, Band 1, hrsg. von Biethahn, J. und Schmidt, B., Berlin, u.a., 1987, S.27-45

Eschenbacher, P. (1990): Entwurf und Implementierung einer formalen Sprache zur Beschreibung dynamischer Modelle, Erlangen

Firnkorn, J./ Fuchs, E. (1985): Grundstudium Betriebswirtschaftslehre, München

Fischer, T./ Förster, A./ Wirth, S. (1991): Methoden zur iterativen Bestimmung der Zahl der Fertigungsplätze, in: ZwF 86 (1991) 7, S.341-345

Fischer, D. (1994): Restrukturierung eines Unternehmens der Elektroindustrie nach JIT-Prinzipien, in: Industriestandort Deutschland - Unternehmen in Deutschland - wie ist der Standort zu retten?, hrsg. von Wildemann, H., München, S.330-353

Freitag, W. (1986): Just-in-Time-Produktion und Zulieferung bei der Firma Hottinger Baldwin Messtechnik GmbH -HBM-, in: Just-in-Time Produktion + Zulieferung, Tagungsbericht Böblingen 1986, Band 2, hrsg. von Wildemann, H., München, S.736-760

Freitag, W. (1987): Rationalisierung der Organisation bringt erhebliche Kostensenkung, in: Just In Time, Handelsblatt - Serie 87, S.28-29

Freitag, W. (1989): Just-In-Time-Produktion: Flexibilitätssteigerung durch Restrukturierung und flexible Arbeitsgestaltung, in: Einführungsstrategien für neue Technologien, 3. Fertigungswirtschafliches Kolloquium der Universität Passau, hrsg. von Wildemann, H., München, S.443-465

Freitag, W. (1990): Flexible Arbeitszeiten in Fertigungssegmenten, in: Flexible Arbeits- und Betriebszeiten, Tagungsbericht, München 1990, S.305-318

Freitag, W./ Abels, S. (1993): Planungsbegleitende Simulation einer KANBAN-gesteuerten Meßgerätefertigung, in: Simulation und Fabrikbetrieb, hrsg. von ASIM - Arbeitskreis für Simulation in der Fertigungstechnik, München 1993, S.213-226

Frese, E. (1988): Grundlagen der Organisation, 4. Auflage, Wiesbaden

Frese, E. (1990): Entwicklungstendenzen in der organisatorischen Gestaltung der Produktion, in: Zukunftsperspektiven der Organisation, Festschrift zum 65. Geburtstag von Prof. Dr. Robert Staerkle, Bern, S.81-97

Gal, T. (Hrsg.) (1989): Grundlagen des Operations-Research, 2.Auflage, Berlin, u.a.

Geuer, A. (1993): Das Organisationsprinzip „Fertigungsinsel“, in: Fertigungsinseln: Planung, Einführung und Betrieb, Seminarunterlagen des Lehrstuhls für Werkzeugmaschinen und Betriebswissenschaften der TU München, München, S.1-21

Glöckner, M. (1993): Fertigungsinseln - produkt- oder technologieorientiert strukturieren?, in: VDI-Z 135 (1993), Nr.8, S.52-56

Görgens, J. (1994): Just-in-time-Fertigung: Konzept und modellgestützte Analyse, Stuttgart

Goldratt, E. (1997): Focusing on Constraints, not costs, in: Rethinking the future, hrsg. von Gibson, R., London, S.106-121

Green, P.E./ Tull, D.S. (1982): Methoden und Techniken der Marketingforschung, Stuttgart

Grochla, E. (1978): Grundlagen der Materialwirtschaft, 3. gründlich durchgesehene Auflage, Wiesbaden

Grochla, E. (1982): Grundlagen der organisatorischen Gestaltung, Stuttgart

Gsell, P. (1994): Neue Fabrik- und Unternehmensorganisationskonzepte im Maschinenbau, in: Industriestandort Deutschland - Unternehmen in Deutschland - wie ist der Standort zu retten?, hrsg. von Wildemann, H., München, S.129-180

Gutenberg, E. (1983): Grundlagen der Betriebswirtschaftslehre, Band I Die Produktion, 24 Auflage, Berlin, Heidelberg, New York 1983

Haager, K. (1987 a): Weniger Kapital und Herstellkosten, kürzere Lieferzeiten, mehr Qualität, in: Just In Time, Handelsblatt - Serie 87, S.8-9

Haager, K. (1987 b): Just-In-Time-Maßnahmen und ihre Auswirkungen entlang der logistischen Kette, in: Just-in-Time Produktion + Zulieferung, Tagungsbericht Böblingen 1987, Band1, hrsg. von Wildemann, H., München, S.158-177

Haarmann, C. (1994): Kosteninformation durch Simulation, Frankfurt am Main, u.a.

Hänggi, R. (1994): Modularisierung in einer optischen Fertigung, in: Industriestandort Deutschland - Unternehmen in Deutschland - wie ist der Standort zu retten?, hrsg. von Wildemann, H., München, S.707-727

Hahn, R. (1981): Höhere Programmiersprachen im Vergleich, Wiesbaden

Hartberger, H. (1991): Wissensbasierte Simulation komplexer Produktionssysteme, Berlin

Hecht, W./ Müller, J./ Steiner, H./ Zipse, T. (1995): Eine gläserne Fabrik zur Produktion von Pkw-Fensterhebern - La nueva fabrica Brose SA, in: Aufbruch zum fraktalen Unternehmen - Praxisbeispiele für neues Denken und Handeln, hrsg. von Warnecke H.J., Berlin, Heidelberg, S.269-283

Hedrich, C.P. (1987): Verzicht auf Hochregallager durch Neustrukturierung des logistischen Gesamtkonzepts, in: Just-in-Time Produktion + Zulieferung, Tagungsbericht Böblingen 1987, Band1, hrsg. von Wildemann, H., München, S.217-260

Hedrich, C.P. (1993): Erfahrung bei Planung und Aufbau von Fertigungsinseln, in: Fertigungsinseln: Planung, Einführung und Betrieb, Seminarunterlagen des Lehrstuhls für Werkzeugmaschinen und Betriebswissenschaften der TU München, München

Heinemeyer, W. (1984): Durchlaufzeiten, in: HWProd, hrsg. von: Kern, W. unter Mitarbeit von zahlreichen Fachgelehrten, Stuttgart ungekürzte Sonderauflage, Sp.421-434

Hermann, F. (1987): Nicht nur Fertigungsstrategie, sondern auch Führungsphilosophie, in: Just In Time, Handelsblatt - Serie 87, S. 10-11

Hermann, P. (1983): Flexibel fertigen: Warum eigentlich?, in: VDI-Z 125 (1983), S.267-270

Herrmann, P. (1983): Grundlagen einer rechnerunterstützten Investitionsplanung und Wirtschaftlichkeitsrechnung für flexible Fertigung, Aachen

Hörschgen, H. (1992): Grundbegriffe der Betriebswirtschaftslehre, 3. Auflage, Stuttgart

Hoeschen, R.D. (1987): Strategien zur Kostenoptimierung im Materialfluß, in: Just-in-Time Produktion + Zulieferung, Tagungsbericht Böblingen 1987, Band 2, hrsg. von Wildemann, H., München, S.958-972

Hongler, G. (1995): FIT mit neuen Organisationsstrukturen, in:Schnell lernende Unternehmen - Quantensprünge in der Wettbewerbsfähigkeit, hrsg. von Wildemann, H., München, S.669-690

Horn, V./ Hein, J. (1990): Komplexe Produktionssysteme planen, in: ZwF 85 (1990) 6, S.300-304

Horváth, P./ Mayer, R. (1989): Prozeßkostenrechnung, in: Controlling 4/1989, S.214-219

Horváth, P./ Mayer, R. (1993): Prozeßkostenrechnung, in: krp Sonderheft 2/1993, S.15-28

Horváth, P. (1996): Produktcontrolling, in: Hütte: Taschenbuch für Betriebsingenieure (Betriebshütte), hrsg. von: Eversheim, W./ Schuh, G., 7. neu bearbeitete Auflage, Berlin, Kapitel 8

Hüser, M./ Kaun, R. (1995): Wer wa(a)gt, gewinnt - Wägetechnik nach Kundenwunsch von der Mettler Toledo GmbH, in: Aufbruch zum fraktalen Unternehmen - Praxisbeispiele für neues Denken und Handeln, hrsg. von Warnecke H.J., Berlin, Heidelberg, S.315-337

Hummel, S./ Männel, W. (1986): Kostenrechnung1 - Grundlagen, Aufbau und Anwendung, 4. Auflage, Wiesbaden

Hyer, N.L./ Wemmerlöv, U. (1982): A Framework for Production Planning and Control of Cellular Manufacturing, in: Decision Sciences, 13 (1982), S.681-701

Hyer, N.L./ Wemmerlöv, U. (1984): Group Technology and Productivity, in: Harvard Business Review, Vol. 62, July-Aug. 1984, S. 140-149

Jaberg, H./ Mezger, M./ Braun, J. (1995): Dynamische Märkte prägen die Ablauforganisation, Prozeß- und Materialflußgestaltung bei der KSB/Pompes Guinard S.A., in: Aufbruch zum fraktalen Unternehmen - Praxisbeispiele für neues Denken und Handeln, hrsg. von Warnecke H.J., Berlin, Heidelberg, S.187-209

Jäger, A. (1991): Systematische Planung komplexer Produktionssysteme, Berlin

Kern, W. (1962): Die Messung industrieller Fertigungskapazitäten und ihrer Ausnutzung, Köln, Opladen

Kern, W. (1980): Industrielle Produktionswirtschaft, 3. völlig neu bearbeitete Auflage, Stuttgart

Kettner, H./ Schmidt, J. (1984): Fabrikplanung, in: HWProd, hrsg. von: Kern, W. unter Mitarbeit von zahlreichen Fachgelehrten, Stuttgart ungekürzte Sonderauflage, Sp.529-547

Kloock, J./ Sieben, G./ Schildbach, Th. (1987): Kosten- und Leistungsrechnung, 4. Auflage, Düsseldorf

Klug, F. (1991): Einfluß und Bedeutung der elektrischen Automatisierungstechnik im BMW-Fahrwerksbereich aus betriebswirtschaftlicher Sicht, Diplomarbeit am Lehrstuhl für Organisation und Personalwesen, Prof. Dr. R. Bühner, Universität Passau

Knoop, J. (1986): Online-Kostenrechnung für die CIM-Planung, Berlin

Knürr, H. (1987): Fertigung darf nicht hinter Produkten und Märkten herhinken, in: Just In Time, Handelsblatt - Serie 87, S.18-20

Kosturiak, J./ Gregor, M. (1995): Simulation von Produktionssystemen: Teil 1 Empfehlungen für eine erfolgreiche Anwendung der Simulationstechnik in der Praxis, in: ZWF 90 (1995) 1-2, S.50-53

Kottkamp, E. (1987): Logistikgerechte Neustrukturierung, in: ZfL, 8 (1987) 9, S.40-43

Kraemer, W./ Wiechmann, D. (1991): Die Betriebsdatenerfassung als integraler Bestandteil der Fertigungssteuerung und Kostenrechnung, in: Fertigungssteuerung: Expertenwissen für die Praxis, hrsg. von Scheer, A. W., München, S.311-353

Kreikebaum, H. (1984): Organisationstypen der Produktion, in: HWProd, hrsg. von: Kern, W. unter Mitarbeit von zahlreichen Fachgelehrten, Stuttgart ungekürzte Sonderauflage, Sp.1392-1402

Krütt, N. (1989): Fertigungssegmentierung als Strategie bei der Einführung eines neuen Produktes und neuer Technologien, in: Einführungsstrategien für neue Technologien, 3. Fertigungswirtschafliches Kolloquium der Universität Passau, hrsg. von Wildemann, H., München, S.329-339

Küpper, H.U. (1984): Produktionstypen, in: HWProd, hrsg. von: Kern, W. unter Mitarbeit von zahlreichen Fachgelehrten, Stuttgart ungekürzte Sonderauflage, Sp.1636-1647

Kuhn, A./ Reinhardt, A./ Wiendahl, H.P. (1993): Handbuch Simulationsanwendungen in Produktion und Logistik, Braunschweig, Wiesbaden

Kuhn, A./ Pielok, T. (1994): Produktivitäts-Management mit Hilfe von Prozeßketten, in: Qualität und Produktivität, hrsg. Wildemann, H., Frankfurt am Main, S.26-42

Langhoff, M./ Müller-Wünsch, M. (1993): Rechnergestützte Prozeßkostenanalyse, in: CIM Management, 4/93, S.38-41

Lauermann, A. (1994): Autonomie als Gestaltungsparameter von Fertigungssegmenten - eine empirisch-simulative Analyse, Wiesbaden

Lauermann, A. (1995): Gestaltung des Autonomiegrades in Fertigungssegmenten, in: Schnell lernende Unternehmen - Quantensprünge in der Wettbewerbsfähigkeit, hrsg. von Wildemann, H., München, S.783-813

Lesch, U. (1992): Integrierte Analyse, Planung und Simulation flexibler Fertigungssysteme, Düsseldorf

Liebel, F. (1992): Simulation - problemorientierte Einführung, München, Wien

Lindner, K.U. (1994): Datengetriebene Simulation in der Fertigung, Frankfurt am Main

Lohwasser, H. (1986): Eigen- und Fremdfertigung in JIT: Kriterien und Erfahrungen, in: Just-in-Time Produktion + Zulieferung, Tagungsbericht Böblingen 1986, Band2, hrsg. von Wildemann, H., München, S.661-678

Luczak, H. (1996): Arbeitsgestaltung, Arbeitsorganisation, Arbeitspersonen, in: Hütte: Taschenbuch für Betriebsingenieure (Betriebshütte), hrsg. von: Eversheim, W./ Schuh, G., 7. neu bearbeitete Auflage, Berlin, Kapitel 12

Ludwig, J. (1989): Arbeitsmanagement und neue Technologien „Fertigungsinsel", in: Einführungsstrategien für neue Technologien, 3. Fertigungswirtschafliches Kolloquium der Universität Passau, hrsg. von Wildemann, H., München, S.229-241

Lücke, W. (1955): Investitionsrechnung auf der Grundlage von Ausgaben oder Kosten?, in: Zeitschrift für handelswissenschaftliche Forschung, 7.Jg. (1955), S.310-324

Maaß, J./ Schlöglmann, W. (1989): Mathematik als Technologie, Weinheim

Männel, W. (1992 a): Stand und Weiterentwicklung der Kostenrechnung, in: krp Sonderheft 1/ 92, S.38-49

Männel, W. (1992 b): Verbesserung der Zurechnung leistungsabhängiger Gemeinkosten, in: krp 3/92, S.177

Männel, W. (1992 c): Kostenmanagement - Bedeutung und Aufgaben, in: krp 5/92, S.289-291

Männel, W. (1992 d): Anpassung der Kostenrechnung an moderne Unternehmensstrukturen, in: krp 2/92, S.87-100

Männel, W. (1992 e): Bedeutsame Ansätze, Konzepte und Instrumente des Kostenmanagement, in: krp 6/92, S.340-343

Maier, D. (1993): Einführungsstrategien für Fertigungssegmentierung - Eine empirische Untersuchung, München

Maluche, Ch. (1989): Segmentierung und flexible Automatisierung in einem Maschinenbauunternehmen, in: Einführungsstrategien für neue Technologien, 3. Fertigungswirtschafliches Kolloquium der Universität Passau, hrsg. von Wildemann, H., München, S.361-385

Mandelbrot, B. (1991): Die fraktale Geometrie der Natur, Sonderausgabe, Basel, u.a.

Markmiller, R. (1995): Simulation eines Fertigungssegments, in: Simulation in Passau, Heft 1, S.25-29

Martens, W. (1987): Just-In-Time-Fertigung eine Herausforderung für den gesamten Betrieb, in: Just-in-Time Produktion + Zulieferung, Tagungsbericht Böblingen 1987, Band1, hrsg. von Wildemann, H., München, S.390-402

Martin, J. (1989): Gruppentechnologische Fertigungsstrukturen: Planung und Bewertung bei Einzel- und Kleinserienfertigung, Köln

Maruschzik, J. (1997): Optoelektronische Identifikationssysteme für Materialfluß und Logistik, in: Logistik im Unternehmen 11 (1997), Nr. 3, S.36-37

Maaß, J./Schlöglmann, W. (1989): Mathematik als Technologie, Weinheim

Mebarki, N./Pierreval, H. (1994): Using Simulation-Optimization to Design Dynamic Scheduling Strategies of Manufacturing Systems in: CISS - First Joint Conference of International Simulation Societies Proceedings, hrsg. von Halin, J./ Karplus, W./ Rimane, R., Zürich, S.468-472

Melo, D.A. (1995): Ein modellgestütztes Instrumentarium als Hilfsmittel der strategischen Planung einer Fabriksegmentierung, München

Milberg, J. (1993): Zukunftsorientierte Produktionsstrukturen, Vorlesungsunterlagen zur Ringvorlesung Systemtechnik 93/94 an der TU München

Milberg, J./ Koch, M.R. (1993): Autonome Fertigungssysteme, in: VDI-Z 135 (1993) 11/12, S.63-69

Milberg, J./ Reinhart, G. (1996): Produktionssystemplanung, in: Hütte: Taschenbuch für Betriebsingenieure (Betriebshütte), hrsg. von: Eversheim, W./ Schuh, G., 7. neu bearbeitete Auflage, Berlin, Kapitel 10

Miller, J.G./ Vollmann, T.E. (1985): The hidden factory, in: Harvard Business Review, 63 (1985) 5, S.142-150

Mönig, H. (1985): Fertigungsorganisation und Wirtschaftlichkeit einer Fertigungsinsel, in: ZfbF 37 (1/1985), S.83-102

Nedeß, Ch./ Mallon, J. (1996): Gestaltung selbständiger Produktionseinheiten, in: ZwF 91 (1996) 1-2, S.21-24

Neumann, E. (1987): Fertigungsstrategie in JIT: Erfahrungen aus fünf Jahren in Teilefertigung, Montage und Beschaffung, in: Just-in-Time Produktion + Zulieferung, Tagungsbericht Böblingen 1987, Band2, hrsg. von Wildemann, H., München, S.947-957

Neumann, H. (1987 a): Just-In-Time-Montage von elektrischen Meßgeräten, in: Just-in-Time Produktion + Zulieferung, Tagungsbericht Böblingen 1987, Band1, hrsg. von Wildemann, H., München, S.425-457

Neumann, E. (1987 b): Neue Fertigungsstrategie ohne Vernachlässigung des Tagesgeschäfts, in: Just In Time, Handelsblatt - Serie 87, S.25-26

Neumann, K./ Morlock, M. (1993): Operations Research, München, u.a.

Niemeyer, G. (1977): Kybernetische System- und Modelltheorie, München

Nill, B. (1991): Systemansätze zur Entwicklung und Gestaltung von Unternehmen, Vorlesungsunterlagen zur Ringvorlesung Systemtechnik an der Universität Passau, WS91/92

Nill, B. (1992): Marktorientierte Neustrukturierung eines Maschinen- und Fahrzeugbauunternehmen, in: Lean Management - Der Weg zur schlanken Fabrik, hrsg. von Wildemann H., München, S.51-76

Nolting, M.F./ Mertins, K./ Rabe, M./ Könner, S. (1994): Schneller und kostengünstiger durch optimierte Produktionslogistik, in: ZwF 89 (1994) 4, S.191-193

Olshagen, C. (1991): Prozeßkostenrechnung: Aufbau und Einsatz, Wiesbaden

Patzak, G. (1982): Systemtechnik - Planung komplexer innovativer Systeme, Berlin

Pawellek, G./ Best, D. (1992): Anwendung kybernetischer Prinzipien zur Produktionsorganisation und -steuerung, in: VDI-Z 134 (1992), Nr.3, S.90-93

Pfohl, H.Ch. (1985): Logistiksysteme, 2. Auflage, Berlin, u.a.

Pichler, F./ Schwärtzel, H. (1990): Computerunterstützte Systemtheorie, Berlin

Picot, A. (1990): Organisation, in: Vahlens Kompendium der Betriebswirtschaftslehre, Band 2, München

Ranson, G.M. (1972): Group Technology, London

REFA (1976): Methodenlehre des Arbeitsstudiums, Teil 1: Grundlage, München, 6. Auflage

REFA (1987): Methodenlehre der Betriebsorganisation, Teil Planung und Gestaltung komplexer Produktionssysteme, München

Reinhart, G./ Decker, F./ Lorenzen, J. (1995): Ganzheitliche Planung von Fertigungsinseln, in: ZWF 90 (1995) 12, S.611-613

Remer, D. (1997): Einführen der Prozeßkostenrechnung, Stuttgart

Renner, A. (1991): Kostenorientierte Produktionssteuerung, München

Richter, R. (1986): Strukturveränderung als Maßnahme zur Just-In-Time-Produktion von Gabelstaplern, in: Just-in-Time Produktion + Zulieferung, Tagungsbericht Böblingen 1986, Band2, hrsg. von Wildemann, H., München, S.696-723

Riebel, P. (1992): Einzelerlös-, Einzelkosten- und Deckungsbeitragsrechnung als Kern einer ganzheitlichen Führungsrechnung in: Männel, W.: Handbuch der Kostenrechnung, Wiesbaden, S.247-299

Röhr, J. (1987): Just-In-Time/KANBAN-Logistik am Beispiel der Feder- und Messerleistenfertigung in einer Bauteileproduktion, in: Just-in-Time Produktion + Zulieferung, Tagungsbericht Böblingen 1987, Band1, hrsg. von Wildemann, H., München, S.458-483

Scheer, A.W. (1988): Das Rechnungswesen in den Integrationstrends der Datenverarbeitung, in: Rechnungswesen und EDV, hrsg. von Scheer, A.W., Heidelberg, S.3-22

Schmid, R. (1992): Produktionsanlagen perfekt planen und beschaffen, Böblingen

Schmidt, B. (1985): Systemanalyse und Modellaufbau, Berlin

Schmidt, B. (1989): Simulation in der Anlagenprojektierung und Angebotserarbeitung, in: Simulation und Integration, Tagungsbericht 1989, hrsg.: ASIM - Arbeitskreis für Simulation, München, S.366-368

Schmidt, B. (1990): Die Modellbeschreibungssprache SIMPLEX MDL, Referenzhandbuch, Passau

Schmidt, B./ Shi, Ch. (1992): Die Modellierung von Produktionsanlagen, in: Simulation als betriebliche Entscheidungshilfe, Band 3, hrsg. von Biethahn, J./ Hummeltenberg, W./ Schmidt, B., Berlin, S.168-180

Schmidt, B. (1993 a): Das Modellbankkonzept in SIMPLEXII in: Simulation in Passau, Heft 2/1993, S.5-7

Schmidt, B. (1993 b): Simulationssysteme der 5. Generation, in: Simulationstechnik, 8. Symposium in Berlin, hrsg.: Sydow, A., Braunschweig, Wiesbaden, S.129-132

Schmidt, B. (1994 a): Die objektorientierte Modellspezifikation, in: Simulation in Passau, Heft1/1994, S.8-9

Schmidt, B. (1994 b): Die Modellerstellungsumgebung und die Experimentbeschreibungssprache EDL, in: Simulation in Passau, Heft1/1994, S.10-12

Schmitt, H.J. (1994): Die Prozessgestalt von Kosten- und Investitionsrechnung im CIM - Konzept, Stuttgart

Schmitz, P. (1995): Reorganisation bei Schmitz-Anhänger, Werk Altenberg, in:Schnell lernende Unternehmen - Quantensprünge in der Wettbewerbsfähigkeit, hrsg. von Wildemann, H., München, S.325-390

Schneider, M. (1993): Untersuchung zur effektiven Unterstützung von Simulationswerkzeugen in der Analyse- und Konzeptions-Phase für den erfolgreichen Einsatz eines PPS-Systems in klein- und mittelständischen Unternehmen, Dresden

Schreitmüller, H.J. (1986): Fertigungssegmentierung mit integrierter Beschaffungslogistik verkürzt die Durchlaufzeiten, in: Just-in-Time Produktion + Zulieferung, Tagungsbericht Böblingen 1986, Band2, hrsg. von Wildemann, H., München, S.931-961

Schreitmüller, H.J. (1987): Kürzere Durchlaufzeiten und höhere Flexibilität fordert heute der Markt, in: Just In Time, Handelsblatt - Serie 87, S.15-16

Schuh, G./ Steinfatt, E. (1993): Konstruktionsbegleitende Prozeßkostenrechnung, in: ZwF, Heft 7-8, S.344-346

Schuh, G./ Kaiser, A. (1994): Kostenmanagement in Entwicklung und Produktion mit der Ressourcenorientierten Prozeßkostenrechnung, in: krp Sonderheft 1/94, S.76-82

Schulte, Ch. (1991): Logistik: Wege zur Optimierung des Material- und Informationsflusses, München

Schweitzer, M. (1990): Industrielle Fertigungswirtschaft, in: Industriebetriebslehre, hrsg. von Schweitzer, M., München, S.561-696

Seelbach, H. (1984): Ablaufplanung bei Einzel- und Serienproduktion, in: HWProd, hrsg. von: Kern, W. unter Mitarbeit von zahlreichen Fachgelehrten, Stuttgart ungekürzte Sonderauflage, Sp.12-28

Shi, Ch. (1994): Entwurf und Implementierung eines Simulators für Fertigungssysteme, Aachen

Siegwart, H./ Raas, F. (1989): Anpassung der Kosten- und Leistungsrechnung an moderne Fertigungstechnologien, in: krp 1/89, S.7-14

Siegwart, H./ Singer, U. (1991): Neues Verfahren für die Wirtschaftlichkeitsbeurteilung von Investitionen in neue Produktionstechnologien, in: krp 2/91, S.63-70

Siegwart, H. (1991): CIM - orientiertes Rechnungswesen, Stuttgart

Simon, P. (1987): Just-In-Time in einer variantenreichen Industriemöbelproduktion, in: Just-in-Time Produktion + Zulieferung, Tagungsbericht Böblingen 1987, Band2, hrsg. von Wildemann, H., München, S.644-658

Skinner, W. (1985): Manufacturing. The Formidable Competitive Weapon, New York

Sladek, P. (1990): Reorganisation der Produktion und Logistik durch Fertigungssegmentierung, in: Kundenahe Produktion und Zulieferung durch Just-In-Time, Tagungsbericht Sindelfingen 1990, hrsg. von Wildemann, H., München, S.188-216

Spur, G./ Mertins, K./ Wieneke-Toutaoui, B./ Rabe, M. (1990): Modellierung von Informations- und Materialflüssen für die Auslegungsplanung, in: ZwF 85 (1990) 1, S.8-13

Steffen, R. (1984): Ablaufplanung bei Massenproduktion, in: HWProd, hrsg. von: Kern, W. unter Mitarbeit von zahlreichen Fachgelehrten, Stuttgart ungekürzte Sonderauflage, Sp.28-38

Stöcker, H. (1992): Taschenbuch mathematischer Formeln und moderner Verfahren, Frankfurt am Main

Tempelmeier, H./ Kuhn, H. (1992): Flexible Fertigungssysteme: Entscheidungsunterstützung für Konfiguration und Betrieb, Berlin, u.a.

Tönshoff, H.K./ Freist, Chr./ Hesselmann, U. (1984): Verfahren zur Werkstückanalyse großer Datenmengen, in: ZwF 79 (1984) 12, S.598-603

Tönshoff, H.K./ Barfels, L. (1991): Simulationsgestützte Optimierung von Fertigungsanlagen, in: Fortschritte in der Simulationstechnik, 7. Symposium Simulationstechnik in Hagen, hrsg: Tavangarian, D., Braunschweig, S.391-395

Tönshoff, H.K./ Hanewinckel, F./ Glöckner, M. (1992): Familienbildung unterstützen, in: Industrie Anzeiger 36/92, S.72-36

Tönshoff, H.K./ Glöckner, M. (1994): Logische Fertigungsinseln: Ein alternatives Konzept für Einzel- und Kleinserienfertiger, in: ZwF 89 (1994) 12, S.607-609

Toussaint, A. (1993): Erfolge und Probleme mit bausteinorientierten Simulatoren am Beispiel eines metallverarbeitenden Unternehmens in: Simulationstechnik 8. Symposium in Berlin, hrsg. von Sydow, A., Braunschweig, Wiesbaden, S.237-240

Tuffentsammer, K. (1988): Hilfe durch Gruppentechnologie (GT) und Teilefamilien (TF) - Ordnung, in: Flexible Fertigungssysteme, Sonderforschungsbericht der Deutschen Forschungsgemeinschaft DFG, hrsg. von Warnecke, H.J. u.a., Weinheim, S.37-51

VDI-Richtlinie 3633 (1983): Anwendung der Simulationstechnik zur Materialflußplanung

Vester, F. (1991): Unsere Welt - ein vernetztes System, 7. Auflage, München

Vornholt, Ch. (1994): Das Simulationsdienstleistungszentrum, in: Simulation in Produktion und Logistik, Seminarunterlagen, Stuttgart, S.12-17

Waghodekar, P.H./ Sahu, S. (1984): Machine-component cell formation in group technology: MACE, in: International Journal of Production Research, 22 (1984), S.937-948

Warnecke, H.J./ Osman, M./ Weber, G. (1980): Gruppentechnologie, in FB/IE 29/1980, S.5-12

Warnecke, H.J. (1992): Die Fraktale Fabrik: Revolution der Unternehmenskultur, Berlin, u.a.

Warnecke, H.J. (1993): Der Produktionsbetrieb 2 - Produktion, Produktionssicherung, 2. Auflage, Berlin, u.a.

Warnecke, H.J. (1996): Fabrikplanung, in: Hütte: Taschenbuch für Betriebsingenieure (Betriebshütte), hrsg. von: Eversheim, W./ Schuh, G., 7. neu bearbeitete Auflage, Berlin, Kapitel 9

Weber, J. (1996 a): Logistik- und Produktionscontrolling, in: Hütte: Taschenbuch für Betriebsingenieure (Betriebshütte), hrsg. von: Eversheim, W./ Schuh, G., 7. neu bearbeitete Auflage, Berlin, Kapitel 18

Weber, J. (1996 b): Selektives Rechnungswesen, in: ZfB(1996) Heft 8, S.925-946

Wiendahl, H.P./ Scholtissek, P. (1993): Produktionssimulation als Versuchsstand für Fertigungsstrukturen und PPS-Verfahren, in: VDI-Z 135 (1993), Nr.3, S.43-51

Wiendahl, H.P./ Scholtissek, P./ Mittwollen, N. (1995): Potentiale der Fertigungssegmentierung, in: VDI-Z 137 (1995), Nr.5, S.48-53

Wiendahl, H.P. (1996): Produktionsplanung und -steuerung, in: Hütte: Taschenbuch für Betriebsingenieure (Betriebshütte), hrsg. von: Eversheim, W./ Schuh, G., 7. neu bearbeitete Auflage, Berlin, Kapitel 14

Wiendahl, H.P./ Menzel, W./ Möller, J. (1996): Wandel in der Fabrikplanung, in: ZWF 91 (1996) 1-2, S.26-29

Wildemann, H. (1983): Flexible Werkstattsteuerung durch Integration von Kanban-Prinzipien, Forschungsbericht, Passau

Wildemann, H. (1986): Just-in-Time-Lösungskonzepte in Deutschland, in: HARVARDmanager 1/1986, S.36-48

Wildemann, H. (1987 a): Strategische Investitionsplanung, Wiesbaden

Wildemann, H. (1987 b): Investitionsplanung und Wirtschaftlichkeitsrechnung für flexible Fertigungssysteme (FFS), Stuttgart

Wildemann, H. (1988 a): Das Just-In-Time Konzept - Produktion und Zulieferung auf Abruf, Frankfurt am Main

Wildemann, H. (1988 b): Produktionssynchrone Beschaffung, München

Wildemann, H. (1988 c): Die Modulare Fabrik, München

Wildemann, H. (1989): Fabrik in der Fabrik durch Fertigungssegmentierung, in: Fabrikplanung: neue Wege - aufgezeigt von Experten aus Wissenschaft und Praxis, hrsg. von Wildemann, H., Frankfurt a. Main, S.14-77

Wildemann, H. (1991): Entwicklungstendenzen in der Fabrikorganisation, in: VDI-Z 133 (1991) Nr. 10, S.40-43

Wildemann, H. (1992 a): Die modulare Fabrik - Kundennahe Produktion durch Fertigungssegmentierung, 3. Auflage, St. Gallen

Wildemann, H. (1992 b): Arbeitszeitmanagement - Einführung und Bewertung flexibler Arbeits- und Betriebszeiten, St. Gallen

Wildemann, H. (1993): Neuentwicklungen in der Fabrik- und Unternehmensorganisation, in: Lean management: Strategien zur Erreichung wettbewerbsfähiger Unternehmen, hrsg. von Wildemann, H., Frankfurt am Main, S.17-34

Wildemann, H. (1995 a): Produktionscontrolling: Systemorientiertes Controlling schlanker Produktionsstrukturen, München

Wildemann, H. (1995 b): Komplexitätsmanagement in der Fabrikorganisation, in: ZWF 90 (1995) 1-2, S.21-26

Wildemann, H. (1995 c): Lean Management: Methoden, Vorgehensweisen und Wirkungsanalysen - eine empirische Studie aus 20 Unternehmen, 2. neubearbeitete Auflage, München

Wildemann, H. (1996): Logistikstrategien, in: Hütte: Taschenbuch für Betriebsingenieure (Betriebshütte), hrsg. von: Eversheim, W./ Schuh, G., 7. neu bearbeitete Auflage, Berlin, Kapitel 15

Witte, E. (1980): Entscheidungsprozesse, in: Handwörterbuch der Organisation, hrsg. von Grochla, E., 2. Auflage, Stuttgart, Sp.633-641

Witte, Th. (1990): Simulation, in: Lexikon der Wirtschaftsinformatik, hrsg. von: Mertens, P., u.a., 2. Auflage, Berlin 1990

Witte, H.H. (1993): Planung und Optimierung von Produktionssystemen mit Simulationstechnik, in: Simulation und Fabrikbetrieb, hrsg.: ASIM-Arbeitskreis für Simulation in der Fertigungstechnik, München, S.48-65

Wolf, M. (1988): Produktionscontrolling - eine neue Dimension in der Unternehmenssteuerung, in: krp 6/88 Controlling (1), S.245-253

Wollschläger, B. (1989): Marktorientierte Neustrukturierung eines Maschinen- und Fahrzeugunternehmen, in: Fabrikstrukturierung Europa '92, Tagungsbericht 1989, hrsg. von Wildemann, H. und Westkämper, E., München, S.87-130

Zäpfel, G. (1982): Produktionswirtschaft: operatives Produktions-Management; Berlin, New York

Zäpfel, G. (1989): Taktisches Produktionsmanagement; Berlin, New York

Zongbin, F./ Möller, J./ Penz, T. (1994): Neustrukturierung einer Teilefertigung, in: VDI-Z 136 (1994), Nr.4, S.52-58

Zülch, G./ Grobel, T. (1990): Analyse von Produktionssystemen mit Hilfe der Simulation, in: VDI-Z 132 (1990), Nr.10, S.176-182

Zülch, G./ Heel, J./ Krüger, J. (1996): Simulation unterstützt die Parallelisierung der Produktionssystemplanung, in: VDI-Z 138, Nr.5, S.42-44

Papier | Fördert gute Waldnutzung
FSC® C083411

Kolibri 360 GmbH
Ferdinand-Jühlke-Straße 7
99095 Erfurt, Deutschland
produktsicherheit@kolibri360.de